QUEM É SEU DONO?

DAVID KOEPSELL

Quem é seu Dono?

A disputa para patentear
os genes humanos

DIRETOR EDITORIAL:
Marcelo C. Araújo

TRADUÇÃO:
André Oídes

COORDENAÇÃO EDITORIAL:
Ana Lúcia de Castro Leite

COPIDESQUE:
Paola Goussain Macahiba

REVISÃO:
Lessandra Muniz de Carvalho

DIAGRAMAÇÃO:
Simone Godoy

CAPA:
Alfredo Castillo

Coleção Bio & Ética

Título original: Who owns you? The corporate Gold Ruch to patent your genes.
© 2009, David Koepsell.
Originalmente publicado pela Wiley-Blackwell.
Todos os direitos reservados. Tradução autorizada a partir da edição inglesa publicada pela Blackwell Publishing Limitada. Responsabilidade pela precisão da tradução incumbe exclusivamente à Editora Santuário e não é responsabilidade da Blackwell Publishing Limitada. Nenhuma parte desta tradução pode ser reproduzida em qualquer forma sem a permissão escrita do detentor do copyright original, Blackwell Publishing Limitada.
ISBN 978-1-4051-8730-5

Todos os direitos em língua portuguesa, para o Brasil, reservados à Editora Idéias & Letras, 2012

Editora Idéias & Letras
Rua Pe. Claro Monteiro, 342 – Centro
12570-000 Aparecida-SP
Tel. (12) 3104-2000 – Fax (12) 3104-2036
Televendas: 0800 16 00 04
vendas@ideiaseletras.com.br
www.ideiaseletras.com.br

Dados Internacionais de Catalogação na Publicação (CIP)
(Câmara Brasileira do Livro, SP, Brasil)

Koepsell, David
Quem é seu dono?: A disputa para patentear os genes humanos / David Koepsell;
[tradução André Oídes]. – Aparecida, SP:
Idéias & Letras, 2012. (Bio & Ética)

Título original: Who owns you?: the corporate gold rush to patent your genes
ISBN 978-85-7698-136-7

1. Genética humana - Leis e legislação 2. Genes - Patentes
3. Personalidade (Direito) 4. Propriedade intelectual - Aspectos morais e éticos
I. Título.

11-14833   CDU-347

Índices para catálogo sistemático:
1. Genes: Patentes: Direito privado 347

Para Vanessa

Sumário

Agradecimentos...9

Introdução..11

1. Direitos individuais e coletivos sobre dados
   genômicos: Questões preliminares..........................47
2. Ética e ontologia: um breve discurso
   sobre o método...85
3. A ciência: Genes e Fenótipos......................................101
4. DNA, espécies, indivíduos e pessoas......................133
5. Dimensões legais da posse de genes......................167
6. Os genes são propriedade intelectual?..................203
7. O DNA e a propriedade comum...............................237
8. Considerações pragmáticas sobre
   a posse de genes..271
9. Então, quem é seu dono? Algumas conclusões sobre
   genes, propriedade e personalidade.....................307

Índice Remissivo..339

Agradecimentos

Sou grato ao Centro Interdisciplinar de Bioética de Yale por me nomear como *Fellow* da Iniciativa Donaghue em Ética de Pesquisa, 2006-2007. Rascunhei uma porção significativa deste livro durante essa nomeação e tive a chance de discutir muitas dessas questões com a equipe, os afiliados da faculdade e outros que participaram de eventos naquele ano. Agradecimentos especiais a todas as boas pessoas de Yale, incluindo especialmente: Robert Levine, Julius Landwirth, Carol Pollard, Autumn Ridenour e Jonathan Moser. Obrigado também ao pessoal do parque de cães de New Haven por fazer companhia a mim e a Buttercup durante minha residência em Yale. Muito obrigado a minha esposa, Vanessa, que me deu importantes orientações científicas e muito encorajamento enquanto eu trabalhava com estas questões e rascunhava o livro. Meus pais, Eva Hwa e Richard Koepsell, fizeram comentários sobre rascunhos anteriores de capítulos, e sou, como sempre, grato por seu contínuo encorajamento. Meu querido amigo Peter Hare, que faleceu recentemente, também me fez companhia, me pagou almoços e encorajou meu trabalho enquanto estava em Yale... Sou grato por sua orientação e amizade, e sentirei muito sua falta. Obrigado a Barry Smith, que permanece como um mentor prestimoso e encorajador enquanto percorro o caminho às vezes frustrante, mas frequentemente frutífero da filosofia. Obrigado também a Denise Riley, que ajudou a desenterrar artigos obscuros e organizou quase toda a pesquisa para minha viagem a Yale. Finalmente, muito obrigado a qualquer pessoa que eu tenha esquecido, incluindo todos aqueles que me deram perguntas, cenários intrigantes e orientação adicional nas palestras que ministrei sobre este assunto fascinante ao longo dos últimos dois anos.

David Koepsell
Amherst, NY.

Introdução

"Quem é seu dono?" Esta parece ser uma questão estranha e ultrapassada. Afinal, a escravidão foi universalmente banida e – embora exploração e bolsões de trabalho escravo, tráfico humano e outras formas modernas de escravidão continuem a existir – essa não é uma preocupação real para a maioria da raça humana, especialmente àqueles de vocês que podem pagar por este livro. De modo bastante correto, você não precisa temer ser possuído no sentido mais tradicional e repreensível segundo o qual os seres humanos compraram, negociaram e usaram outros seres humanos para o trabalho ao longo de muitos milênios. Então, qual é o problema? Ninguém é meu dono, então por que eu deveria me importar? Infelizmente, não é assim tão simples. Novas e mais sutis formas de posse emergiram nos últimos cem anos, as quais têm hoje um impacto sobre qualidades e características essenciais de cada um de nós. Quando as leis de propriedade intelectual foram concebidas pela primeira vez, a ideia era encorajar a invenção e a autoria de máquinas, dispositivos, histórias, música e arte úteis e prazerosos. Hoje, graças a interpretações e aplicações criativas das leis de patentes, partes de coisas vivas podem ser possuídas. Patentes foram emitidas, em números surpreendentemente grandes, sobre os blocos de construção essenciais de múltiplas formas de vida, incluindo seres humanos – incluindo você.

Você e seus genes

Antes de começarmos a explorar os modos como as patentes estão sendo usadas para reivindicar direitos sobre genes (que são partes de você), vamos passar um pouco de tempo conhecendo o que é um gene e como os genes se relacionam com você, com a espécie e com todas as outras coisas vivas. Há uma discussão científica mais aprofundada dos genes no Capítulo 3, portanto isto será apenas uma introdução bastante superficial para adentrarmos o tópico e, então, começaremos a discutir as implicações das patentes de genes sob os pontos de vista ético, social e político.

Todas as coisas vivas são compostas de moléculas complexas chamadas proteínas, bem como outras moléculas "orgânicas" (que significa "baseadas em carbono"). As instruções para construir todas estas moléculas e reuni-las na forma em que elas estão (como bactérias, macacos ou elefantes, por exemplo) são codificadas em um tipo muito complexo de molécula, tipicamente conhecido como ácido desoxirribonucleico ou DNA [*deoxyribonucleic acid*]. Todos nós somos bastante familiarizados com a representação da famosa estrutura do DNA como uma hélice dupla, e muitos são familiarizados com o drama dessa descoberta pelos cientistas Francis Crick, James Watson e seus colegas menos conhecidos, mas igualmente importantes, Rosalind Franklin e Maurice Wilkins. Em suma, o DNA codifica a informação utilizada pelas células de toda coisa viva para fazê-la crescer e viver como ela o faz.[1] Estamos ainda a meio caminho de decifrar o código complexo do DNA. Os cientistas estão tentando compreender como certas partes do código são responsáveis por nossos traços e características individuais, tais como a cor dos olhos, a altura, a aparência, a propensão para doenças e as próprias doenças genéticas ou hereditárias. O DNA humano tem aproximadamente três bilhões de elementos individuais e, por enquanto, podemos pensar em cada um destes três bilhões como um dígito ou como um "bit" em um código de computador – a menor unidade de informação útil no código. Exceto que, no DNA, cada bit tem um de quatro valores diferentes (A, C, T, G, que representam os quatro aminoácidos envolvidos: adenina, citosina, timina e guanina); ao passo que, em um código de computador binário, os bits são apenas "0" ou "1". Assim como as sub-rotinas no código de computador, as linhas no interior dos três bilhões de "pares de bases" fazem certas coisas acontecerem de maneiras metódicas e determináveis. Uma das "sub-rotinas" mais bem compreendidas é aquilo que chamamos de "gene". Durante décadas, os cientistas trabalharam sob a hipótese prática de que "cada gene codifica uma proteína", o que significa que há sublinhas no interior do DNA

---

[1] Shreeve, J. 2004. *The Genome War*, Ballantine Books, Nova Iorque, p. 37.

que fazem com que as células produzam proteínas específicas. Assim, por exemplo, há um gene que faz os olhos de todos os animais de visão colorida crescerem e manterem em funcionamento cones que permitem a todas essas criaturas enxergarem as coisas com cores. O gene responsável é partilhado entre todos os seres humanos que têm visão colorida, bem como entre todas as criaturas de visão colorida em geral, desde as moscas de frutas até os elefantes. Os cientistas ainda trabalham segundo o pressuposto de que cada elemento único e nosso desenvolvimento e metabolismo contínuo são amplamente dirigidos e mantidos pela informação presente em certos genes. Assim, por exemplo, há um gene para os olhos castanhos, um para produzir lactase (que digere derivados de leite), um para crescer rótulas.

Os cientistas estão descobrindo que a hipótese de um gene e uma proteína pode ser uma simplificação excessiva e que a informação que dirige todo o desenvolvimento e funcionamento complexos de um organismo pode também vir em outras unidades úteis. Lá atrás, nos anos 1980 e 1990, um enorme projeto de ciências multinacional foi criado para desenvolver um tipo de mapa para o código de três bilhões de pares de bases do DNA humano. O Projeto Genoma Humano (PGH) visava "mapear" o DNA humano e, assim, mostrar onde as partículas úteis, concebidas como genes, apareciam naquela longa série de informação. No início do PGH, os cientistas esperavam encontrar por volta de 100.000 genes humanos distintos, mas na conclusão do projeto o número encontrado foi menos de um terço disso. Na realidade são necessários aproximadamente 25.000

genes distintos para se produzir um ser humano. Muitos agora acreditam que há outras maneiras úteis mediante as quais o DNA armazena e utiliza a informação, inclusive em elementos tão pequenos quanto um único par de bases (um polimorfismo de nucleotídeo único, ou PNU), bem como em pedaços maiores de genes que são embaralhados ou rearranjados de modo diferente entre os indivíduos que compartilham aquele gene. Além disso, muitos genes individuais aparecem mais de uma vez no genoma inteiro (a sequência de três bilhões de pares de bases), e o número de vezes e lugares em que aquele gene individual ocorre, sua "variação de número de cópias (VNC)", também parece comunicar informações úteis que dirigem a diferenciação, o desenvolvimento e o metabolismo.[2]

O PGH desencadeou em sua esteira diversos outros esforços para decifrar a relação da sequência do genoma como um todo para com a informação que ela codifica, para com o ambiente e, finalmente, para com o fenótipo ou os exemplos físicos de cada um e de todo indivíduo humano. Seu "fenótipo" é a estrutura de seu corpo e todas as suas partes, incluindo órgãos, tecidos, metabolismo etc. Seu "genótipo" é a sequência de pares de bases de seu DNA, a estrutura completa deste, que contribui significativamente para seu fenótipo. Um desses esforços foi o Projeto Hap-Map, destinado a mapear os locais de variação individual entre genomas humanos individuais. Outro desses esforços

---

[2] Redon, et al. 2006. "Global variation in copy number in the human genome", Nature, 23 de novembro, p. 444-454.

é o Projeto de Mapeamento de VNC, que captará o alcance total das variações de número de cópias e seus papéis nas diferenças fenotípicas. O objetivo final da produção de todos esses mapas é uma compreensão completa de todos os meios pelos quais a informação é codificada em nosso genoma e de como essa informação dirige e mantém o desenvolvimento e o metabolismo. Uma compreensão completa do genoma e de sua relação com o ambiente e com o organismo nos fornecerá em última instância novos meios poderosos de tratamento de uma variedade de doenças, tanto herdadas quanto ambientais. É claro que a promessa de decifrar toda essa informação e curar doenças é atraente sob o ponto de vista científico, moral e também comercial. Tem havido um tipo de corrida em relação aos vários mapas do genoma humano (e de outros genomas de outras criaturas também), e os interesses das reivindicações feitas são as patentes. Patentes sobre genes e outras partes do genoma são pontos de chegada altamente apreciados e incrivelmente valiosos para muitos dos grupos que estão misturando a pesquisa científica pura sobre o genoma com a comercialização. O resultado é que partes de você e de todos os outros seres humanos e seres vivos são agora patenteadas.[3]

---

[3] Gross, M. 2005. "Human genome carve-up continues", *Current Biology*, vol. 15, n. 22.

Suas partes patenteadas

Sim, partes de você são patenteadas. Não seu joelho, nem seu fêmur, nem mesmo seus rins ou seu baço, mas *os blocos de construção* de algumas destas e de outras partes, processos ou funções de todo ser humano (e de muitas outras espécies, como veremos) são hoje reivindicados, sob o direito de patente, por universidades, corporações, indivíduos e outros pesquisadores como propriedade deles. Isso é o que uma patente representa. Ela representa um monopólio concedido pelo governo para explorar uma invenção exclusivamente acima dos direitos de todos os outros.

Consideremos isso e o que isso representa para você, para os outros, para os cientistas e para a instituição da ciência. Quando as patentes são concedidas, elas dão ao inventor (ou para quem quer que registre a patente e a detenha) o direito exclusivo contra todos os outros para produzir, reproduzir ou vender um produto, ou empregar um processo. Assim, a Pfizer, a companhia que possuía a patente do cloridrato de sertralina, ou Zoloft®, como é conhecido no mercado, tinha o direito exclusivo de sintetizar e comercializar esse produto químico, bem como o uso exclusivo de quaisquer processos originais que ela desenvolvera para sintetizá-lo. Esse foi um direito de propriedade bastante lucrativo para a Pfizer antes de a patente expirar, pois a droga tem diversos usos e é amplamente prescrita. Outros poderiam potencialmente sintetizar a droga por si mesmos, mas nunca poderiam lucrar com sua venda. É por isso que a expiração da patente de uma substância farmacêutica é um evento tão importante: outros podem sintetizá-la e lucrar com sua venda quando a droga se torna "genérica", como aconteceu com o Zoloft®. O monopólio patrocinado pelo governo e concedido através de uma patente é valioso, outorgando um direito exclusivo, contra todos os outros, sobre a coisa patenteada e sobre todas as cópias daquela coisa.

Imagine, por exemplo, que você seja o inventor da bicicleta e que, quando ela foi inventada, nada remotamente parecido com uma "bicicleta" jamais existira. Uma vez que sua invenção é nova, não óbvia e útil, o governo dá a você o direito de produzir todas as bicicletas nos Estados Unidos (e, graças a vários tratados, em outras partes do mundo) por um período de tempo. Esse período de tempo foi estendido ao longo das últimas décadas de dezessete para vinte anos. Assim, durante os próximos vinte anos, você pode lucrar com *cada* bicicleta vendida nos EUA.

O monopólio sobre um objeto patenteado constitui um direito de lucro, mas também envolve uma perda de direitos para os outros. Outros podem comprar sua invenção, eles podem desmontar qualquer cópia individual dela ou aprender sobre seu funcionamento (auxiliados, é claro, pelo fato de que o registro de patente tornou publicamente disponível boa parte dos métodos, processos e construção do objeto), mas ninguém pode construir sua invenção sem pagar direitos de exploração e, especialmente, não se eles fizerem isso com intenção de inseri-la no fluxo do comércio. O sistema de patentes estabelece uma barganha, a fim de estimular a inovação e a invenção e também de beneficiar o público ao finalmente transferir as invenções para o "domínio público". Supõe-se que essa barganha forneça um incentivo para os inovadores investirem tempo e dinheiro na invenção de coisas novas e úteis, trazendo-as para o mercado com a proteção das patentes e, então, em troca, enriquecendo a sociedade ao tornar disponível toda a técnica e a tecnologia utilizadas pelo inventor original, tornando tudo isso livre e aberto a todos para usarem e continuarem a produzir melhorias sobre a invenção quando a patente expira.

Não se engane a respeito, o monopólio das patentes é forte. A única coisa que você tem de demonstrar uma vez que uma patente lhe tenha sido concedida com sucesso é que alguma outra invenção é substancialmente a mesma coisa que aquela que você patenteou e, então, você pode processar o retardatário, obter compensação por lucros perdidos e impedi-lo de produzir e comercializar o produto infrator pelo resto do período de vigência de sua patente. O fato de você registrar a patente primeiro é uma prova à primeira vista de sua posse da invenção, e o retardatário, não importando qual a intenção dele ou dela, deve ceder a você no mercado. Você possui aquela parcela de propriedade intelectual. Ninguém pode infringi-la sem pagar a você algum direito de exploração.

A posse de uma patente não garante a você direitos exclusivos sobre os usos de cada instância de sua invenção, nem a posse de qualquer instância dela, nem a reclamação de qualquer uma daquelas que adentraram o fluxo do comércio. Embora seja um direito forte, ele é limitado de certas maneiras. Ele não é um direito de posse. Ele é um direito a taxas e pagamentos. Ele também é limitado no tempo. Após vinte anos, a invenção torna-se parte do "domínio público" e qualquer pessoa pode fazer cópias de sua invenção sem pagar a você quaisquer direitos. Elas podem até mesmo fazer melhorias e tentar patentear essas melhorias. Assim, o sentido em que a coisa patenteada é "possuída" é muito diferente do modo como outros tipos de coisas são possuídas. Novamente, consideremos a bicicleta original que você patenteou e comercializou. Posso comprar uma destas bicicletas, e seria adequadamente dito que eu possuo aquela bicicleta contra quaisquer outras reivindicações. Ninguém pode me privar daquela bicicleta em particular, e posso fazer o que eu quiser com o objeto físico. Posso andar, vender ou mesmo desmontá-la peça por peça e tentar entender seu funcionamento. O que não posso legalmente fazer é montar uma bicicleta nova usando aquela como modelo ou, pior, vender a nova bicicleta. Você, como possuidor da patente, tem essa medida de controle sobre mim, e não mais, mas isso é bastante. Enquanto você é o detentor da patente, você tem um monopólio absoluto sobre a criação de quaisquer novas instâncias da coisa patenteada.

Você pode muito bem se perguntar como as patentes vieram a ser concedidas sobre os genes quando eles parecem tão diferentes das bicicletas. Os genes aparentemente não são "inventados", nem montados, nem empacotados, nem vendidos como qualquer outra coisa patenteada. Quais são os atos inovativos que são recompensados pela concessão de uma patente? O Escritório de Patentes e Marcas Registradas [*Patent and Trademark Office*] (PTO) dos EUA vê o "isolamento e purificação" de genes como suficientemente inovador, inventivo e novo para garantir a proteção de uma patente. O que isso significa simplesmente é que os cientistas que descobrem os pontos iniciais e finais da sequência de pares de bases que constitui um gene particular e delineiam estes pontos, limpando pedaços irrelevantes que não contribuem para o funcionamento daquele gene, fizeram o suficiente aos olhos do PTO para garantir um direito de monopólio sobre aquele gene. Em uma opinião emitida em 2001, o PTO emitiu critérios "mais restritivos" para solicitações de patentes sobre genes, exigindo uma declaração de "utilidade" específica (todas as patentes devem ser para coisas "úteis"), que poderia ser cumprida simplesmente através de uma declaração de um único uso "específico, substancial e verossímil", tal como a habilidade de "produzir uma proteína útil ou se ele hibridiza ou serve como marcador para um gene de doença".[4] Discutiremos com detalhes nos capítulos seguintes se e como os critérios atuais podem entrar em conflito com as exigências históricas da Lei de Patentes e se de fato a exigência de utilidade é satisfeita de modo apropriado por esse novo obstáculo mais "restritivo", mas por ora consideremos alguns efeitos reais e presentes das patentes de genes. O que o possuidor de um gene realmente

---

[4] Terry, P. F. 2003. "PXE International: harnessing international property law for benefit sharing", em Knoppers, B. M. (ed.). *Populations and Genetics: Legal and Socio-Ethical Perspectives*, 2003, Martinus Nijhoff Publishers, Leiden, Holanda, p. 381.

possui e por que deveríamos nos preocupar? Para responder a isto, vamos nos afastar um pouco e examinar primeiramente alguns cenários hipotéticos e, depois, examinar algumas questões do mundo real que surgiram das patentes de genes.

O cenário "Eu, Robô, seu robô"

Alguns podem se opor à afirmação de que as patentes de genes humanos tenham quaisquer implicações no mundo real para as pessoas comuns e de que os direitos de posse concedidos pelas patentes não fazem nada para impedir nossa existência cotidiana, ou quaisquer supostos direitos humanos. Essa afirmação não é inteiramente verdadeira e a seguinte analogia mostra como:

Imagine que você seja um robô. Você é um androide criado artificialmente, executando algoritmos criados por um inventor, e suas partes são todas produtos do mesmo inventor. Assuma que, nestes tempos esclarecidos, os robôs sejam livres. Eles não são escravizados e utilizados para o trabalho, mas, sim, tratados como seres iguais aos humanos e habilitados a possuir o conjunto completo de direitos humanos e civis. Eles podem tomar suas próprias decisões e viver suas vidas cotidianas sem o fardo de quaisquer leis ou restrições especiais. Você é, portanto, um agente livre, realizando suas próprias escolhas de vida, incluindo obter uma educação, se dedicar a *hobbies* e, talvez, até mesmo se apaixonar roboticamente por outro robô. Ainda não se passaram vinte anos desde sua invenção e as patentes sobre você ainda têm efeito. Mas e daí?

O fato de que algumas partes de você são patenteadas tem repercussões reais sobre algumas de suas escolhas de vida. Colocado de modo simples, há certas coisas que você não pode fazer consigo ou para consigo, e certas coisas que você não pode fazer no mundo sem violar suas patentes. Você não pode, por exemplo, tentar melhorar os algoritmos que compõem sua personalidade, seu comportamento, seus movimentos, suas aparências, ou quaisquer outros de seus algoritmos, por falar nisso, sem arriscar um processo judicial. Nos EUA, pelo menos, as patentes impedem os outros não apenas de produzir ou explorar comercialmente a coisa explorada, mas também impedem que outros façam "pesquisas" sobre a coisa patenteada, exceto pesquisas "puramente filosóficas". Assim, bisbilhotar "seus" algoritmos, especialmente com a intenção de modificá-los (por exemplo, para fazer você pensar melhor, correr mais rápido, ser mais forte), pode infringir as patentes de seu inventor. Se você quisesse se melhorar, você teria de pagar direitos ao detentor da patente original sobre qualquer patente de melhoria que você teria então de registrar sobre si mesmo. A probabilidade de você sofrer um processo seria ainda maior se você tentasse reproduzir alguma parte de si mesmo, ou a si mesmo como um todo, sem buscar uma licença de seu criador para fazê-lo.

Como um robô, é claro que você não pode se reproduzir sexualmente. Felizmente (ou infelizmente, se você se preocupa com os direitos de privacidade dos robôs), todas as suas partes e processos inovadores foram revelados pelas patentes registradas no PTO. Ademais, você pode desconstruir seu eu físico, ver como você é construído e, teoricamente, produzir seus descendentes peça por peça a sua própria imagem. Infelizmente, isto seria uma reprodução não autorizada e você poderia ser processado por violação de patente. Então, em que sentido você é "seu próprio" robô, e em que sentido você ainda é parcialmente possuído por seu inventor? Certamente, seus direitos sobre si próprio são menores do que os direitos do inventor sobre o corpo dele e seus produtos. Um ente não patenteado pode modificar, reproduzir e, geralmente, mexer com seu próprio corpo, mente e funcionamento sem arriscar um processo de patente.

Será que estas são limitações significativas à liberdade? Obviamente, isso depende do que você pensa sobre os direitos que você sente possuir sobre seu próprio corpo e seus produtos. Isso não chega ao nível da escravidão, mas certamente o direito de se reproduzir é um direito sobre o qual as pessoas têm sentimentos mais fortes e que não desejariam que fosse diminuído. Imagine pagar direitos para ter uma criança.

Mas a situação nunca poderia chegar a tal com os seres humanos, poderia? Há algumas diferenças consideráveis entre os seres humanos e os robôs, uma das mais importantes sendo a de que nenhum ser humano foi (ainda) produto da invenção de outro ser humano. Mas essa diferença se tornou sem significado, como veremos, sob as interpretações correntes da lei de patentes, que permitiram o patenteamento de genes, sejam eles inventados (conforme usamos tradicionalmente o termo) ou não. Antes de adentrarmos nessa longa discussão, que ocupará boa parte deste livro, consideremos primeiro um outro cenário histórico que toca em noções tradicionalmente sustentadas de privacidade e autonomia corporal e, depois, analisemos algumas questões presentemente criadas no mundo real pelas patentes de genes.

O cenário do Homem Elefante

Joseph Merrick (não John, como ele foi erroneamente chamado pela maioria) sofreu de uma doença desfigurante e viveu uma vida titubeante e, às vezes, miserável por causa da doença. Além disso, ele foi claramente explorado por alguns, colocado em um palco de exibição de horrores e usado como forma de lucro, enriquecendo outros às custas de sua dignidade. Joseph Merrick, conhecido como o "Homem Elefante", não foi responsável por sua condição. A natureza foi. Devido provavelmente a uma doença genética, houve um crescimento excessivo de tecidos e ossos em todo seu corpo, resultando em uma deformidade invalidante que foi bastante divulgada desde então em vários meios. Na era vitoriana, as maravilhas naturais estavam bastante em voga e, quando Joseph Merrick foi descoberto pelo cirurgião Frederick Treves, ele se tornou uma sensação instantânea entre a camada mais alta da Inglaterra. Tendo começado sua vida como um horror em exibição, ele terminou como um tipo de cavalheiro, cuidado, abrigado, vestido e alimentado por seus benfeitores vitorianos. Treves foi nomeado cavaleiro, e Merrick morreu em 1890 aos 27 anos de idade.[5] Os ossos de Merrick estiveram até recentemente em exibição no museu do Hospital Real de Londres, mas não há nenhuma evidência de que Merrick tenha consentido em doar seu corpo para a ciência. Quando ele morreu, seu interesse para a ciência foi simplesmente utilizado sem nenhum consentimento aparente ou expresso por parte dele.

Sua vida, sua memória e, agora, seus ossos são o assunto de diversas obras de ficção e não ficção baseadas total ou parcialmente em Joseph Merrick e sua infeliz enfermidade. Enquanto viveu, ele não recebeu nenhuma compensação, exceto cuidados em troca de seu papel como uma pessoa deformada na corte da rainha Vitória. Ele foi uma curiosidade a todo momento, gerando dinheiro, primeiramente, para os vendedores ambulantes que dirigiam a exibição de horrores e, depois, gerando respeito, fama, louvores acadêmicos e a cavalaria para Treves. Apesar do conhecimento popular em contrário, não há evidências de abuso físico nas mãos dos ambulantes nem de Treves. Além disso, cumprir estes papéis era o único meio possível de sustento para Merrick, dada sua condição. E, ainda assim, nos perguntamos, enquanto outros ficaram ricos e famosos com a vida de Merrick, e outros ficaram ricos e famosos com sua memória e sua história, onde está a parte de Merrick? Será que há algo fundamentalmente injusto no uso da

---

[5] Montagu, A. 1971. *The Elephant Man: A Study in Human Dignity*, E. P. Dutton, Nova Iorque.

condição acidental de uma pessoa para o enriquecimento de outra? Deixando de lado questões de posse e propriedade, algo a respeito do uso de Merrick para o engrandecimento ou enriquecimento de outros nos parece errado. Colocando-nos no lugar dele, devemos nos perguntar como nós nos sentiríamos. Será que nos sentiríamos explorados? Desejaríamos uma parte maior das riquezas e da fama? Será que sentimos que algo mais cabia a Merrick? Não obstante os acidentes da natureza, sentimos certo direito inerente sobre nossos corpos e sobre o uso de nós mesmos, excluindo outros do gozo ou do lucro a nossas custas sem nosso consentimento explícito. Mesmo embora não sejamos produtos de nossa própria intenção (pelo menos não até que comecemos a alterar a nós mesmos fisicamente), há um senso de que deveríamos ser capazes de dirigir nossos usos intencionalmente à exclusão de todos os outros.

A prática da bioprospecção, pela qual cientistas e companhias farmacêuticas lucram com descobertas de acidentes biológicos em indivíduos e populações (tipicamente em situação de isolamento geográfico e frequentemente bastante pobres), é muito semelhante à relação entre Treves e Merrick. Levando em conta nossas intuições sobre a justiça da exploração de Merrick e deixando de lado por enquanto os cenários hipotéticos, vamos dar uma olhada em como a bioprospecção e a mineração de genes estão gerando lucros para alguns e, potencialmente, explorando certos indivíduos e populações no mundo real.

Tem ouro nesses genes!
Bioprospecção e Justiça Social

"Bioprospecção" é o termo pejorativo dado à prática de procurar por materiais lucrativos e úteis na natureza e depois arriscar uma reivindicação de propriedade, normalmente sob patentes, sobre algum elemento da descoberta. É claro que os seres humanos há muito têm explorado o mundo natural, visando lucro, tomando recursos e utilizando-os, gerando novos híbridos e colhendo os lucros. Até recentemente, contudo, os lucros eram obtidos do lado da oferta, pela geração de excedentes, e entrando no mercado com uma eficiência aumentada. Apenas durante os últimos cinquenta anos é que os lucros começaram a ser gerados não apenas pela produção aumentada e excedentes de oferta (de "fichas", ou objetos individuais – como centenas de milhares de cadeiras idênticas e bem-feitas, por exemplo), mas antes pela reivindicação de direitos sobre os "tipos" dos próprios objetos – a *forma* universal do item comercializado e vendido. Essa é a diferença entre fazer dinheiro produzindo e colhendo maçãs, e fazer dinheiro reivindicando direitos sobre *todas* as maçãs e coletando dividendos sobre todas as maçãs vendidas, quer você as tenha plantado e colhido ou não.

Talvez um dos casos mais famosos de suposta bioprospecção, às vezes também chamada de biopirataria, envolve a árvore Nim da Índia. A árvore Nim tem uma história antiga na medicina tradicional indiana, mas em meados dos anos 1990 o Departamento de Agricultura dos EUA e uma companhia farmacêutica privada buscaram patentear o processo de extrair um composto natural encontrado na árvore Nim, a *azadiractina*, despertando objeções do governo indiano e de algumas organizações sem fins lucrativos. O composto tinha um uso significativo como pesticida, mas o governo indiano afirmou que este era um conhecimento tradicional detido há muito na Índia, precedendo a "invenção" deste uso por aqueles que buscavam subitamente patenteá-lo.[6] Normalmente, as patentes só podem ser concedidas para invenções novas, não óbvias e úteis, mas neste caso não havia nada novo nem não óbvio acerca do uso desse produto como um pesticida. Eventualmente, a patente foi derrubada, mas ela despertou a consciência pública em relação à crescente prática da bioprospecção, bem como ao potencial de encontrar e explorar compostos naturais úteis nos oceanos e florestas pluviais. Este é agora o impulso motivador por trás do trabalho recente de Craig Venter, esquadrinhar os oceanos em busca de organismos desconhecidos que poderiam ser benéficos no desenvolvimento de drogas.[7] Falaremos mais sobre o Dr. Venter em capítulos posteriores, mas agora

---

[6] Ghatenekar, S. D. & Mandar, S. Ghatenekar, SM 1999. "Bio-prospecting or bio-piracy?". *Express India*, 8 de fevereiro.
[7] Laird, S. & Wynberg, R. 2007. "Bioprospecting: securing a piece of the pie", *World Conservation*, p. 28-29, cmsdata.iucn.org/downloads/24_world_conservation_2008_01.pdf (acessado em 24 de fevereiro de 2008).

nos concentremos na prática da bioprospecção, no que ela significa para a instituição do patenteamento e em suas implicações para os países em desenvolvimento.

Descoberta, não invenção

Até recentemente, as patentes eram limitadas às invenções, e esse direito não era concedido às descobertas. O propósito, afinal, da instituição do patenteamento é encorajar a inovação, não a descoberta. A descoberta é o reino da ciência, ao passo que o patenteamento é a recompensa da inovação tecnológica – da criação de coisas novas, não óbvias e úteis (palavras usadas na Lei de Patentes), coisas que geralmente adentram no fluxo do comércio. Algumas notáveis exceções a isto parecem ter existido na forma de "patentes de plantas". Elas podiam ser concedidas a qualquer um que inventasse ou "descobrisse" e reproduzisse assexualmente qualquer "variedade *nova* e *distinta* de planta, incluindo exemplares cultivados, mutantes, híbridos e mudas derivadas de sementes, recém-descobertas, que não sejam plantas propagadas através de tubérculos ou uma planta encontrada em um estado não cultivado". As patentes de plantas ainda exigem inovação – alguma alteração do mundo natural e um subjugamento deste à vontade humana.

No decurso dos últimos trinta anos, a medida das formas de vida patenteáveis cresceu lentamente. Como veremos de modo mais aprofundado posteriormente, as primeiras patentes sobre formas de vida não vegetais começaram a ser emitidas nos anos 1980, com o caso de *Chakrabarty*, discutido com mais detalhes posteriormente. A razão para conceder essas patentes foi que as formas de vida patenteadas foram produzidas por engenharia genética. Porque elas não ocorriam na natureza e eram produtos da inovação e intenção humanas – e eram não óbvias, novas e úteis –, elas foram consideradas adequadamente patenteáveis. Exemplos de formas de vida patenteáveis incluíram: bactérias comedoras de petróleo, bactérias monoclonais produzidas por engenharia genética, usadas para produzir insulina, hormônio do crescimento humano, e outras criações úteis, não da natureza, mas do homem.

Mais controversas, e claramente pressionando os limites do envelope da lei de patentes, foram as patentes que parecem ter sido emitidas não para invenções, mas para puras descobertas. Exemplos incluem patentes de genes de doenças, tais como uma patente recente emitida para os descobridores do gene da doença de Canavan. Em 1997, o Hospital Infantil de Miami obteve uma licença para uma amostra de DNA de sujeitos de pesquisa humanos, visando descobrir a fonte genética da doença de Canavan, uma enfermidade que afeta uma em cada 6.400 crianças judias ashkenazi, causada por uma mutação no cromossomo 17. A presença do gene leva a uma deficiência da enzima aspartoacilase, destruindo gradualmente o sistema nervoso central e matando o portador. O Hospital Infantil de Miami solicitou e obteve uma patente para o gene que provoca a doença, e agora qualquer um que deseje desenvolver ou vender testes para aquela doença deve pagar dividendos ao hospital. Disputas amargas irromperam acerca da posse, licenciamento e lucros derivados da patente, com pais de cujos filhos afligidos foram usados tecidos na descoberta do gene buscando raivosamente alguma compensação. Um processo judicial foi decidido em 2003, em torno de uma soma não revelada.[8]

O caso do Hospital Infantil de Miami enfatiza os conflitos emergentes entre a ciência, os interesses culturais ou étnicos e o comércio. Estes conflitos continuarão e crescerão conforme a tendência de buscar e explorar a homogeneidade genética se provar valiosa para a descoberta genética e para a indústria farmacêutica.

Diversidade genética e bens culturais comuns

A descoberta das doenças genéticas foi auxiliada pelo fato de que certas populações foram historicamente isoladas e, portanto, mais geneticamente homogêneas do que outras. Seja por causa de pressões culturais ou geográficas, certos grupos permaneceram mais endogâmicos do que outros (significando que indivíduos geneticamente relacionados se reproduzem mais frequentemente uns com os outros do que em populações mais heterogêneas), assim preservando e acentuando certos traços genéticos, e também aumentando a prevalência de certas doenças genéticas. A doença de Canavan, mencionada acima, e a de Tay-Sachs são exemplos

---

[8] "Canavan Foundation Joint Press Release", 29 de setembro de 2003, www.canavanfoundation.org/news/09-03_miami.php (acessado em 16 de outubro de 2006).

de doenças mais comuns entre os judeus ashkenazi do que entre alguns outros grupos étnicos. Populações geograficamente isoladas também representam um agrupamento potencialmente propício para a descoberta de outras doenças ou traços genéticos que possam ser úteis para o desenvolvimento de compostos farmacêuticos ou testes para doenças. É potencialmente lucrativo esquadrinhar tantos genomas diferentes quanto possível, em busca de diversidade genética interessante e útil. Essa diversidade ajuda os cientistas a rastrearem as origens das doenças genéticas e de imunidades inerentes que possam ser comercializadas através de novos medicamentos ou tratamentos. Muitas populações geneticamente isoladas são hoje arcas de tesouros potencialmente valiosas para descobertas genéticas lucrativas. O valor científico de pesquisar subgrupos genéticos geográfica ou culturalmente isolados estende-se a décadas atrás, mas o valor comercial potencial e os recentes saques corporativos em populações de florestas pluviais, savanas e ilhas, visando a descoberta comercial de genes, resultaram em um tipo de reação. Várias organizações sem fins lucrativos começaram a tentar educar populações nativas e a fazer pressão para obter mais poder de barganha, dividendos ou direitos para populações menos desenvolvidas que podem ser "exploradas" no processo da descoberta genética com motivações comerciais.[9] Outras se coorde-

---

[9] Suderland, T. et al. "The Bioresources Development & Conservation Programme – Camaroon", em *Eartwatch Institute*, Limbe Conference, www.earthwatch.org.

naram para desenvolver usos comercialmente benéficos de seus recursos genéticos, essencialmente assumindo o controle do mercado de seus próprios genes.[10] Outros argumentaram que o genoma humano simplesmente não é um território apropriado para a apresentação de reivindicações monopolistas e que o recurso do DNA humano é uma posse comum de todos os seres humanos. Além dos argumentos legais que foram apresentados rejeitando a patenteabilidade de um produto bruto da natureza, muitos se perguntam sobre as implicações éticas de conceder algum controle monopolista sobre a informação que pode ser encontrada nos genes de todos ou de alguns de nós, sem qualquer necessidade de remuneração aos doadores ou "detentores" dos genes comercializados com vistas aos lucros que a informação propicia. Por que as populações desprivilegiadas e cujos genes nos ajudam a encontrar novas curas não deveriam lucrar de algum modo por sua contribuição ao conhecimento humano? Por que a população humana como um todo não deveria colher alguma recompensa proveniente do recurso coletivo que compartilhamos, quando a ciência o leva ao lucro? Assim como esperamos que aqueles que utilizam outros bens comuns públicos paguem por seu uso desses recursos através de impostos ou taxas, ou através de algum licenciamento ou outra estrutura regulatória, não deveríamos esperar o mesmo daqueles que estão colhendo lucros a partir do uso de genes que são, afinal, partes de cada um de nós em comum?

---

[10] Ver Terry, P. F. 2003.

Você é seus genes?

Já falei para centenas de pessoas sobre a situação corrente em que mais de um quinto dos genes humanos foram patenteados. Uma reação quase universal tem sido a de confusão inicial, seguida pela compreensão e, depois, pelo ultraje. Como é possível que nosso material genético comum seja possuído para benefício de alguns poucos indivíduos ou de uma corporação, sem que a maioria das pessoas nem mesmo saiba que este é o caso? Muitas pessoas têm uma resposta visceral – uma de terem sido *violadas*. Seus genes fazem delas o que elas são em um nível fundamental. A maioria das pessoas sente que a posse dessa informação, a coisa que as torna únicas, não deveria ser permitida. É claro que a situação não é exatamente essa. Ninguém possui inteiramente os genes de qualquer pessoa *única* (a menos que uma das poucas pessoas que conduziram uma genotipação completa de si mesmas decida tentar patentear seu genoma inteiro) e o que nos torna quem somos é muito mais do que nossos genes. Não obstante, sentimos fortemente que a informação que *ajuda* a nos tornar quem somos, pelo menos em grande parte, deveria ser nossa, assim como nossos próprios corpos e órgãos parecem ser claramente nossos.

Contudo a lei e a ética da posse sobre nós mesmos não são tão nítidas, e nosso senso intuitivo de autopossessão não é refletido na presente legislação dos órgãos ou dos corpos. Não deveria ser surpreendente que a legislação da posse sobre os genomas ou genes seja ainda menos claramente estabelecida e esteja em um estado turbulento. De muitas maneiras, ela parece o Velho Oeste. Reivindicações estão sendo feitas, e é apenas uma questão de tempo antes que aconteça um tiroteio. O que é claro é que nossos instintos sobre a autopossessão de nossos corpos e da informação que os produz não estão em sincronia com a presente legislação de patentes. Deixando de lado as questões legais envolvidas, deveríamos talvez prestar alguma atenção a nossos instintos. O que há acerca de nossa individualidade que é capturado por nossos genes? Essa é uma questão genuína, cientificamente interessante e potencialmente útil, para a qual estamos buscando respostas através dos vários projetos de mapeamento de genes. Uma compreensão completa das relações entre genes, genomas, haplótipos (marcadores de genes intimamente relacionados, frequentemente usados para identificar características ou doenças genéticas), PNUs, VNCs e o ambiente nos permitiria fazer previsões mais acuradas sobre o desenvolvimento de qualquer organismo individual. Isso nos permitiria prever nosso potencial para desenvolver doenças e poderíamos ajustar nossos comportamentos para ajudar a evitar certos destinos devido a predisposições genéticas. Poderíamos nos esforçar para prevenir doenças antes de elas ocorrerem, ou filtrá-las entre embriões selecionados, ou curá-las em organismos vivos. Muitos também são cônscios do potencial para o abuso e dos perigos de uma falta de privacidade suficiente acerca de nossa constituição genética individual. O cenário de *Gattaca*[11] motiva muitos a desconfiar da exposição de sua constituição genética para a explo-

---

[11] Columbia Pictures Corp., 1997, dirigido por Andrew Niccol.

ração comercial ou científica e a considerar cuidadosamente as relações entre eles próprios e seus genes. No filme *Gattaca*, a informação genética pessoal se torna facilmente analisável, e é claro que o governo faz uso dela de modos que nos fazem sentir preocupados sobre o futuro da tecnologia. Os pais são capazes de selecionar características com grande precisão quando decidem ter um filho e, naturalmente, eles escolhem aquelas características que a sociedade tende a valorizar bastante, tais como força física, inteligência e beleza. Aqueles que, por alguma razão, não foram cientificamente selecionados se tornam parte de uma subclasse genética, incapazes de desfrutar de muitos dos luxos e benefícios de uma sociedade mais geneticamente perfeita. A vigilância genética também é lugar-comum neste futuro próximo distópico e é uma preocupação ética real para nós, conforme a tecnologia para controlar o DNA de modo fácil e barato se torna ubíqua.

Muitas pessoas vieram a crer que nosso desenvolvimento futuro está "todo em nossos genes" e que o futuro de *Gattaca* poderia de algum modo se tornar uma realidade. Os cientistas estão aprendendo que os genes não são completamente deterministas e que o ambiente desempenha um papel significativo em nos tornar quem somos, mas o papel e o potencial dos genes como uma fonte de conhecimento importante sobre nós enquanto indivíduos ainda agitam as preocupações de muitos e corretamente. Enquanto os genes não são completamente deterministas, há algumas pessoas que estão muito interessadas em usar a informação genética para fazer determinações importantes. Considere o crescimento do papel da coleta de amostras genéticas em casos criminais. Considere também o potencial do casamento de bancos de dados de materiais genéticos coletados em casos criminais com um conhecimento crescente do papel dos genes em certas doenças mentais. Por exemplo, e se um marcador genético for encontrado para uma propensão à pedofilia ou a outros comportamentos socialmente inaceitáveis ou criminosos? Será que essa informação não deveria ser usada para localizar e impedir criminosos (ou outros cujas predisposições genéticas a certas doenças sejam conhecidas) de jamais cometer um crime? Os seguradores também se beneficiariam ao saber quem entre nós é predisposto a certas condições, ou quem pode estar carregando doenças genéticas latentes. Até mesmo onde a noção da autopossessão de nossos genes não seja totalmente lógica (como discutiremos mais tarde), podemos sentir que os direitos de privacidade deveriam nos proteger e impedir o uso de nossos genes por parte de outros para lucro individual. Somos pelo menos os *custódios* de nossos próprios genes únicos, não somos? Embora ninguém *seja* seus genes, temos um senso de que nossos genes são algo importante para nós individualmente e devem de algum modo permanecer unicamente como um assunto *nosso*, em vez de como uma fonte para o lucro individual ou coletivo. Será que os direitos de privacidade protegem nossa informação genética e será que estes direitos superam os direitos concedidos pela proteção das patentes?

Genes, informação e privacidade

Há uma enorme e crescente diversidade de formas de proteção legal e cultural da informação genética. Os Estados Unidos e a Grã-Bretanha têm sido bastante liberais na concessão de uso e até mesmo posse de informação genética a governos e pesquisadores. Ambos os países estão explorando o uso de informação biométrica, incluindo informação genética, para uso em cruzamentos de fronteira para aumentar a segurança. Uma vez que a informação biométrica é difícil de fabricar, as "impressões digitais" genéticas prometem identificar indivíduos de modo ainda mais acurado do que as tecnologias de impressões digitais convencionais. Seus genes, embora possam não *ser idênticos* a você, certamente ajudam a *identificar* você. Diferentes culturas têm diferentes noções sobre a privacidade e sobre os direitos de seus cidadãos de não serem identificados, ou de não terem suas identidades usadas de alguma maneira para benefício de outra pessoa.[12]

Considere, por exemplo, sua imagem. Muitos de nós acreditam que o controle do uso de nossa imagem ou retrato é exclusivamente nosso. De fato, nos Estados Unidos, acredita-se que a imagem de alguém é tanto legal quanto culturalmente uma questão de privacidade e direitos individuais. Sua imagem geralmente não pode ser para lucro de outra pessoa sem sua expressa permissão. Mesmo na presen-

---

[12] Moor, J. H. 1999. "Using genetic information while protecting the privacy of the soul", *Ethics and Information Technology*, vol. 1, p. 257-263.

te era de "*reality*" *shows* e relatos ao vivo de nossas vidas diárias, os indivíduos devem tipicamente conceder permissão para que sua imagem seja usada para lucro de outra pessoa. Até mesmo usuários de imagens sem fins lucrativos cautelosos tipicamente acumulam "renúncias de direitos" de seus sujeitos caso alguém decida posteriormente processá-los pelo uso impróprio de seu rosto ou imagem. Parece haver certa ironia em torno do fato de que parece que temos uma maior proteção para o uso de nossa imagem do que sobre a informação genética que ajuda a nos dar nossas aparências. Este não é o caso em boa parte da Europa, onde há cultural e politicamente um respeito maior pela privacidade genética. Podemos questionar as assunções filosóficas, culturais e legais por trás de vários graus de privacidade concedidos a indivíduos e a sua informação genética, e compará-las com outras formas de proteção de privacidade sobre coisas como retratos, imagens e biografias. Será que há uma diferença significativa entre o tipo de invasão que podemos sentir que existe quando alguém tira nossa fotografia e a utiliza em um anúncio sem nossa permissão e quando alguém, supostamente nos seguindo por aí com um aspirador de pó, recolhe nossas células perdidas para usar nosso DNA para criar possivelmente um novo componente farmacêutico campeão de vendas? Será que estas coisas são análogas de alguma maneira importante? Se sim, por que uma delas não é proibida legalmente? Uma análise completa das implicações das patentes de genes deve considerar em detalhes a possibilidade de que haja um direito à privacidade genética e pesar estes direitos potenciais contra a instituição legal da patente.

O surgimento de novas habilidades para escanear e registrar nossa constituição genética dá origem a novas reivindicações potenciais sobre invasões de privacidade que nunca foram consideradas na época em que o primeiro ato destas invasões ocorreu. Os biobancos abundam em amostras de tecidos recolhidas muito antes de os doadores poderem ter considerado a possibilidade de que alguém, em algum momento no futuro, pudesse não apenas escanear a composição genética de seus tecidos, mas também possivelmente utilizar essa informação para obter lucro. Essa nova tecnologia e a possibilidade de intrusões que nunca foram contempladas de modo apropriado podem nos fazer pensar em criar novos direitos de privacidade. Nós estabelecemos novas zonas de privacidade antes disso, reduzindo a esfera da interferência pública ou governamental em nossas vidas privadas e expandindo a esfera do espaço pessoal no processo.

Os genes podem ser parte de uma zona de privacidade recém-reconhecida, pelo menos na medida em que eles são únicos para nós enquanto indivíduos. Nossos genomas individuais podem merecer algum tipo de proteção nunca antes necessário e, portanto, nunca antes estabelecido. Este poderia ser o momento para explorar novamente a expansão de nossas leis de privacidade, como algumas nações já o fizeram. Alguns legisladores concordam e o "Ato de Não discriminação de Informação Genética" [*Genetic Information Nondiscrimination Act*] (GINA), H. R. 493, foi aprovado em 16 de janeiro de 2008 no Congresso dos EUA, proibindo o uso de informação genética para fins de seguros de saúde ou para decisões de admissão ou demissão em empregos. Desde então este projeto foi assinado como lei e a época parece propícia não apenas para reflexão filosófica acerca das implicações discutidas abaixo, mas para ações de política pública, como a realizada pelo representante Slaughter ao esboçar o projeto do GINA.

Considerações práticas: patentes de genes e inovação

O século vindouro será realmente um século de biotecnologia revolucionária. Tanto quanto a revolução industrial do século XIX e a revolução computacional do século XX alteraram nosso panorama cultural dramaticamente, a compreensão vindoura do DNA provavelmente revolucionará numerosos aspectos de nossa sociedade. Ela causará um impacto no comércio, na saúde, na privacidade, na legislação, e exigirá uma significativa introspecção ética. Nossas vidas diárias também se modificarão conforme o DNA e nossos genomas individuais se tornem importantes para nós como informação, mercadorias potenciais e ferramentas para salvar vidas. Teremos o poder de transformar nosso mundo no nível molecular e de alterar nossas relações uns com os outros e com nossos ambientes, bem como com as gerações futuras. No meio-tempo, o patenteamento de genes estabelece uma série de desafios práticos no mundo real, com os quais devemos agora começar a lidar. Estes não são simplesmente cenários de ficção científica para ponderarmos filosoficamente; há preocupações imediatas que são levantadas pelo estado atual da lei acerca do patenteamento de genes.

Se a tecnologia genética tem o objetivo de alcançar seu potencial e sua promessa plenos, devemos considerar cuidadosamente os efeitos das regulações legais sobre a inovação. Argumentei extensamente em meu primeiro livro e posteriormente que as leis de propriedade intelectual não são universalmente encorajadoras para a inovação.[13] Às vezes elas podem sufocar a investigação científica e o progresso tecnológico. O regime de propriedade intelectual sob o qual vivemos atualmente é relativamente novo, e não há dúvida de que ele coincidiu em grande medida com um tremendo crescimento tanto na ciência quanto na indústria. A barganha entre o bem público e os inovadores privados provavelmente encoraja uma grande medida de progresso tecnológico. Mas todas as barganhas requerem equilíbrio e, em algum ponto, é possível que tenhamos ido longe demais no favorecimento dos direitos dos inovadores acima da necessidade para o bem público. As leis de propriedade intelectual mudaram ao longo dos últimos cem anos, afastando seu foco da passagem das inovações para o domínio público e desenvolvendo períodos mais longos de lucros para detentores de patentes individuais e corporativas.

Diversos cientistas expressaram uma preocupação de que as patentes sobre genes atrapalhem a ciência. Isto acontece porque, uma vez que um grupo possui a patente sobre um gene,

---

[13] Koepsell, D. 2000. *The Ontology of Cyberspace: Law, Philosophy, and the Future of Intellectual Property.* Open Court, Chicago, IL.

os pesquisadores estudam aquele gene por seu próprio risco. Se aquele gene já foi delimitado e patenteado, então qualquer ciência que leve à invenção acerca daquele gene teria de ser licenciada pelo detentor da patente. Até mesmo a investigação daquele gene, usando testes que ajudam a encontrá-lo ou marcadores utilizados em experimentos, pode se tornar mais cara conforme as taxas sobre estes produtos aumentam com o custo e o lucro do patenteamento. As patentes podem ter um efeito resfriador na medida em que cada nova área potencial para estudo deve agora ser completamente pesquisada não apenas no interior da literatura científica, mas também através de uma busca de patentes para ver quem possui quais partes do segmento do genoma que se deseja estudar.

Devemos perguntar não apenas se e como as patentes podem ser apropriadas para os genes, mas de que maneiras as patentes podem encorajar ou sufocar a ciência e as tecnologias derivadas. Deixando de lado questões éticas, metafísicas e legais, as patentes estão afetando a ciência no mundo real; e se pretendemos manter o sistema atual de patentes, devemos perguntar se ele está cumprindo os propósitos para os quais ele foi originalmente concebido e se os genes são um objeto economicamente eficiente ou prático para as patentes em geral.

A estrada adiante

Pode parecer tarde demais para investigar as implicações éticas, metafísicas e de políticas públicas das patentes de genes, quando mais de um quinto do genoma humano já foi patenteado e genes em todo o mundo natural estão sendo explorados em busca de riqueza em potencial agora mesmo. Mas, mais de uma vez, políticas públicas foram forçadas a evoluir, mudar ou ser completamente abandonadas face à crescente consciência pública, ao debate ou a mudanças de paradigmas intelectuais ou culturais. Embora não seja comparável em escala aos debates sobre direitos civis que levaram à abolição da escravidão, ou às leis de direitos civis dos anos 1960, o problema do patenteamento de genes de fato levanta preocupações éticas, econômicas e científicas genuínas. Talvez não possamos resolver todos estes problemas, mas um diálogo mais publicamente visível é desejável.

No coração do debate encontram-se algumas questões fundamentais que exigem uma análise filosófica, mas uma parte muito maior do debate envolve assunções éticas comumente sustentadas sobre a natureza da identidade e questões científicas sobre o papel dos genes na criação dessa identidade. Precisaremos investigar as relações dos genes com as espécies e com os indivíduos, bem como a natureza dos direitos de propriedade sobre nossos corpos, sobre partes de nossos corpos e sobre a informação que faz nossos corpos crescerem e funcionarem. Investigaremos o estado presente da lei de patenteamento de genes, bem como questões de privacidade sobre nossos tecidos corporais e seus produtos. E, finalmente, examinaremos os resultados práticos do sistema atual de patenteamento de genes, suas consequências éticas e econômicas, e exploraremos alguns novos paradigmas potenciais que podem servir ao duplo propósito de encorajar a inovação e servir ao bem público.

Espero que isto leve ao debate ulterior e espero que algumas das coisas que proponho nas páginas seguintes sejam controversas. O que é importante é trazer essa discussão para o espaço aberto, encorajar aqueles que fazem política pública a reconsiderarem o estado de coisas atual e, talvez, a desenvolverem algum acordo comum sobre como devemos perceber e tratar nossos genes sob o ponto de vista ético, legal e científico, conforme a era biológica floresce durante as décadas vindouras.

1. Direitos individuais e coletivos sobre dados genômicos: Questões preliminares

A vida na Terra é unida por uma herança comum, centrada em uma molécula que está presente em quase toda célula viva de toda criatura viva. O ácido desoxirribonucleico (DNA – *deoxyribonucleic acid*), composto de quatro pares de bases – os aminoácidos timina, adenina, citosina e guanina –, codifica os dados que dirigem, em conjunção com o ambiente, o desenvolvimento e o metabolismo de todas as criaturas vivas não dependentes. (Há vírus e bacteriófagos baseados em ácido ribonucleico [RNA – *ribonucleic acid*], mas estes são dependentes de outras criaturas vivas para seu desenvolvimento e propagação.) O DNA é composto de genes, cada um dos quais é um segmento do DNA de um organismo (o qual, para os seres humanos, tem o comprimento de 3 bilhões de pares de bases). Cada gene faz algo específico, codificando as instruções para que a célula crie uma proteína ou enzima, a qual por sua vez é responsável pela diferenciação, desenvolvimento e reprodução celular. Os mecanismos são hoje bem compreendidos. Sabemos o que o DNA faz em um sentido muito básico. A tarefa que a ciência está agora completando é o desenvolvimento de uma compreensão completa da relação e do papel de cada gene, e de outras informações codificadas no DNA, para o desenvolvimento, funcionamento e reprodução do organismo inteiro. O genoma humano, é claro, é o que mais nos interessa, e a compreensão do papel de cada gene para nos fazer crescer e funcionar como o fazemos nos propiciará uma maior previsão e controle sobre a saúde humana.

O primeiro estágio desse grau de compreensão foi o *mapeamento* do genoma. Uma vez sabendo onde cada gene individual se encontra na cadeia de 3 bilhões de pares de bases, podemos começar a compreender as diferenças entre os indivíduos e como elas se relacionam com a saúde e as características particulares de cada organismo. O Projeto Genoma Humano (PGH) começou no início dos anos 1990 como um projeto internacional, de financiamento público, para desenvolver aquele mapa essencial. Ao longo do caminho, aconteceu algo que fora apenas vagamente previsto e que resultou em reivindicações de posse privada de porções do genoma humano. Vamos examinar cuidadosamente a história do PGH e o surgimento das patentes de genes humanos antes de considerar algumas das implicações éticas colocadas por essa nova tendência.

O problema atual

O genoma humano foi mapeado e, a cada dia, uma parte maior de seu território se torna conhecida e compreendida. O mapa atual do genoma humano é geral, nos fornecendo uma vista elevada do território, mas boa parte dele continua sendo território virgem. Ainda temos de compreender precisamente como a expressão dos dados representados pelo mapa ajuda a fazer de nós quem somos e a funcionarmos como funcionamos. Ainda assim, os contornos dos territórios do mapa estão sendo reivindicados, com quase um quinto do genoma sendo hoje possuído por vários grupos e patenteado contra as reivindicações de outros recém-chegados.[1] De fato, a habilidade de concretizar essa posse foi amplamente responsável pela competição inicial no PGH, estimulada por competidores de mercado e financiada pelo valor futuro da posse de sequências de DNA e pela promessa farmacêutica que elas detêm.[2] Enquanto a companhia de Craig Venter, a Celera Corp., estava investindo milhões no desenvolvimento de rápidas tecnologias de sequenciamento, parte de sua de-

---

[1] Berry, R. M. 2003. "Genetic information and research: emerging legal issues", *Healthcare Ethics Committee Forum*, vol. 15, p. 70-99.

[2] Lenoir, N. 2003. "Patentability of life and ethics", em *C. R. Biologies*, vol. 326, p. 1127-1134, p. 1129 (descreve como Bernadine Healy, diretora do Instituto Nacional de Saúde, permitiu que a companhia de Craig Venter, a Celera, Inc., patenteasse genes descobertos através de seu trabalho privado no PGH); Koepsell, D. 2007. "Preliminary Questions", em *Journal of Evolution and Technology*, vol. 16, edição 1, junho de 2007, p. 151-159.

claração de valor e de sua justificativa a seus acionistas para o tremendo desembolso de capital foi a proposição de que os genes descobertos no processo poderiam ser patenteados e se tornar parte do portfólio geral de patentes da Celera. À medida que o Escritório de Patentes e Marcas Registradas [*Patent and Trademark Office*] (PTO) dos EUA começou a conceder patentes de genes, outras companhias, indivíduos e instituições se envolveram na ação. Somente após o fato é que os filósofos, advogados e ativistas começaram a considerar as implicações práticas, legais e éticas das patentes de genes. Diversos autores têm, desde então, considerado as questões práticas e éticas envolvidas na concessão da posse sobre partes do genoma humano. O leque de considerações envolve preocupações com a autonomia, a dignidade, a eficiência econômica e outras importantes considerações éticas. A maioria das pessoas, quando confrontada com o fato de que seu código genético é hoje parcialmente possuído por uma multidão de universidades, corporações e institutos de pesquisa, visivelmente empalidece e insiste que não deveria ser assim. Certamente é assim, e uma pesquisa rápida nos arquivos do PTO revelará milhares de patentes atualmente possuídas sobre porções de seu genoma e do meu.[3] Como pode ser assim? Isso é correto? Será que você não possui seu próprio código genético, ou será que ele não é pelo menos um bem humano de posse comum? Estas questões foram levantadas e vários estudiosos de ética, legisladores, advogados e teólogos

---

[3] Askland, A. 2003. "Patenting genes: a fast and furious primer", *International Journal of Applied Philosophy*, vol. 17, p. 267-275.

responderam de diferentes maneiras. Foram feitas algumas tentativas de reconciliar esses vários pontos de vista em declarações, códigos de conduta e até mesmo leis, visando resolver a questão da posse, criar formas de remuneração ou impedir a posse do genoma humano ou de suas partes. Por exemplo, em 2000, o PTO, preocupado com o "estocamento de patentes", pelo qual as companhias estavam solicitando patentes sobre genes sem nenhuma utilidade conhecida, impôs exigências mais restritivas para as declarações de utilidade nos pedidos de patentes de genes. Da mesma forma, alguns legisladores tentaram parar completamente o patenteamento de genes, como no "Ato de Pesquisa e Acessibilidade Genômica" H. R. 977, dos membros do Congresso Becerra e Weldon, que ainda não foi aprovado. Ainda assim, milhares de nova patentes continuam a ser emitidas a cada ano, e o domínio público sobre o genoma humano continua a encolher.[4]

No passado, escrevi sobre a natureza da propriedade intelectual em geral, argumentando que não há nenhum direito possessório natural sobre *expressões* (objetos feitos pelo homem, produzidos intencionalmente)[5] e que somos livres para criar leis acerca da posse de expressões como acharmos

---

[4] McCain, L. 2002. "Informing technology policy decisions: the U. S. Human Genome Project's Legal and Social Implications Programs as a critical case", *Technology in Society*, vol. 24, p. 111-132.

[5] Pelo menos não há tais direitos naturais sobre nada além de suas bases materiais. Por exemplo, a base material de Moby Dick é o livro físico, contendo as palavras impressas, descrevendo a história. O tipo é a forma universal, reproduzida em cada livro individual. O tipo permanece o mesmo, não importando a forma particular de sua reprodução em uma base material particular.

adequado. Argumentei que a dicotomia que coloca as expressões "utilitárias" contra as "estéticas", inerente às esferas distintas dos direitos autorais e das patentes, é confusa e ontologicamente inválida. Na verdade, as expressões pertencem todas a uma mesma categoria, situando-se ao longo de um espectro, mas em nenhum sentido as categorias naturais da lei de patentes e de direitos autorais são mutuamente exclusivas. Argumentei que compreender os erros da ontologia atual (nossa compreensão da natureza dos próprios objetos e de suas relações uns para com os outros) da propriedade intelectual nos deixa livres para reestruturar de maneiras mais sensíveis e eficientes nossos sistemas de posse de expressões, para realizar melhor os objetivos dos autores do Artigo 1, Seção 8, da Constituição dos EUA. Dado que a lei de propriedade intelectual é o contexto atualmente aceito, porém o mais incômodo, para discutir se alguém deve ser capaz de exercer direitos de propriedade sobre o genoma humano ou suas partes, é natural para mim começar com a metodologia que usei no passado, a saber: explorar as questões e assunções ontológicas subjacentes e considerar se estas têm uma base válida, ou se precisamos de uma nova perspectiva.

Minha metodologia se baseia em algumas poucas assunções gerais, que acredito serem não controversas, e, enquanto boa parte do que vem a seguir depende em parte destas assunções, outros elementos de meu argumento são meramente pragmáticos, não se baseando em nenhuma metodologia particular. Para ser honesto, assumo o seguinte: 1) que embora os genes não determinem inteiramente quem somos, eles são amplamente responsáveis por nossas características individuais; 2) que embora nunca possamos saber qualquer coisa com certeza absoluta, a ciência funciona porque ela aceita como verdadeiras certas crenças fundamentais; 3) que a *justiça* é real, não meramente inventada pelas preferências humanas, mas baseada em certos tipos naturais inerentes e imutáveis. Para os filósofos que estão lendo isto, isso faz de mim mais ou menos um essencialista genético, um fundacionista e um teórico da lei natural, se precisarmos usar rótulos. Não obstante, enquanto essas assunções atuam por trás de meu argumento, outros argumentos menos filosóficos e mais claramente pragmáticos discutidos posteriormente levam a muitas das mesmas conclusões sobre o patenteamento de genes. Além disso, os argumentos apresentados por outros que abordaram essa questão também dependem de várias assunções filosóficas e se estendem sobre uma série de temas comuns. Quaisquer que sejam suas assunções subjacentes, a literatura e o debate corrente sobre a ética da posse do genoma até agora se concentraram na discussão das seguintes questões:

1. Será que o genoma humano é parte de alguma herança humana coletiva?

2. Será que os indivíduos podem exercer direitos de propriedade sobre seus genomas individuais?

3. Será que as patentes e outras formas de proteção produzem satisfatoriamente eficiências econômicas e inovação?

4. Será que os Estados ou comunidades regulam de modo justo a exploração econômica dos genomas de populações coletados em bases de dados?

Todas essas questões são importantes e dignas de consideração, e os pontos de vista diferem de modo notável. Contudo, ninguém até agora abordou de modo adequado uma questão muito mais básica que moldaria cada um desses debates, a saber: quais são as relações entre as seguintes entidades: indivíduos, populações, espécies, o "genoma humano" genérico e o genoma específico de um indivíduo?

Em outras palavras, precisamos elaborar a ontologia das entidades citadas acima, a fim de moldar melhor o contexto para os debates éticos sobre direitos, genes e propriedade. Embora haja claramente uma ontologia inerente ou assumida subjacente ao presente debate, nossas intuições sugerem que ela é mal concebida e deve ser reconsiderada antes de tirarmos conclusões. Por exemplo, o referencial legal e social atual para os direitos de propriedade que são atualmente concedidos e reconhecidos pelas patentes parece à primeira vista ser inválido, e várias tentativas de esclarecer, restringir ou limitar esse referencial falharam por uma ou outra razão. Vamos olhar para a ciência à luz do referencial atual e dessas tentativas de reconcebê-lo, e perguntar se todos esses esforços se precipitaram e fizeram assunções ontológicas errôneas.

Os objetos de nosso estudo

Exceto alguns vírus que contam apenas com o RNA, todas as coisas vivas são construídas pela interação do DNA e do RNA no interior das células com seus ambientes. O ácido desoxirribonucleico (DNA) foi descoberto muito antes de sua função central na reprodução, na diferenciação celular, no desenvolvimento e na existência continuada dos organismos ser plenamente reconhecida. Ele consiste em quatro bases – timina, guanina, citosina e adenina – mantidas juntas por uma "espinha dorsal" de fosfato e famosamente reveladas por Watson e Crick como se flexionando no formato de uma dupla hélice. Uma vez que a timina sempre forma pares com a adenina, e a citosina sempre forma pares com a guanina, a replicação do comprimento de três bilhões de pares de bases de um genoma humano completo requer apenas a separação enzimática daquele DNA. Em outras palavras, quando você o divide ao meio ao longo de seu comprimento, duas cópias completas do filamento podem se formar devido ao emparelhamento natural das bases. Embora seja parte de um processo altamente complexo, a simplicidade e a necessidade da estrutura do DNA conforme reveladas através do trabalho de Watson, Crick, Wilkins e Franklin são imediatamente aparente. O DNA é o código com base no qual a máquina física de um indivíduo é construída e com base no qual ela constrói seus descendentes. Todo o funcionamento mecânico do organismo está ligado a essa molécula, em conjunção com o ambiente e com diversos outros processos celulares e biológicos contínuos, todos eles, não obstante, inteiramente dependentes daquele código para sua origem e continuidade.

A reprodução de todos os organismos envolve a reprodução do código do DNA de um organismo para produzir um novo organismo. No caso da partenogênese – o modo como as amebas se reproduzem, dividindo-se em duas –, o código exato do organismo é meramente duplicado (embora ocorram inevitavelmente mutações ao longo das gerações). No caso da reprodução sexual, os códigos de dois organismos são recombinados em um novo indivíduo único. Embora os biólogos houvessem notado que certas características parecem ser herdadas pelos descendentes com frequências previsíveis, o mecanismo dessa herança não foi inteiramente compreendido até o papel do DNA ser revelado. Os "genes" responsáveis por certas características são instruções embutidas em uma sequência completa de DNA para ligar e desligar a produção de várias proteínas em vários estágios de desenvolvimento ou função. A sequência inteira, todos os três bilhões de pares de bases, para um indivíduo, existe em cada célula do organismo. Conforme as células se diferenciam, contudo, certas partes do genoma necessárias para o funcionamento adequado de órgãos discretos permanecem "ativadas", enquanto outras são "desativadas" de acordo com o órgão ou sistema em que aquela célula se situa. O DNA é organizado em trincas ou "códons", cada um dos quais é responsável pela produção de uma proteína conhecida, e os quais, ao trabalharem juntos, constituem genes de vários comprimentos. Os códons são a sintaxe da linguagem do DNA.[6]

O DNA dirige a produção de proteínas e o metabolismo, ao interagir indiretamente com o RNA mensageiro, os ribossomos e outras organelas (ver Capítulo 3 para uma melhor discussão sobre essas partes das células) em cada célula. O núcleo, onde o DNA é abrigado, é essencialmente uma unidade de processamento central que medeia o desenvolvimento e a função celular e biológico para um organismo inteiro e transmite as adaptações evolutivas da espécie de uma geração para a próxima. Dado que uma espécie inteira compartilha em grande medida o mesmo genoma, o genoma genérico de uma espécie é uma entidade única, distinto de cada instância daquele genoma na forma de membros individuais da espécie. O genoma da espécie define as características gerais de uma espécie, e o genoma único de um indivíduo define as características únicas de um indivíduo.

Assim, o "genoma humano" é uma entidade abstrata, caracterizando em geral a espécie humana, consistindo em certas coleções necessárias de genes.

A analogia do "código" é útil, pois de fato estamos aprendendo a decifrar as instruções que compõem os quase 25.000 genes humanos e a compreender como eles se relacionam com o desenvolvimento dos indivíduos de uma espécie e com a evolução da própria espécie. Esse código, no entanto, é diferente da maioria dos códigos feitos pelo homem,

---

[6] Singer, M. & Berg, P. 1991. *Genes and Genomes*, University Science Books, Mill Valley, CA, p. 131-132.

pois ele é subjacente à formação do segundo objeto crítico de nosso estudo, a saber: as *pessoas*. Nós só estamos interessados nas consequências morais de possuir porções do genoma humano porque isso produz um impacto sobre as pessoas, e as pessoas são os objetos típicos da consideração moral. Os seres humanos e as pessoas são entidades sociais distintas. Os seres humanos podem estar mortos, ou carecer de consciência ou da capacidade de ter consciência, mas as pessoas não o podem. As pessoas são criaturas conscientes ou potencialmente conscientes, portadoras de direitos e limitadas por deveres.

Assim, será crucial para nosso estudo revelar as relações entre o DNA, os genes, o "genoma humano", os seres humanos e as pessoas. Em algum nível, o nível mais alto dos objetos sociais que chamamos de *pessoas* consiste na interação da molécula de DNA com um corpo, uma mente e o ambiente. Todas as funções de nível superior que associamos com a condição de ser uma pessoa dependem ontologicamente dos processos químicos que formam o desenvolvimento e o funcionamento cotidianos de uma pessoa. Antes de tomarmos decisões sobre a justiça de permitir a posse de partes do genoma humano, devemos tentar descrever essas relações, a fim de discernir se as relações de propriedade entre essas entidades são adequadas ou mesmo concebíveis.

O referencial legal até agora

No mundo ocidental, a lei de propriedade intelectual prescreve os limites legais para a posse de genes de outras porções do genoma. Há várias razões para isso, incluindo duas decisões legais importantes, *Chakrabarty* e *Moore*.[7] *Chakrabarty* estabeleceu o princípio que permite as patentes sobre organismos construídos por engenharia genética, e *Moore* estabeleceu que os indivíduos não têm direitos de posse sobre os frutos de descobertas feitas através da coleta de seu DNA.[8] Entre estes dois casos e uma massiva apropriação de partes do genoma humano iniciada pela entrada da Celera Corp. na corrida do PGH, as fronteiras da situação atual foram traçadas pelo PTO, pelos tribunais e por corporações sem muito interesse pelo envolvimento público ou pela consideração ética e, menos ainda, por qualquer investigação ontológica íntegra. Apesar da constituição das fronteiras estabelecidas por essas forças, não existe nenhum consenso público sobre a justiça do *status quo*.

A maioria das pessoas comuns não parece aceitar visceralmente o fato de que produtos da natureza, ligados a todo DNA humano, possam ser declarados propriedade privada. Além disso, nenhuma outra entidade legal análoga goza dessa situação. Parcialmente, porque o DNA é "único", como argumentado por aqueles que promovem o "excepcionalismo genético", o estado de coisas atual permanece em grande medida indisputado na esfera pública, apesar das consideráveis objeções filosóficas e práticas.

---

[7] *Diamond v. Chakrabarty*, 447 U.S. 303 (1980), *Moore v. Regents of the University of California*, 51 Cal. 3d. 120 (1990).
[8] Chakrabarty, A. M. 2003, "Environmental biotechnology in the post-genomics era", *Biotechnology Advances*, vol. 22, p. 3-8.

Os argumentos são muitos e fortes a favor do excepcionalismo, embora tenham sido feitas algumas objeções razoáveis à noção.[9] O DNA é de fato único, mas há poucos argumentos aprofundados ligando a clara unicidade do DNA e sua atual situação legal e social. A fim de realizar esse trabalho, deve-se fazer mais do que simplesmente enfatizar a unicidade do DNA. Quais são as relações entre o DNA, a identidade, a condição de ser uma pessoa, os direitos, os deveres e a propriedade? Há quaisquer objetos análogos que possam informar estas questões?

Diversas declarações de líderes mundiais e organizações internacionais desafiaram o referencial atual, sugerindo que o DNA pode ser parte de uma "herança humana comum" e, portanto, não sujeito à posse privada, ou sugerindo que os próprios indivíduos detêm os direitos sobre seu próprio DNA. Esses referenciais alternativos foram propostos tardiamente no jogo e raramente adotados, produzindo pouco efeito geral sobre a corrida para patentear porções do genoma humano.[10]

Os riscos sob o referencial atual são significativos e deveriam ser motivo de preocupação. As objeções ao patenteamento de genes não são alarmistas, nem simplesmente acadêmicas. Além do impacto na justiça, as consequências prá-

---

[9] Gostin, L. O. & Hodge, J. G. Jr. 1999. "Genetic privacy and the law: and end to genetics exceptionalism", *Jurimetrics*, vol. 40, outono, p. 21.
[10] Cunningham, P. C. 2003. "Is it right or is it useful? Patenting of the human gene, Lockean property rights, and the erosion of the Imago Dei", *Ethics and Medicine*, vol. 19, p. 85-98.

ticas do patenteamento de segmentos de DNA sem clareza ética sobre o assunto podem incluir mais litígios, pesquisa e terapias mais caras, e o potencial de conflitos custosos e significativos acerca de infrações não intencionais. Os incentivos econômicos das patentes também são significativos, e se o referencial corrente puder ser esclarecido, a fim de reduzir as controvérsias a respeito da prática, pesquisas importantes poderão florescer sem impedimentos desnecessários. Atualmente e sem razões adequadas, o DNA está sendo tratado como *software*, motores a vapor, compostos químicos feitos pelo homem e outros candidatos mais prováveis para patentes. Ainda não é tarde demais para considerar se há uma base teórica válida para isso.

Podemos questionar as patentes de DNA em diversos campos, incluindo as objeções éticas sobre a posse da vida ou de tecidos vivos, ou as noções de dignidade humana. Podemos também desafiar a economia e a praticidade das patentes de genes, que supostamente interferem na pesquisa e inovação científicas. Toda essa discussão deve ser posterior a uma investigação mais básica sobre a natureza do DNA e dos próprios genes, e sobre se eles se adequam de modo apropriado a quaisquer paradigmas existentes de posse ou propriedade. Essas categorias informam nossas escolhas morais e consistem em certo número de possibilidades básicas.

O DNA e os genes poderiam ser propriedades como outras formas de propriedade, como martelos, carros ou casas. Ou possivelmente os genes sejam apropriadamente considerados como sendo propriedade intelectual, partilhando todas as qualidades essenciais de outras formas de propriedade intelectual. Finalmente, os genes e o DNA podem ser uma forma de propriedade comum, imune a formas ordinárias de posse ou propriedade. Vamos examinar brevemente cada um destes paradigmas.

O paradigma da propriedade

A propriedade é talvez um dos conceitos mais antigos do direito e não é surpreendente que ela tenha emergido como um tema dominante em argumentos a favor do controle sobre o DNA. As formas mais comuns de propriedade incluem historicamente: a propriedade imóvel (terras), móveis (martelos, carros etc.) e bens (gado, bodes etc.). Cada uma destas formas de propriedade pode supostamente emergir extralegalmente, com os fatos brutos da posse exercida pelos possuidores e por aqueles que literalmente estabelecem as fronteiras de seus interesses de posse. A possessão é extralegal na medida em que é um fato independente de quaisquer fatos legais ou sociais. Ela é um fato bruto, conforme descrito na explicação da realidade social de Searle: os fatos brutos do mundo existem com ou sem as intenções humanas. A situação legal e social da *posse* é posterior aos fatos brutos da possessão.[11]

---

[11] Searle, J. 1997. *The Construction of Social Reality*, Free Press, Nova Iorque.

O paradigma da propriedade intelectual

Conforme argumentei em *The Ontology of Cyberspace* [*A ontologia do ciberespaço*], não há nenhuma possessão "natural" ou, de fato, bruta das expressões (os "tipos" ou universais, pelo menos) que escolhemos proteger através da lei de propriedade intelectual. Se podemos dizer que certas formas de fatos possessórios naturais são legalmente válidas ou validadas pelas instituições legais da propriedade e da posse, não podemos dizer nada semelhante a respeito da lei de propriedade intelectual. Somos livres, essencialmente, para criar leis de propriedade intelectual conforme desejarmos, não limitados por preocupações de justiça ou validade acerca de fatos brutos de possessão. Isso ocorre porque não há nenhum modo *natural* de possuir o "tipo" de uma expressão – qualquer um pode facilmente copiar a maioria das expressões sem privar o autor ou criador original de coisa alguma. A lei de propriedade intelectual é um expediente destinado a melhorar a eficiência econômica. Certos tipos de objeto se adequam nitidamente às categorias que criamos para a lei de propriedade intelectual, embora a categoria ampla de tais objetos seja, como argumentei, simplesmente "objetos feitos pelo homem produzidos intencionalmente". Toda propriedade intelectual caía até recentemente nesta categoria ampla. As subcategorias do direito autoral e da patente cobriram o espectro daqueles objetos feitos pelo homem, produzidos intencionalmente, cujos usos foram principalmente estéticos (sujeitos ao direito autoral) até aqueles cujos usos são principalmente utilitários (e, portanto, patenteáveis), mas não há nenhuma base natural segundo a qual se possam traçar linhas claras entre esses dois extremos do espectro das expressões. Assim, propus um esquema unitário da proteção da propriedade intelectual, baseado na ontologia das entidades envolvidas e em argumentos de eficiência.[12] Será que o genoma ou os genes são propriedades intelectuais? Somos igualmente livres para definir os limites dos direitos de posse e propriedade sobre o genoma humano, ou será que há fatos brutos que fundamentam certas reivindicações válidas, mas não outras? Será que os genes ou o genoma chegam a ser expressões do tipo que pode ter proteção de propriedade intelectual sob o esquema legal atual?

O paradigma da propriedade comum

Não há ainda nenhum consenso mundial sobre se deve ser concedida proteção de propriedade intelectual a porções do genoma humano, como de fato é feito nos EUA e em algumas outras nações.[13] Alguns acordos, convenções e especialistas internacionais argumentaram que o excepcionalismo genético exige que tratemos o DNA humano não como uma propriedade a ser possuída por indivíduos ou à

---

[12] Ver, de modo geral, Koepsell, D. 2000. *The Ontology of Cyberspace: Law, Philosophy, and the Future of Intellectual Property*, Open Court, Chicago, IL.
[13] Wheale, P. R. & McNally, R. 2003. "A synoptic survey of the bioethics of human genome research", *International Journal of Biotechnology*, vol. 5, p. 21-37.

qual se conceda a situação de propriedade intelectual, mas, antes, como um bem comum. A noção de propriedade comum envolve bens que são difíceis de conter, sobre os quais nenhum fato bruto, natural, de posse é facilmente exercido e, em favor dos quais, o bem-estar público geral argumenta contra a posse individual. Exemplos de partes do mundo sobre as quais há tipicamente uma concordância de serem uma parte da propriedade comum incluem: ar, água fresca, ondas de ar, o espaço exterior e o espaço aéreo. Esses tipos de coisas não podem ser delimitadas, e tratá-las como parte da propriedade comum permite o funcionamento eficiente dos mercados por causa de sua disponibilidade comum. Os bens comuns também não podem ser apropriados por alguém sem diminuir seu valor ou quantidade para a comunidade em geral. Muitos argumentaram que as ideias também são parte da propriedade comum, e que a lei de propriedade intelectual delimita injustamente aquilo que não deve ser delimitado.[14]

Vários acordos internacionais e regionais, bem como alguns estatutos, vez ou outra descreveram o DNA humano ou o genoma humano como sendo parte de uma "herança comum" e, portanto, indelimitável – em essência, um bem comum. Algumas características notáveis dos bens comuns parecem de fato coincidir com características do DNA, a saber: ele não é possível de ser contido ou delimitado por qualquer exclusão natural de outros, ele é abundante e necessário

---

[14] O guru do Código Aberto, Stewart Brand, famosamente disse: "a informação quer ser livre", em *Whole Earth Review*, maio de 1985, p. 49.

para que as pessoas em geral prosperem, e não circunscrevê--lo é algo supostamente benéfico, de certa maneira, para a eficiência econômica. Por outro lado, há diferenças óbvias entre o DNA e outros bens comuns. Por exemplo, cada genoma individual em particular é teoricamente único para o indivíduo e pode ser apropriado sem nenhuma diminuição de seu valor imediatamente útil para o indivíduo. O mesmo pode ser argumentado sobre o "genoma humano" genérico. Sua apropriação por um indivíduo não priva a humanidade em geral e, de fato, pode supostamente enriquecer a todos, dados os benefícios de saúde que se espera serem alcançados pela pesquisa científica e pelo desenvolvimento tecnológico conduzido com a ajuda dos lucros obtidos através da proteção de propriedade intelectual. Ainda outros argumentaram em favor da criação de propriedades comuns "contratuais" para a informação genética, realizando expressamente decisões políticas de compartilhar o recurso, independentemente das afirmações ontológicas sobre sua situação.[15]

Consideraremos esses argumentos em maior profundidade, após explorarmos primeiro o método proposto para a investigação e nos aprofundarmos um pouco mais na ciência, a qual, como argumentarei, deve antes de tudo guiar nossa tomada de decisões.

---

[15] Winickoff, D. E. & Neumann, L. B. 2005. "Towards a social contract for genomics: property and the public in the 'biotrust' model". *Genomics, Society and Policy*. Vol. 1, n. 3, p. 8-21.

Desafios especiais do DNA

O DNA é claramente único. Nenhum outro composto ou elemento químico dirige sua própria replicação como faz o DNA. Ele desenvolveu um notável conjunto de estratégias para a replicação, resultando em todos os milhões de espécies aqui na Terra. A maioria dessas espécies, de fato, compartilha porções de seu DNA com todas as outras. Por exemplo, as moscas de frutas e os seres humanos compartilham genes que conduzem processos semelhantes e que, com toda probabilidade, compartilham a mesma origem evolutiva histórica. Ainda assim, o excepcionalismo genético não se refletiu em qualquer tratamento legal ou social excepcional.[16] Por que, se o DNA é tão diferente de outros tipos de compostos ou objetos, ele é tratado na lei como se fosse apenas outro objeto feito pelo homem, produzido intencionalmente? Por que estamos enfiando uma dupla hélice em um buraco quadrado? Pode muito bem haver argumentos para sustentar isso, mas eles não foram bem expressados. Os argumentos mais frequentes foram puramente utilitaristas, e as bases teóricas estão ausentes.[17]

---

[16] Hoedemaekers, R. e Dekkers, W. 2001. "Is there a unique moral status of human DNA that prevents patenting?". *Kennedy Institute of Ethics Journal*, vol. 11, p. 359-386.
[17] Witek, R. 2005. "Ethics and patentability in biotechnology", *Science and Engineering Ethics*, vol. 11, p. 105-111.

Normalmente não se concede proteção de patentes ou de outro tipo de propriedade a produtos e leis da natureza. Contudo, hoje em dia, cada vez mais genes humanos são reivindicados sob várias patentes detidas por corporações e universidades. Na maioria dos casos, essas patentes corporificam reivindicações sobre as sequências genéticas específicas dos genes – os filamentos de pares de bases que formam os próprios genes –, bem como sobre as técnicas e os processos associados à detecção destes filamentos específicos. A proteção de patentes havia sido anteriormente limitada apenas a invenções que são novas, úteis e originais. Assim, se são descobertos novos compostos que ocorrem naturalmente, nenhuma proteção de patente pode normalmente ser emitida. Há algumas exceções a essa regra geral, sendo a mais notável as patentes de plantas, mas estas tradicionalmente exigiram alguma mistura de inovação humana com um produto natural para criar algo *novo* e *útil*. As patentes podem ser concedidas para *aplicações* de uma nova descoberta a processos, ou para métodos de sintetizar aqueles compostos, mas não para a estrutura do próprio composto. No caso do DNA, há certamente uma forma de excepcionalismo *legal* ocorrendo no PTO. Ele está sendo tratado hoje como uma nítida exceção à regra geral contra o patenteamento de descobertas. Além disso, esse tratamento legal excepcional está sendo imposto ao resto do mundo através de vários acordos internacionais e práticas de comércio.

    O DNA coloca numerosos desafios para o referencial legal atual de proteção e pode sugerir o desenvolvimento de uma categoria social e legal inteiramente nova, reconhecendo sua situação única. Em última instância, contudo, devemos deslindar a natureza real das relações do DNA para com os indivíduos e as espécies. Devemos mergulhar na ontologia do genoma e em sua relação com as pessoas.

Propriedades e partes

Conforme argumentado brevemente acima e com mais profundidade em capítulos posteriores, certos tipos de posse legal são reflexos de fatos brutos acerca da possessão, que *fundamentam* tais direitos e deveres legalmente reconhecidos. A partir dessa perspectiva de direito natural, as leis justas derivam sua justiça de estados naturais de coisas. Os teóricos legais positivos rejeitam essa noção e argumentam que a lei e a justiça são construções puramente humanas, sem nenhum fundamento em particular. De acordo com os teóricos legais positivos, poderíamos simplesmente legislar, por exemplo, que a propriedade privada é injusta e deveria ser ilegal, tornar um crime a posse de qualquer coisa e, assim, privar as pessoas de sua propriedade sem qualquer repercussão moral ou ética.

Argumentarei com mais profundidade posteriormente que o termo "justiça" deixa de ter qualquer significado sob tal visão, e declaro agora simplesmente que meu argumento é baseado em uma teoria de direito natural modificada, na qual há coisas como certo e errado, e na qual as leis justas devem ser baseadas em fatos naturais. Sob essa visão, *justiça* reflete uma correlação acurada de leis e estados naturais de coisas. Assim, os códigos legais que reconhecem o roubo como conferindo direitos de propriedade são injustos. Social e historicamente falando, os tipos de coisas que podem ser possuídas legalmente são aqueles cuja possessão pode ser declarada abertamente, publicamente e mantida através de vários atos sociais. Aqueles tipos de coisas que não podem ser roubadas ou ocupadas adversamente são geralmente tratados como propriedades comuns que não podem ser possuídas por qualquer indivíduo sozinho, mas devem ser compartilhadas por todos. Uma análise aprofundada da propriedade e das relações de propriedade deve preceder a determinação de que o DNA pode ser uma propriedade. Ao longo do percurso, consideraremos se o DNA é mais semelhante à propriedade intelectual, sob a qual é atualmente concedida proteção para os genes, ou mais semelhante a outras formas de propriedade. Podemos de fato descobrir que o DNA é um tipo único de objeto, digno de uma proteção única de propriedade, ou talvez de nenhuma proteção.

Podemos também determinar que o DNA não é uma entidade distinta, mas, antes, uma parte de outra entidade. Esta é uma distinção importante, porque a lei não reconhece geralmente direitos de propriedade tradicionais sobre partes do corpo de alguém, pelo menos não do tipo abarcado pelas reivindicações ordinárias de propriedade. Podemos investigar a justiça dessa proibição, mas parece ser uma norma universalmente aceita que alguém não possa alienar partes de seu próprio corpo à vontade. Se é assim, será que o DNA deve ser tratado como uma parte do corpo?

Ao determinarmos a relação do DNA para com os indivíduos, precisaremos discernir a mereologia (o estudo das partes e dos limites) e as topologias de objetos altamente complexos. Não completaremos essa tarefa nestas páginas, mas certamente iniciaremos a tarefa, apontando limites e características importantes onde pudermos. Ao fazê-lo, precisaremos elaborar a natureza não apenas do DNA que instrui a formação de uma pessoa, mas também da própria pessoa. Uma conclusão razoável de nossa investigação pode ser que o DNA e as pessoas são objetos holísticos, incapazes de reducionismo. Tal conclusão pode ter implicações significativas para o modo como devemos tratar legal e socialmente o DNA.

Há muitas coisas no mundo que nunca recebem proteção sob regimes de propriedade ou de propriedade intelectual. Nem tudo pode ser possuído, e há restrições legais sobre a posse de certas coisas.[18] Pode muito bem ser que o DNA não se enquadre em nenhum esquema legal, cultural ou social atual de posse e que os genes não sejam tipos

---

[18] Comparar com Arthur Caplan, que argumenta que não há nada especial acerca do genoma humano e que, portanto, este deve ser patenteável. Infelizmente, ele e outros comentadores que defendem esse argumento ignoram o fato de que normalmente não se concede proteção de patentes a descobertas – apenas a invenções. Ele está certo quanto ao fato de o genoma humano não ser particularmente especial, mas sua conclusão não é informada por uma boa compreensão da lei de propriedade intelectual. Caplan, A. 1998. "What's so special about the human genome?", *Cambridge Quarterly of Healthcare Ethcis*, vol. 7, p. 422-424.

de coisas que possam ser possuídas. Além disso, podemos desejar esclarecer se e em que medida nossa possessão de nossos próprios genes individuais se estende a algum tipo de *direitos* sobre esses genes (tanto tipos quanto bases materiais). Afinal, nem todo ato de possessão confere um direito. O ato de responder completamente essas questões sobre a patenteabilidade dos genes ou sobre outros direitos possessórios, ou de posse sobre eles, também se baseará em uma compreensão sólida das relações entre os genes e nós mesmos enquanto indivíduos autônomos.

Autonomia, individualidade e a condição de pessoa

Muitos de nossos instintos sobre o patenteamento do DNA e nossas suspeitas sobre suas semelhanças com outras formas mais onerosas de posse de pessoas podem derivar de nossos erros de compreensão sobre a relação do DNA para com os indivíduos e as espécies. Nesta era de reducionismo genético e de filmes e livros populares descrevendo a clonagem e a engenharia genética, há uma tendência bastante frequente a igualar nossos genes a *nós mesmos*. Se de fato nós não somos nada além dos produtos de nossos genes, então certamente permitir que outros possuam esses genes é uma forma de escravidão ou algo semelhante a isso. Essa mesma tendência pode também nos fazer confundir o uso da homogeneidade genética de uma população com racismo ou com alguma forma de exploração não autorizada. Embora possamos desejar argumentar sobre a justiça de recompensar indivíduos que doam seus tecidos para a ciência com uma remuneração mais adequada do que a que praticamos no passado (por exemplo, ligada a lucros ou com benefícios tangíveis mais equilibrados), não devemos confundir os genes com o destino étnico. Também não devemos cometer o erro inverso e ligar os acidentes históricos ao merecimento. Nenhum de nós é inteiramente um produto de nossos genes, como veremos nos capítulos posteriores. Tampouco qualquer população, a despeito de sua relativa homogeneidade genética, é arquiteta de sua constituição genética – sua natureza não é um resultado do tipo de intenção normalmente necessária para a invenção. Nossa diversidade genética é maior do que os cientistas anteriormente suspeitaram, mesmo embora os genes que compartilhamos sejam compartilhados de modo amplo e bastante completo. Isso quer dizer que, enquanto eu e você compartilhamos 99% de nossos genes, as coisas importantes estão acontecendo naquele 1% de diferença. As diferenças também equivalem a muito mais do que genes. A informação é codificada nas lacunas entre os genes, em polimorfismos de nucleotídeo único (PNUs) e em variações de número de cópia (VNCs), todas as quais serão explicadas em mais detalhes posteriormente. Por ora, é suficiente dizer, contudo, que você não é seus genes e seus genes não são você.

O determinismo genético está sendo contestado não apenas por razões filosóficas e sem referência a quaisquer enigmas intelectuais perturbadores como o "livre arbítrio".

Antes, estamos aprendendo que o ambiente interage com os genes de maneiras complexas ao longo do tempo. A epigenética é o estudo das relações e interações entre os genes e seus ambientes, e ela está mostrando que o determinismo ou reducionismo genético não funciona nem mesmo no nível celular. Há razões para suspeitar que em um nível mais alto, no nível da consciência e da condição de pessoa, na medida em que seus genes determinam quem você é, ou fazem você ser você, foi exagerada de modo significativo.

Devemos levar tudo isso em conta ao decidir se o patenteamento de genes viola mais do que meras normas legais, mas também tradições sociais ou culturais que dizem respeito a noções de privacidade e autonomia. Assim, nos aprofundaremos nas relações dos genes para com a autonomia, a privacidade e alguns conceitos complicados, como a *condição de ser uma pessoa*, à medida que investigarmos a ética da posse dos genes em geral. Teremos de olhar para a ciência da individualidade no nível genético e abordar a natureza da autonomia e da condição de ser uma pessoa, na medida em que elas se relacionam com nossas constituições genéticas individuais.

Todas essas investigações são, não obstante, partes de um contexto recente no qual as patentes de genes já são abundantes. Embora a justiça exija que desafiemos o *status quo* e talvez até mesmo o modifiquemos, devemos também ter em mente os propósitos econômicos da lei de propriedade intelectual e o provável impacto de se alterar o regime atual.

A economia e o mercado para os genes

A injustiça sozinha pode não ser uma razão suficiente para alterar de modo significativo a lei ou o costume quando as consequências de tal mudança forem grandes demais. Deveríamos pesar os efeitos da situação atual contra os prováveis efeitos de alterá-la. Claramente, há numerosos grupos interessados em manter o sistema atual, pois eles obtêm lucros e são frequentemente motivados em parte ou totalmente pelo potencial de recompensa econômica. Devemos considerar essas motivações, a força de outras motivações potenciais e outros modelos possíveis que possam realizar o duplo objetivo de avanço científico e lucro dentro dos limites da *justiça*.

A história está cheia de exemplos das interações complexas entre a ciência, a tecnologia e o mercado. O avanço científico há muito tem alimentado o progresso tecnológico, e as pessoas têm se beneficiado de ambos os esforços individual e coletivamente. O último século testemunhou o desenvolvimento de novos modos de investigação científica, incluindo a assim chamada "grande ciência", envolvendo investimentos públicos massivos em coisas como o Projeto Manhattan, a corrida espacial e a física de partículas. Os problemas científicos e as soluções tecnológicas se beneficiaram com a interação entre pesquisadores, governos e corporações para revelar e explorar fenômenos naturais. Alguns desses benefícios foram econômicos. A ciência e a tecnologia são hoje responsáveis por uma grande parcela das economias de mais rápido crescimento do mundo, e o público se beneficia juntamente com os pesquisadores e tecnólogos.

Rever o sistema atual, mesmo que ele seja injusto, pode não ser autorizado se a convulsão econômica for o único resultado. É difícil justificar privações massivas de direitos de propriedade, embora isso tenha sido feito antes, quando a injustiça excedeu todas as outras considerações. Esse pode ser o caso com as patentes de genes, mas, se não for, devemos considerar posições alternativas. Pode ser, também, que a privação de direitos às patentes de genes não precisem alterar muita coisa em última instância. Pode muito bem ser que existam atualmente outros meios de proteger a inovação e que o sistema de patentes possa ser usado de maneira mais apropriada para proteger a inovação, talvez em parceria com corporações e governos, e que as economias possam se beneficiar com uma definição mais clara desses direitos e relações.

Será que a ciência e a tecnologia trabalharam anteriormente em sincronia de modo que estão sendo ignoradas ou mesmo eliminadas com o desenvolvimento das patentes de genes? Será que o *status quo* é uma perversão do modo como o mercado e as descobertas científicas tipicamente se beneficiaram de maneira mútua? Se é assim, será que podemos normalizar essa relação sem provocar o colapso de um mercado em expansão? Será que não podemos até mesmo provocar maiores investimentos e encorajar descobertas e invenções mais rápidas, através de mudanças sutis nos modos como interpretamos as leis de patentes existentes? Examinaremos todas essas possibilidades e consideraremos os efeitos práticos tanto de um ponto de vista político quanto econômico.

Ética e método

Até agora, aqueles que consideraram as questões levantadas acima o fizeram por analogia, ou aplicando teorias éticas de vários tipos (tais como o consequencialismo ou o kantismo) à situação legal e social atual do DNA humano. Isso foi o mesmo que colocar a carroça na frente dos cavalos. Essa atitude assume coisas demais sobre a natureza do DNA para aceitar sua classificação *ontológica* atual, enquanto argumenta ou contra ou a favor da ética de sua posse. A melhor literatura sobre o assunto argumentou em favor do excepcionalismo genético, apontando a natureza única do DNA. Nem aqueles que fizeram esse bom trabalho, nem aqueles que argumentaram prematuramente contra ou a favor da ética da posse do DNA, fizeram o trabalho *fundamental* de descrever as relações objetivas entre genomas, genes, indivíduos, pessoas e espécies. Somente ao descrevermos primeiro essas relações é que podemos começar a considerar a justiça de tratar o DNA como uma propriedade, como propriedade comum, ou como algo inteiramente novo.

Embora eu não queira argumentar a partir de uma teoria ética particular, nem do consequencialismo, nem do kantismo, nem de algum outro ponto de vista ético fixo, meu ponto de vista do direito natural modificado assume que há tal coisa como a *justiça*. Parte do meu argumento envolverá a defesa da afirmação de que certas leis são *fundamentadas* e outras não. Se de fato não existe nenhuma *justiça*, e as leis não têm nenhuma relação para com ela, então não faz nenhum sentido avaliar a justiça de qualquer sistema ou instituição particular em contraste com qualquer outro. Também assumo que até mesmo aqueles que chamam a si próprios de consequencialistas se preocupam com a justiça. O consequencialismo também se preocupa com o "bem" e é, portanto, uma teoria ética por meio da qual a *justiça* é frequentemente medida. Há muitas falhas que filósofos mais hábeis notaram tanto na teoria deontológica (baseada em deveres) pura quanto na teoria consequencialista pura. Por exemplo, a própria utilidade é baseada em um valor arbitrário e, ainda assim, absoluto: a felicidade. As teorias deontológicas do bem são defeituosas porque devem admitir valores revogáveis, e os males devem ser pesados uns contra os outros. Isto é, quando os valores entram em conflito, o senso comum determina que quebrar algumas regras é útil para defender outras regras, como mentir para impedir um assassinato. Isso mina a ética deontológica pura, que diz que as regras morais nunca podem ser quebradas eticamente.

    Essas objeções e argumentos são bem conhecidos. Enquanto o primeiro estágio de nossa investigação buscará revelar a ontologia do genoma em relação às pessoas etc., em algum ponto desejaremos tomar decisões sobre a *justiça* do estado de coisas atual, conforme medida em contraste com outros modos possíveis de lidar com o DNA e com os genes na legislação. Ao fazê-lo, buscaremos sustentar argumentos que até agora mencionei de passagem a respeito da fundamentação de certas instituições e objetos legais, permitindo que chamemos alguns deles de "válidos" e outros não. Consideraremos também, para aqueles não persuadidos por essa definição particular de justiça, a utilidade prática e econômica de vários esquemas de tratamento do DNA humano.[19]

Finalmente, argumentarei que nossas decisões éticas normativas sobre a propriedade enquanto instituição precedem a teoria e que as teorias éticas puras falham porque não são elas próprias científicas. Elas partem de primeiros princípios em vez da observação.[20] As instituições, leis, regras e costumes são baseados, em algum ponto, em fatos brutos. É neste nexo, entre os fatos pré-institucionais ou extralegais e as instituições que arquitetamos, que a *justiça* como um ideal ou é instituída ou falha. A observação de fatos brutos e o exame cuidadoso de relações necessárias que existem pré-institucionalmente deveriam preparar o caminho para as decisões sobre como ou se as leis, costumes ou normas sociais são apoiados pelas condições naturais do mundo.

Um perfil para a investigação

Após uma maior discussão da metodologia, começaremos a examinar cuidadosamente a ciência das relações entre as menores partes constituintes de nosso estudo, a saber, a bioquímica do genoma. Como os genes são formados a

---

[19] Beauchamp, T. L. e Walters, L. 1982. *Contemporary Issues in Bioethics* (3ª ed.), Wadsworth Publishing Co., Belmont, CA, p. 12-25 (discutindo várias teorias éticas).
[20] Guenin, L. M. 2003. "Dialogue concerning natural apropriation", *Synthese*, vol. 136, p. 321-336.

partir de seus componentes orgânicos básicos, como eles interagem com o ambiente, tanto no nível celular quanto extracelular, para produzir proteínas e como essas proteínas interagem com o ambiente e umas com as outras para criar um organismo único em funcionamento? Essa investigação nos conduzirá a nosso primeiro grande enigma filosófico: como o mecanismo descrito por esses processos se correlaciona com o objeto social que chamamos de "pessoa"? Consideraremos alguns problemas do determinismo genético, incluindo o papel dos genes na formação dos comportamentos e o papel do ambiente na interação com os genes e comportamentos para moldar os prolongamentos sociais únicos de, por exemplo, um Gandhi ou um Hitler. O elo entre a condição de ser uma pessoa e o genoma é crucial para discernir se o DNA deve ser tratado como uma propriedade, como uma parte ou como algum outro objeto, dado que as instituições sociais e legais da propriedade e da posse somente se aplicam a *pessoas*.

Em seguida examinaremos as relações entre indivíduos e espécies. O DNA não é como qualquer outro composto conhecido, pois o genoma de cada indivíduo é único, mas todo DNA compartilha certas características gerais. Como as características gerais do DNA são refletidas no "genoma humano", em contraste com os genomas individuais? Como essas semelhanças e diferenças são refletidas nos indivíduos de uma espécie, em contraste com a própria espécie? A revelação dessas relações deve nos ajudar a discernir a natureza dos direitos individuais ou coletivos, se é que existem, sobre o genoma humano ou sobre genomas únicos, individuais, ou suas partes.

Examinaremos, de um ponto de vista internacional, as dimensões da posse dos genes sob os atuais regimes regulatórios e legais. Examinaremos também as normas culturais acerca da posse em geral e consideraremos a aplicação de várias normas de propriedade e posse às características especiais do genoma humano e dos genomas dos indivíduos. Examinaremos também o esquema dominante atual da proteção de propriedade intelectual para os genes, consideraremos em que medida os genes são como outras formas de propriedade intelectual e a medida em que eles diferem. Em seguida compararemos isto com objetos que são geralmente considerados parte da "propriedade comum" e analisaremos a ontologia dos bens comuns em contraste com a propriedade em geral, antes de aplicar isto ao problema especial do genoma humano. Em que sentido, se é que há algum, a noção de propriedade comum é apoiada pelo mundo dos fatos brutos, e será que se pode defender um argumento de que o genoma humano é uma parte daquele mundo?

No processo de considerar as questões acima, examinaremos argumentos a favor do realismo moral baseados na "fundamentação" das instituições legais e sociais. Exemplos derivados do mundo relativamente não controverso das propriedades imóveis, móveis e bens serão comparados com o genoma humano e com os genomas individuais. Continuaremos também a discutir as relações entre justiça e fundamentação segundo essa versão particular do realismo moral e da teoria do direito natural.

Uma vez que não estamos preocupados apenas com a teoria pura, nos aprofundaremos em considerações práticas sobre o esquema atual de proteção do DNA e sobre potenciais alternativas. Quais são as consequências econômicas das patentes e outras formas de proteção? Que resultados podemos antecipar sobre o tratamento do DNA como propriedade comum, e será que há outros modos possíveis de alcançar tanto o objetivo da justiça quanto o do estímulo à inovação através da recompensa econômica?

Finalmente, sintetizaremos os resultados da investigação para determinar se há alguma razão para aceitar a situação atual, para modificá-la, ou para revê-la inteiramente. Essa abordagem holística do problema ainda não foi realizada e somente ao considerarmos primeiramente as assunções ontológicas subjacentes e aplicá-las às normas aceitas de posse e ética poderemos alcançar opiniões consideradas quanto à justiça, que é nossa preocupação última em relação ao DNA, ao genoma humano e às patentes.

O desafio à frente

Gostemos ou não, nós mergulhamos de cabeça em um mundo onde grandes porções do código orgânico, que é responsável pelo desenvolvimento e pelo funcionamento de todo ser humano vivo e de gerações por vir, é reivindicado como sendo possuído por vários indivíduos, corporações e instituições. Esses pedaços de código nas formas de genes inteiros, etiquetas de sequência expressa (ESEs, que indicam onde certos genes estão localizados) e até mesmo PNUs (polimorfismos de nucleotídeo único, que são mudanças únicas em um único par de bases) não podem ser pesquisados, manipulados, replicados ou passar por inovações sem que se infrinjam reivindicações de posse dos detentores das patentes. Essa posse produz efeitos no mundo real, incluindo inegáveis efeitos sobre o desenvolvimento e a pesquisa ulteriores acerca da função e da estrutura do genoma humano. Compostos farmacêuticos pioneiros e uma maior compreensão das interações entre os genes e a saúde estão vindo à luz todos os dias como resultado. Enquanto isso, também estamos experienciando um aumento nos litígios e nos custos associados a estes. A complexidade do sistema de patentes, combinada com a complexidade do genoma, torna inevitáveis as infrações inadvertidas e os litígios.

Se a situação atual fosse eticamente clara, as pessoas não reagiriam como normalmente fazem quando se deparam com a notícia de que boa parte de seu genoma é possuído por alguém. Essa situação é visceralmente desconfortável, e sugiro que é assim porque ela entra em conflito com algo que sentimos ou sabemos sobre os fatos brutos de nosso mundo e sobre as relações de propriedade que tendemos a aceitar porque são fundamentadas, em contraste com aquelas que são injustas e não fundamentadas. Antes de avançarmos na direção em que estamos seguindo, devemos esclarecer as relações entre o DNA, os genes, os seres humanos e as pessoas, e considerar como a situação presente pode ou não acomodar nosso senso de justiça ao conceder a outros direitos sobre algo do qual todos nós dependemos e em relação ao qual todos temos a mesma dívida por nossa existência.

2. Ética e ontologia: um breve discurso sobre o método

Abordagens para o problema

O patenteamento de genes começou sem o debate público. Ele foi possibilitado por interpretações distorcidas de precedentes legais e com pouquíssimas considerações sobre suas implicações éticas últimas. A análise *post hoc* ocorreu aos arrancos e a partir de uma variedade de perspectivas. Como discuti acima, outras análises se concentram em coisas como a utilidade, várias preocupações pragmáticas, abordagens baseadas em direitos e ética teológica. O problema com esse amontoado de abordagens é o problema da ética como um campo. Como alcançamos um consenso sobre os dilemas éticos colocados por novas tecnologias radicais quando os filósofos nunca tiveram sucesso em chegar a um consenso sobre as teorias éticas em geral? Será que podemos esperar que os políticos e, menos ainda, o público tomem decisões éticas sobre complicadas questões tecnológicas e científicas sem um referencial ético claro e universalmente aceitável? Isso parece duvidoso, e não deveria surpreender o fato de nos encontrarmos hoje em meio a uma situação insustentável, em que questões fundamentais permanecem sem resposta.

Se pretendemos realizar enunciados significativos sobre o que alguém *deve* fazer e não fazer, e julgar certas ações, estados de coisas ou mesmo pessoas como imorais ou antiéticas, devemos então tentar encontrar um padrão por meio do qual tais juízos possam ser realizados. As ciências da justiça, da ética e da moral permanecem em sua idade das trevas, com todos os seus praticantes aderindo diferentes valores e modos de investigação, sitiados em seus vários campos de dogmas deontológicos ou consequencialistas, ou emotivos ou teístas. O que proponho é um acordo metodológico que sirva para começar a construir uma ponte entre os investigadores éticos e que baseie os estudos éticos em algo objetivo, dando um passo atrás e investigando primeiramente a natureza dos próprios objetos – fazendo ontologia.

A divergência entre as escolas éticas se baseia em diferentes noções de *valor* último. Colocado de modo bastante simples, os consequencialistas consideram a "utilidade" como um valor fundamental, os kantianos consideram a "possibilidade de universalização" e o "dever" como valor últimos e os emotivistas consideram os "sentimentos estéticos" como valores últimos. Estes valores servem como medidas por meio das quais aqueles que aderem a cada escola ética distinguem entre o "bom" e o "não bom". Contudo, em última instância, esses valores são escolhidos de modo bastante arbitrário e, assim, os membros das várias escolas éticas nunca concordarão a menos que possam fazer com que os oponentes adotem sua escolha de valores. Isso não gera uma boa ciência. Embora todos aqueles que realizam investigações éticas pratiquem a ontologia ao aplicarem as categorias de "bom" e "não bom", eles utilizam diferentes medidas para classificar os objetos de seu estudo.[1] Contudo a introvisão sobre o papel da ontologia na ética pode servir como um ponto de partida para conduzir investigações éticas que desconsideram as diferenças de valores últimos e que possam criar uma ponte entre essas escolas. Comecemos com a base ontológica comum de toda investigação ética e vejamos como podemos nos expandir ecumenicamente a partir dela. Para fazer isso, vamos colocar de lado, por enquanto, o "valor" e examinar os objetos, atos e estados intencionais dos atores em si mesmos. Perguntemos primeiro se certos estados de coisas são "fundamentados" e outros não.

A fundamentação como uma medida empírica

Para que o empirismo tenha sucesso e as afirmações objetivas sobre a justiça sejam significativas, deve haver certos fatos objetivos e subjacentes que existam a despeito de nossos juízos, mas que ainda possam servir de base para realizarmos juízos. Quando fazemos perguntas sobre a

---

[1] Koepsell, D. 2007. "Ethics and ontology: a new synthesis", *Metaphysica*, vol. 8, n. 2, outubro, p. 20-27.

natureza do "assassinato" ou do "roubo", podemos ver que estas são em última instância questões ontológicas. Estas categorias exigem a resposta a questões sobre as naturezas da "vida" e da "propriedade" em certos contextos. Para determinar se um homicídio particular é errado, ou aquilo a que normalmente nos referimos como "assassinato", devemos primeiro tomar decisões sobre se uma pessoa pode tirar a vida de outra pessoa sob certas condições. Se o contexto é, por exemplo, uma "guerra", e as duas pessoas são combatentes legais, então nossos juízos sobre se o homicídio é um assassinato são diferentes do que se o contexto for uma disputa de tráfego em tempo de paz e as duas pessoas forem motoristas de automóveis. Não importando qual tradição ética escolhemos, ou qual ponto de vista adotamos, deve ser possível concordarmos a respeito das decisões sobre a classificação dos tipos de ações, tais como um homicídio sob certas circunstâncias. Essas decisões podem ser tão fundamentadas quanto nosso conhecimento sobre outros estados de coisas mais específicos.

Quando dizemos que algo é fundamentado, isso pode significar que esse algo tem uma base empiricamente verificável em fatos objetivos. Adolf Reinach, em seu *Apriori Foundations of the Civil Law* [*Fundamentos a priori da lei civil*],[2] descreve essa fundamentação usando exemplos da matemática. O exemplo que ele dá é que a soma de 2 e 2 é sempre 4. A verdade do enunciado "2 + 2 = 4" é empirica-

---

[2] Reinach, A. 1983. *The Apriori Foundations of the Civil Law*, trad. John F. Crosby, reimpresso em Aletheia, vol. III, pp. 1-142.

mente verificável e, portanto, fundamentada. Reinach passa para uma discussão da ontologia das reivindicações e obrigações que derivam dos atos de promessa, e explica que as reivindicações são fundamentadas nos fatos dessa ontologia. Sempre que uma promessa é feita e aceita através da fala e da intenção de alguém, as reivindicações e deveres emergem como coisas reais no mundo, e o fato da existência de uma reivindicação é tão completamente fundamentado quanto os fatos da matemática. Sem essa fundamentação, portanto, os atos e intenções de promessas como atos sociais se tornam sem sentido. Segundo essa ontologia da instituição pré-legal da promessa, a lei do contrato é fundamentada exatamente como os fatos da matemática o são. Considere um mundo onde esse não é o caso. Se a troca de promessas e a consideração não fossem necessariamente ligadas de modo ontológico à criação simultânea de reivindicações e obrigações reais, cada uma das quais desaparece com o cumprimento do acordo, então palavras como "eu prometo" ou "eu deverei" se tornam mera poesia sem nenhuma relação com qualquer coisa real. Mas nós usamos significativamente os termos e intenções associados ao ato de prometer e, portanto, a exigência moral de cumprir as promessas é baseada nos fatos da ontologia social do ato de prometer.

Considere uma questão ética padrão sobre a moralidade do roubo. Várias escolas éticas podem considerar atos individuais de roubo de modo diferente, elaborando casos periféricos que desafiam nossas intuições morais sobre se um roubo particular (isto é, o ato de uma pessoa tomar a propriedade de outra) pode ser moralmente aceitável.

Há outra questão ontológica no coração de todas as questões sobre o roubo que todos os tipos de estudiosos da ética podem solucionar, a saber: qual é a ontologia da propriedade? Que tipos de coisas sob quais condições contam como propriedades? Antes de podermos começar a nos aprofundar na ética do roubo, precisamos revelar a *natureza da propriedade* em geral e perguntar se e em que medida a instituição da posse é fundamentada em quaisquer dos fatos simples e necessários acerca da propriedade, exatamente como o fez Reinach com as reivindicações e contratos.[3] Nenhuma parte dessa investigação pressupõe um ponto de vista de uma escola ética em particular. Antes, devemos investigar a natureza das coisas que podem ser possuídas, sob quais condições e devido a quais estados intencionais e atos exteriores tais coisas podem ser tidas e possuídas de modo válido. Argumentei, por exemplo, que as ideias não são o tipo de coisa que pode ser naturalmente possuída. Isso quer dizer que, enquanto a base material particular de uma expressão pode ser possuída, o tipo não pode. Em *The Ontology of Cyberspace* [A ontologia do ciberespaço],[4] defendo o argumento de que a natureza das ideias como objetos transitórios, intangíveis e soltos torna a posse exclusiva delas um conceito absurdo e impossível. Enquanto a base material (por exemplo, a folha de música ou a gravação) de uma canção particular pode ser possuída, a natureza do tipo

---

[3] Reinach, A. 1983, p. 2-4.
[4] Koepsell, D. 2000. *The Ontology of Cyberspace: Philosophy, Law, and the Future of Intellectual Property*, Open Court, Chicago, IL, p. 130.

torna impossível excluir outros de sua posse e duplicação ou reprodução. Concluo que a lei de propriedade intelectual não é, portanto, fundamentada em nenhum fato da natureza e, assim, os regimes legais acerca de tal "propriedade" são inteiramente positivos (puramente feitos pelo homem), não tendo nenhum fundamento natural.

E quanto à propriedade tangível? Em que a posse de uma base material difere da de um tipo, e será que isso torna a lei de propriedades acerca dos "bens móveis" fundamentada de um modo que as leis de propriedade intelectual não são? E quanto à terra, também chamada de "propriedade imóvel"? Uma ontologia completa da propriedade, que deveria preceder as decisões sobre a ética do roubo, revelaria as relações necessárias das pessoas para com os objetos e a terra, e mesmo para com outras pessoas. Suspeito que tal ontologia revelaria que há algumas destas relações que tornam as instituições sociais e legais da *posse* fundamentadas e, portanto, tornam mais clara a ética do roubo. Se de fato algum objeto é possuído de maneiras que apropriadamente excluem a possessão dos outros, então a privação daquela possessão teria a mesma situação moral que a violação de uma reivindicação ou obrigação.[5]

---

[5] Reinach, A. 1983, p. 53-54.

Um exemplo

Nestas páginas, me preocupei com o tratamento legal e moral da posse do DNA humano. Há muitos artigos acadêmicos e alguns livros que consideram os dilemas éticos colocados pela posse de genes – particularmente a posse de genes humanos. A maioria defende argumentos considerados a partir do ponto de vista de alguma escola de pensamento ético, examinando se e como a permissão para o patenteamento de genes humanos entra em conflito com valores centrais dessas escolas, tais como a "utilidade" ou a "dignidade". Enquanto uns poucos trabalhos acadêmicos sobre este assunto de fato argumentem que o DNA é "excepcional", nenhum examina em profundidade as diversas questões ontológicas fundamentais subjacentes a essa questão, independentemente da abordagem ética. Todos assumem coisas demais, sem antes esclarecer a natureza dos objetos envolvidos na posse de genes.

Como o DNA difere de outros objetos de posse, se é que ele difere? Se o DNA é um objeto como as expressões, então podemos considerar que as instituições legais que concedem direitos sobre sua reprodução e assim por diante sejam exatamente como os regimes que proveem a posse sobre outras formas de expressões (como a propriedade intelectual). De modo semelhante, se o DNA é um bem móvel (como um martelo ou um carro), então podemos planejar meios válidos de posse sobre sua possessão e sua posse, exatamente como fazemos com martelos e *Hummers*®. Muitos têm perguntado se o DNA pode ser patenteado sob as leis atuais, ou se os direitos de propriedade intelectual sobre os genes ofendem nossas intuições éticas, mas podemos olhar para estas questões a partir de uma outra perspectiva – uma que busque compreender primeiramente a natureza dos próprios objetos antes de fazer juízos éticos. O que é o DNA e como ele se relaciona com outros objetos? Como o DNA humano difere do DNA de outras criaturas? Que tipos de criaturas podem possuir coisas? E de que maneiras? Que tipos de coisas podem ser possuídos? E de que maneiras?

Estas podem parecer questões éticas comuns, mas uma análise ontológica cuidadosa pode ser aplicada a estas questões sem preconceitos éticos. O que se segue nestas páginas é uma tentativa de realizar essa análise, considerando primeiro a situação de cada objeto componente, antes de adentrar uma análise ética. Cada uma dessas questões envolve um estudo cuidadoso da ontologia social da posse, da personalidade e das instituições da ciência e da propriedade em geral. Estas instituições têm características que, assim como as das reivindicações e das promessas, derivam de intenções humanas combinadas com ações e o fazem de modo pré-legal. Certos estados de coisas relacionados a essas instituições podem de fato ser fundamentados, e outros não. Como mencionei acima, os direitos de posse e propriedade sobre bens móveis (bens tangíveis que não são fungíveis e, *grosso modo*, "não intercambiáveis"; ver Capítulo 4 para uma melhor discussão) são bons candidatos para relações fundamentadas, em contraste com a propriedade intelectual. Em outras palavras, minha possessão de um objeto exclui de modo bastante natural a de outra pessoa. A lei reflete essa relação no velho adágio:

"a possessão é nove décimos da lei". Assim, quando encontramos uma situação em que uma pessoa possui algo, há ao mesmo tempo uma suposição legal e moral de que essa pessoa obteve essa possessão de modo apropriado, contra todas as outras reivindicações àquela propriedade. Assim, tomar posse de um objeto já possuído por outra pessoa é considerado errado à primeira vista e é um ato que só pode ser sustentado mediante a prova de que o possuidor original veio a possuir aquele objeto erroneamente (por exemplo, por meio de violência ou roubo) em primeiro lugar.

Os objetos móveis podem ser possuídos de diversas maneiras: originalmente (como um objeto originalmente encontrado ou feito pelo possuidor), como parte de uma transferência (algo do possuidor atual foi trocado pelo objeto), como um caso de "achado não é roubado" (quando o possuidor original posicionou o objeto de modo descuidado, e o objeto foi encontrado pelo novo possuidor), como um presente (quando o possuidor original deu o objeto ao novo possuidor sem qualquer troca ou expectativa de recompensa), ou por "apoderamento" (quando o novo possuidor toma um objeto possuído por outro sem nenhuma troca). A lista esgota as condições sob as quais os bens móveis podem vir a ser possuídos, mas: e quanto à situação ética desses vários modos de possessão? De fato, reconhecemos todas as situações, exceto a última, como modos válidos de possessão, que a lei chama de "posse". Eu concordaria que apenas o último modo de possessão não é "fundamentado", e é por isso que nós o consideramos como "roubo", segundo a lei, e como moral e eticamente errado, segundo quase todo modo ético de investigação.

A fundamentação da posse de bens móveis

A fundamentação de uma possessão válida se baseia no estado intencional do possuidor e em outros fatos exteriores e objetivos da possessão. Um possuidor original chega à possessão tendo a intenção de possuir o objeto e sem ter nenhum conhecimento de uma reivindicação anterior por parte de outro e sem nenhuma intenção de privar outro de uma reivindicação anterior. Aquele que encontra um objeto perdido tem a mesma intenção. Em ambos os contextos, não há nenhum indício de posse por parte de outro e, assim, a intenção de não privar outro é genuína e permanece válida contra todas as outras reivindicações de possessão anterior. Se os bens móveis pudessem sempre ser agarrados e transportados para todo lugar, então as reivindicações de possessão prévia seriam todas fáceis de discernir. A possessão exclusiva de um objeto por parte de uma pessoa é uma evidência *prima facie* da possessão válida, e uma tentativa de tomar um objeto de um possuidor que detém uma possessão atual é uma invasão, fácil de discernir e nitidamente errada. A lei chama isso de assalto. Uma vez que os bens móveis podem nem sempre estar em possessão atual de uma pessoa, outros indícios de posse são geralmente necessários para invalidar as reivindicações de possessão por parte de outros. Esses indícios incluem: marcar o objeto de alguma maneira (com o nome da pessoa, por exemplo) ou manter o objeto em uma área delineada como pertencente à pessoa (a casa, o armário ou a escrivaninha de uma pessoa etc.).

Os indícios de possessão prévia notificam aqueles que possam vir a possuir um objeto que já é reivindicado como pertencente a outra pessoa e, dessa forma, a tentativa de possessão por parte de qualquer outra pessoa tem a intenção de privar a primeira de uma reivindicação válida de posse. Novas tentativas de possessões adversas não podem ter uma intenção válida e, portanto, são impróprias, "apoderamentos" não fundamentados, mesmo embora o possuidor corrente possa não estar na possessão atual e presente. A lei chama isso de roubo ou furto e, novamente, isso é nitidamente errado na maioria das teorias éticas.[6]

As transferências válidas, tais como intercâmbios (por exemplo, mediante troca ou comércio) e doações, envolvem participantes que não têm a intenção de privar os outros de uma possessão presente ou de uma reivindicação de possessão, mas, sim, de conferir a possessão de um possuidor apropriado para outro. No caso de um intercâmbio, algo sobre cujo valor há uma concordância mútua é dado por um possuidor adequado daquela coisa (ou um item fungível, tal como o dinheiro), e o objeto é transferido em consideração àquele intercâmbio. Assim, ocorrem dois intercâmbios simultâneos, e cada ator do intercâmbio tem intenção de conferir a possessão ao outro. No caso de uma doação, a transferência da possessão é intencionada sem qualquer expectativa de consideração ou recompensa.

---

[6] Searle, J. 1997. *The Construction of Social Reality*, Free Press, Nova Iorque (descrevendo as relações entre "fatos brutos", a intencionalidade e a "realidade social").

A ontologia da instituição social e legal da *posse* revela que ela é fundamentada em certos estados de coisas, tais como fatos mundanos brutos e estados intencionais, bem como fatos sociais que revelam as intenções dos participantes. Esses estados de coisas são pré-legais, e os códigos positivos que busquem alterar a validade da posse em geral (por exemplo, argumentando que *toda* propriedade é roubo) ou invalidar certos tipos ou condições de posse mostradas acima como válidas não serão eles próprios fundamentados. É claro que não podemos argumentar que todas as leis, toda a ética e toda a moral *deva* ser fundamentada. É *concebível* que aprovemos uma lei ou preceito ético de que 2 + 2 deveria de fato ser igual a 5 e será de agora em diante. Suspeito que todos nós temos repulsas semelhantes contra essa possibilidade orwelliana. Estou bastante certo de que nós até mesmo argumentaríamos que tais regimes são injustos.

Então, aonde a ontologia nos leva?

Isto é o que podemos dizer até agora: a ética, na medida em que envolve a classificação de certos estados de coisas, estados intencionais, valores e ações como certos ou errados, é ela própria um subcampo da ontologia. Mas o mais importante é que muitas questões éticas são abordadas prematuramente, sem consideração por questões ontológicas fundamentais assumidas de modo apressado, tais como discernir a natureza das pessoas, da propriedade ou mesmo dos direitos (os quais não chegamos nem a mencionar aqui).

Eu argumentaria que, se déssemos um passo atrás em relação aos preconceitos de várias escolas de pensamento ético e atacássemos primeiro os problemas básicos de *o que são certas coisas e como elas se relacionam com outras coisas*, começaríamos a revelar por que é que classificamos certas coisas como certas ou erradas. Como discutido tão rapidamente acima, as instituições legais e morais da posse, do roubo etc. dependem todas de certos estados pré-legais e pré-éticos de coisas, que incluem estados intencionais, fatos brutos e atos sociais. Não é acidente que a lei da propriedade tenha corporificado essa ontologia e que quase toda escola de pensamento ético considere certas reivindicações de possessão como inválidas (como os roubos, por exemplo) e outras como válidas. Acredito que esse método de investigação evita aquilo que os filósofos chamam de "falácia naturalista", que é a falácia de tentar definir o bem mediante a referência a propriedades "naturais", como a desejabilidade ou a felicidade. Essa é uma parte integrante das objeções que faço acima à fundamentação arbitrária de valores éticos. A descrição da falácia dada por G. E. Moore é correta, mas o método que proponho olha primeiramente para as *coisas em si mesmas*, sem considerar absolutamente o "bem". Por exemplo, a justiça da lei de propriedade não tem nada a ver com a felicidade. Ela deriva dos fatos de possessão e das relações entre pessoas e objetos. Devemos primeiro definir os objetos e, assim, a natureza do "bem" se torna clara.

Finalmente, a aplicação da ontologia, através da qual buscamos compreender a natureza dos objetos (interpretados de modo amplo, uma vez que pessoas são objetos) e as relações de uns para com os outros, pode revelar uma nova direção para a própria investigação ética, baseada na noção de *fundamentação*. É claro que se pode argumentar que ao fazer isso nós substituímos um suposto valor fundamental por outro, dado que a fundamentação dos conceitos legais, morais ou éticos simplesmente substitui a utilidade ou possibilidade de universalização. Pode ser, mas a fundamentação tem a vantagem de ser empiricamente observada, através da análise ontológica detalhada de estados de coisas observáveis. Os estados intencionais existem, assim como os fatos brutos, tais como a possessão. Os fatos sociais podem ser observados em atos tais como o de prometer ou de dar um presente. Finalmente, as instituições legais, que foram expressões duradouras das noções de certo e errado, parecem frequentemente coincidir com a fundamentação dos preceitos éticos ou morais. Assim, a análise cuidadosa da ontologia das instituições existentes nos ajuda a deslindar a natureza dos estados pré-legais de coisas e auxilia nosso julgamento sobre a fundamentação ontológica das afirmações morais.

No caso, por exemplo, da ética ou moralidade das reivindicações de posse do DNA humano através de patentes, a ontologia nos fornece um ponto de partida que parece livre de preconceitos. Algumas questões iniciais são óbvias: o que é realmente o DNA e como ele se relaciona com as pessoas? Será que o DNA é o tipo de coisa sobre o qual reivindicações de propriedade são fundamentadas de modo apropriado? Será que ele é um móvel, um bem ou uma propriedade imóvel? Será que ele é uma propriedade comum? Será que o tratamento atual do DNA como propriedade intelectual é consistente com sua natureza? A ética parece não apenas ser um subcampo da ontologia, como argumentado acima, mas também ser impossível de ser praticada racionalmente sem uma análise ontológica detalhada de seus objetos. Isso é o que faremos a seguir, começando a olhar com cuidado para os objetos envolvidos, esclarecendo suas relações entre si e, depois, investigando se e como os estados naturais de coisas podem informar a situação ética das patentes de genes. Começaremos com a ciência e veremos aonde isso nos leva.

3. A ciência: Genes e Fenótipos

É um cliché, mas também é um fato: o ácido desoxirribonucleico (DNA) é a base química de toda a vida na Terra. Ele é um composto longo e complexo, semelhante a um polímero, composto de quatro aminoácidos: adenina, guanina, citosina e timina. Estes quatro aminoácidos se ligam, ao longo de uma espinha dorsal de fosfato, na hoje familiar estrutura de uma dupla hélice. Cada timina se liga a uma adenina através do "degrau" da escada espiral, e cada citosina se liga a uma guanina. Assim, quebrando-se os degraus e separando o longo filamento do DNA de um organismo, pode ser feita uma cópia perfeita do DNA original do organismo. Quando os organismos se reproduzem de modo assexuado, de fato são feitas cópias perfeitas de seu DNA, e os descendentes resultantes são essencialmente clones do original. Os organismos simples, como as bactérias, fazem simplesmente isso. Os organismos que se reproduzem sexualmente combinam o DNA de cada genitor para formar descendentes com um DNA único que difere do de cada genitor. Os descendentes da reprodução sexuada, contudo, tendem a compartilhar várias características com seus pais, o que serviu de pista para a teoria genética em primeiro lugar.

Muito antes da existência do DNA ser conhecida e antes de se saber que ele tivesse algo a ver com nossos comportamentos, doenças e aparências, a genética foi usada na produção seletiva de produtos agrícolas, incluindo grãos, verduras e gado. Foi somente no século XX que o DNA foi reconhecido como o mecanismo fundamental para a transmissão de características dos genitores para os descendentes.

Antes de examinarmos as relações das características (que incluem muitos comportamentos, boa parte dos quais podemos assumir, por enquanto, que nos tornam quem somos enquanto *pessoas*) para com o DNA e seu funcionamento, recontaremos brevemente sua descoberta e traçaremos o desenvolvimento do conhecimento científico sobre o DNA até o presente. Isso ajudará os não especialistas a compreenderem o papel do DNA na biologia, e nos ajudará a começarmos a compreender uma ontologia do DNA, dos genes e do metabolismo. Em última instância, precisaremos encontrar os vínculos entre essas entidades rudimentares, mas fundamentais, bem como com os *indivíduos* e com o objeto social de nível muito mais alto, que chamamos de *pessoas*. Não podemos completar essa tarefa aqui, mas podemos certamente definir seus contornos, notar sua importância e fazer uma excursão inicial nesse território vital.

A compreensão da natureza dos genes e do DNA é também parte de um argumento que defenderei abaixo sobre o papel dos indivíduos na direção do uso de seu DNA pessoal. À medida que emergem novas tecnologias que nos permitem conhecer mais sobre a constituição genética individual e conforme uma maior quantidade de nossa informação genética pessoal se torna publicamente disponível ou disponível para fins privados, visando o lucro, cabe a nós aprendermos mais sobre a ciência. Espera-se que um público mais educado e indivíduos mais espertos se tornem melhores administradores de sua própria informação genética e façam escolhas mais sábias a respeito dela. Também devemos compreender a ciência para realizar melhores escolhas legais sobre como tratá-la, seja na legislação, seja nos contratos. A amostragem de DNA é hoje incluída em muitos ensaios médicos clínicos, sejam eles estudos de DNA ou não. Estas amostras se tornam então parte de repositórios públicos ou privados, conhecidos como biobancos, que podem ser utilizados em qualquer momento no futuro para pesquisas ou mesmo explorados, visando lucros potenciais. A compreensão da natureza e da ciência do DNA nos ajudará a realizar melhores escolhas sobre a participação em ensaios clínicos e sobre a concordância quanto ao uso de nossos recursos genéticos. Como argumentarei nos capítulos futuros, ela também pode ajudar a assegurar nossa privacidade, se decidirmos reivindicar uma legislação que conceda novos direitos de privacidade sobre nossa informação genética pessoal. Um rápido olhar sobre a ciência e seu desenvolvimento histórico é, portanto, um bom lugar para começar.

Genética clássica

Desde um tempo tão recuado quanto o de Aristóteles (*Geração dos Animais*, Livro 4), pelo menos, os observadores de animais domesticados e famílias humanas notaram que características tendem a ser transmitidas de uma geração para a próxima. Aristóteles propôs que essas características eram inerentes ao sangue e que o sangue dos pais seria expressado nas características dos filhos. Essa noção de herança envolvia uma "mistura" de características, em uma base de mais ou menos 50/50. A noção da herança "combinada" dessa maneira perdurou até meados do século XIX. Até mesmo Charles Darwin sustentou uma visão semelhante sobre a natureza de como as características evoluíam e eram passadas adiante. Foi necessário que um monge, hoje famoso, obcecado por ervilhas, deslindasse uma descrição mais acurada da herança simples. A noção de herança "genética", ou herança "particular", com certas características passadas adiante através de genes individuais, foi desenvolvida pela primeira vez por Gregor Mendel em 1865. A herança particular explica, por exemplo, como a criança de uma mãe loira de olhos azuis e de um pai de olhos e cabelos castanhos pode terminar com olhos azuis e cabelos castanhos. As características não são transmitidas mediante a mistura de características (digamos, um descendente loiro-escuro e de olhos cor de amêndoa), mas antes pela transmissão de certos genes, que podem ou não ser "dominantes" em relação a outros genes, para criar descendentes únicos com uma incidência de características matematicamente determinável.[1]

---

[1] Singer, M. & Berg, P. 1991. *Genes and Genomes*, University Science Books, Mill Valley, CA, pp. 17-18.

Mendel conduziu seus experimentos sobre herança (o termo "genética" ainda não havia sido cunhado) usando plantas de ervilha (*Pisum sativum*), que por coincidência tinham características de genes únicos. Esse foi um lance de sorte, porque a maioria das plantas e animais têm uma variedade de características que acabam por ser determinadas por mais de um gene de cada vez, o que apenas complica a análise matemática. Mas a planta de ervilha era ideal e estava disponível. Ele distinguiu as ervilhas pela cor (verde ou amarela), pela textura (lisa ou rugosa), pelo tipo de flor (axial ou terminal... com flores ao longo do eixo do caule ou no fim de caules individuais) e pelo tipo de caule (longo ou curto). Mais uma vez, e felizmente para sua análise e contribuição para uma compreensão inicial da herança genética, cada uma destas características é determinada por genes únicos (a serem logo definidos). Mendel entrecruzou cuidadosamente plantas com cada uma dessas várias características, polinizando-as esmeradamente à mão e notando o desenvolvimento de cada geração de descendentes resultante. Logo no início de seus estudos, Mendel descobriu que certas características ou "caráteres" eram "puros", pois não mostravam nenhuma variação, de modo que cada geração, quando auto ou entrepolinizada, produzia descendentes com a mesma característica. Ele estabeleceu linhagens que se reproduziam como "verdadeiras" para cada uma das características ou *fenótipos* (que literalmente significam "a forma é mostrada") que ele estudaria. Ele então entrecruzou cuidadosamente essas linhagens e notou as proporções de características dos descendentes resultantes.

O primeiro fato crítico que ele notou foi que as linhagens puras não resultavam em descendentes mistos. As plantas de flores púrpuras, não importando com qual outro tipo de plantas cruzassem, sempre resultavam em descendentes púrpuras na geração seguinte. Isso sugeria que a noção "misturada" de herança estava errada.[2] O estágio seguinte de seus estudos provou ser o início dos estudos genéticos modernos. Ele entrecruzou e intercruzou várias linhagens e contou a ocorrência dos fenótipos resultantes. Ele notou que, por exemplo, ervilhas lisas cruzadas com ervilhas rugosas resultavam, na primeira geração de descendentes autopolinizados, em uma geração de sementes todas lisas, ao passo que, na segunda geração de polinização, a característica rugosa reaparecia em 1.850 de 7.324 plantas.[3] A proporção de lisas para rugosas era de 2,96 para 1. Ele descobriu, com seis características ao todo, que a mesma proporção de aproximadamente 3 para 1 continuava aparecendo, com o desaparecimento de uma característica parental na primeira geração autopolinizada, reaparecendo na segunda geração em um quarto dos descendentes. Mendel usou os termos "dominante" e "recessivo" para classificar as características, notando que, por exemplo, uma planta de flores púrpuras retém o caráter *potencial* ou recessivo de uma genitora de flores brancas.[4]

---

[2] Piel, G. 2001. *The Age of Science*, Basic Books, Nova Iorque, p. 243-244.
[3] www.stat.washington.edu/thompson/Genetics/2.4_experiments.html (acessado em 16 de janeiro de 2008).
[4] Griffiths, A. J. F. et al. 2000. *An Introduction to Genetic Analysis* (7ª ed.), W. H. Freeman & Co., Nova Iorque.

Antes de os genes serem propostos ou descobertos como sendo o meio para a herança dessas características, Mendel havia determinado por meios empíricos o fato e as verdades estatísticas de tal herança. Eventualmente, observações de cromossomos tingidos permitiram que os cientistas observassem e rastreassem de modo rudimentar pares de genes que ajudaram a dar origem à hipótese de que o material que compõe os cromossomos, a saber, o DNA, era o meio para os genes e, portanto, para a herança genética. Mendel continuou suas observações de múltiplas características e incidências de herança, chegando a uma conclusão posterior de que, em geral, as características são essencialmente desvinculadas umas das outras (posteriormente mostrada como não sendo inteiramente verdadeira, uma vez que características próximas umas das outras no mesmo cromossomo frequentemente viajam juntas). Essas são percepções significativas, produzidas pelo estudo cuidadoso de Mendel, e que só posteriormente foram reconhecidas segundo sua verdadeira importância. Embora os criadores de plantas e animais domesticados houvessem durante séculos empregado esses princípios, o mecanismo só foi inteiramente reconhecido no início do século XX. Em meados do século XX, os cientistas começaram a deslindar a estrutura complexa do DNA e, uma vez que essa estrutura foi plenamente reconhecida, tornou-se claro que ela era o principal mecanismo para a herança, para a evolução e para todo o desenvolvimento e o metabolismo de toda criatura viva independente.

Genética moderna

No início do século XX, conforme a microscopia começou a revelar em detalhes os processos de *mitose* e *meiose* das células, os cromossomos emergiram como os mais prováveis portadores dos *genes*. Pela observação da divisão celular, isto é, dos processos mediante os quais as células se replicam em células somáticas[5] (mitose) ou em gametas (meiose), os cientistas observaram corpos que se comportavam de maneiras interessantes. Especificamente, esses cromossomos (literalmente, corpos coloridos) estavam presentes em números idênticos em todas as células do corpo de um organismo, e aquele número era o mesmo em todo membro de uma mesma espécie. Pela observação dos processos de divisão celular, tornou-se aparente que os corpos nucleares, os quais se organizavam nestes cromossomos observáveis durante a replicação, poderiam ser os portadores do material genético responsável pelos fenótipos observáveis. Em 1902, dois pesquisadores trabalhando de modo independente formularam a teoria cromossômica da herança genética. Seus nomes eram Walter Sutton e Theodor Boveri. Ao tingir e observar cromossomos, eles confirmaram que os padrões mendelianos de herança eram correlacionados a indicadores cromossômicos. É o processo de meiose que produz a combinação e a expressão de características genéticas em descendentes únicos,

---

[5] Células somáticas são aquelas células que são parte do corpo, mas não gametas. Gametas são células reprodutivas, como esperma ou óvulos.

em que características dominantes e recessivas se seguem à herança de algum tipo de dados presentes nos cromossomos (que ainda não se sabia serem DNA) e se tornam expressas de algum modo nos descendentes. Em 1913, Elinor Carothers ajudou a confirmar a teoria em uma espécie de gafanhoto.

Em 1909, Thomas Hunt Morgan ajudou a explicar a assim chamada vinculação sexual de características, mediante a qual certas características seguem os cromossomos responsáveis pelo sexo dos descendentes, dando uma maior confirmação à teoria cromossômica da herança genética. Seus experimentos foram famosamente conduzidos com a *Drosophila melanogaster*, também conhecida como mosca da fruta. Essa espécie, por causa de seu rápido ciclo de vida, tem sido uma favorita para estudos genéticos por cem anos.[6]

A *Drosophila* tem quatro pares de cromossomos (os seres humanos têm 23 pares), o que a torna uma espécie mais fácil de estudar em termos de padrões de herança cromossômica do que uma espécie mais complexa, como os seres humanos. Além disso, Morgan foi capaz de induzir mutações que eram características de genes únicos em moscas de fruta. A maioria dos estudantes de biologia conhece esse estudo e o entusiasmo de Morgan ao produzir sua linhagem de moscas de fruta de olhos brancos, o que ajudou a confirmar a teoria dos cromossomos. Ele notou que certas características seguiam o mesmo cromossomo relacionado ao sexo, sugerindo que o gene para aquela característica estava presente no cromossomo do sexo. Ocorre que há diversas características geneticamente

---

[6] Piel, G. 2001, p. 251-252.

herdadas que são "vinculadas ao sexo", devido à presença dos genes nos cromossomos que determinam o sexo. Entre tais características estão a hemofilia, a distrofia muscular de Duchenne e a síndrome da feminização testicular, para citar apenas algumas nos seres humanos. A descoberta da vinculação cromossômica da herança marcou uma "focalização" sobre o mecanismo molecular da genética, que levaria eventualmente à descoberta da estrutura real do DNA.[7]

Após o trabalho de Morgan, diversos pesquisadores começaram a se concentrar no mecanismo molecular da hereditariedade. Em 1928, Frederick Griffith descobriu que algum tipo de informação molecular era preservado a partir de linhagens virulentas de *Streptococus*, que, apesar de mortas, poderiam tornar fatais linhagens vivas não virulentas. Em 1944, Oswald Avery, C. M. MacLeod e M. McCarty reduziram a molécula responsável por esse "princípio transformador" ao DNA, que compõe os cromossomos, mas que muitos ainda achavam simples demais para transportar a complexa informação que compõe os genes. Sabia-se que o DNA tem apenas quatro bases e, assim, muitos consideravam simplesmente improvável que ele fosse o material genético capaz de transportar toda a informação complexa envolvida no desenvolvimento dos organismos e na manutenção de seu metabolismo. Outros preferiam as proteínas, que são compostas de 20 aminoácidos e se combinam em dezenas de milhares de maneiras possíveis em estruturas complexamente dobradas.[8]

---

[7] Piel, G. 2001, p. 251-252.
[8] Ridley, M. 1996. *Evolution* (2a ed.), Blackwell Science, Oxford, p. 9-19.

Apesar dos experimentos de Avery *et al.*, foram necessários os experimentos conduzidos por Alfred Hershey e Martha Chase, em 1952, para convencer a maioria dos cientistas de que o DNA era o mecanismo molecular da hereditariedade. Tendo raciocinado que as infecções de "bacteriófagos"[9] produziam o efeito transformativo observado por Avery *et al.*, Hershey e Chase introduziram um radioisótopo de fósforo (que existe de modo natural e não radioativo no DNA, mas não em proteínas) no DNA de bacteriófagos, e um radioisótopo de enxofre (que existe de modo natural e não radioativo em proteínas, mas não no DNA) em outra cultura de bacteriófagos. Eles então infectaram *E. coli* com cada cultura de bacteriófagos, esperaram pela injeção do DNA bacteriófago, depois colheram "cápsulas" de bacteriófagos e mediram os isótopos radioativos.

Eles notaram que as cápsulas de bacteriófagos rotuladas com fósforo haviam transmitido quase todo seu fósforo para o *E. coli*, enquanto os bacteriófagos rotulados com enxofre mantinham sua radioatividade. Eles raciocinaram que o DNA era, portanto, a molécula portadora de informação que transportava a infecção, produzindo a transformação. A proteína não estava alterando o fenótipo do *E. coli*, mas o DNA estava. Seria necessária a famosa equipe de Watson e Crick para começar a deslindar a estrutura e, portanto,

---

[9] Um bacteriófago é um vírus que parasita bactérias. Os bacteriófagos infestam as bactérias com seus genes, tomando o controle do maquinário da bactéria, a fim de se reproduzir.

o mecanismo da transmissão do material hereditário no DNA, ou dos genes, de uma geração para a seguinte.[10] Jim Watson e Francis Crick se encontraram em Cambridge em 1951, convencidos de que o DNA era o mecanismo molecular da hereditariedade. Watson estava determinado a deslindar a estrutura do DNA, e ele e Francis Crick começaram a trabalhar sobre o problema, usando lógica e eventualmente modelos. Eles trabalharam inicialmente a partir de certo número de premissas conhecidas, incluindo o trabalho de Avery, Hershey e Chase. Eles também tiveram uma pista a partir do trabalho de Erwin Chargaff, que descobriu que as bases timina e guanina sempre apareciam em proporções iguais, assim como a citosina e a guanina. Eles perceberam que a quantidade total de timina mais citosina era igual à quantidade total de adenina e guanina. Eles começaram com uma assunção sobre a estrutura do DNA informada pelo trabalho de Linus Pauling sobre a estrutura helicoidal de certas proteínas. Finalmente, eles encontraram Maurice Wilkins, do Kings College, que estava realizando um trabalho de espectroscopia de raios-x com Rosalind Franklin em DNA cristalizado. As fotografias de raio-x de Franklin ajudaram a confirmar a estrutura helicoidal do DNA: os detalhes de sua metodologia e inferência são bem documentados, incluindo o relato do próprio Watson, em *The Double Helix* [*A dupla hélice*].[11] Em suma, eles percebe-

---

[10] Piel, G. 2001, p. 256-257.
[11] Watson, J. *The Double Helix: A Personal Account of the Discovery of the Structure of DNA* (2a ed.), Atheneum, Nova Iorque.

ram que o DNA tinha uma estrutura de dupla hélice, com os pares de bases dispostos ao longo dos degraus de uma escada retorcida, todos sustentados por uma espinha dorsal de açúcar e fosfato. Cada timina estava ligada por meio de um degrau a uma adenina, e cada guanina formava par com uma citosina. Assim, eles inferiram o mecanismo da replicação, posteriormente confirmado, através da separação da escada, levando a dois filamentos complementares, dos quais cada um servia como um modelo para formar uma nova cópia exata do genoma original.[12]

A inferência da estrutura do DNA abriu as portas para tremendos avanços na compreensão do papel dos genes na criação da vida, na direção da replicação e nos processos metabólicos contínuos responsáveis pela manutenção da vida, tanto no nível celular quanto molecular. A hipótese de Watson-Crick postulou uma forma de replicação que eles chamaram de *semiconservativa*. A replicação semiconservativa envolve a divisão da dupla hélice com enzimas em suas duas metades componentes – os filamentos "genitores" do DNA e a criação de dois filamentos seminovos, conforme as células vivas se dividem. Outros propuseram variantes, incluindo modelos de replicação *conservativos* e *dispersivos*. Em 1958, Mathew Meselson e Franklin Stahl confirmaram experimentalmente o modelo semiconservativo em *E. coli*.[13] Em 1963, John Cairnes observou a prevista "forquilha" ou

---

[12] Watson, J. 1980.
[13] "The Meselson-Stahl Experiment", www.highered.mcgraw-hill.com/olc/dl/120076/bio.swf (acessado em 26 de março de 2008).

"zíper de replicação" que se forma quando as células se dividem. O resultado dessas descobertas foi a confirmação do processo pelo qual as células se dividem enquanto preservam a informação para a herança genética, o método de adoção de características parentais durante a meiose e a preservação da identidade genética do indivíduo em todas as suas células, conforme as células somáticas sofrem mitose. Uma vez que isso foi descoberto, tudo que restava era compreender o que são os genes, como eles são expressados no fenótipo e como eles se interrelacionam com o ambiente. Só agora estamos começando a responder a estas questões.

Como os genes funcionam

Uma vez tendo deduzido que o DNA era o código genético, os cientistas puderam começar a trabalhar para deslindar os mecanismos e significados precisos desse código na produção de fenótipos em nível individual e de espécies. Diversos avanços intermediários nos trouxeram até o estado de coisas atual. Parece que compreendemos o mecanismo, mas ainda estamos decifrando o código. Mesmo antes de a estrutura do DNA ser deduzida, George Beadle e Edward Tatum propuseram a hipótese de "um gene, uma enzima". Trabalhando com o fungo *Neurospora*, eles produziram e isolaram diversas linhagens mutantes, cada uma das quais era incapaz de crescer sem adição de algum suplemento específico ao meio. Através do tingimento de cromossomos, eles notaram que as mutações responsáveis por diferentes características ocorreram em localizações diferentes de cromossomos separados e que cada mutação exigia a adição de nutrientes específicos. Uma vez que os processos biomecânicos tivessem sido revelados, o trabalho deles levaria ao que hoje é conhecido como a hipótese de "um gene, uma enzima" (ou uma proteína). Essa hipótese implica que os processos bioquímicos das células vivas ocorrem em processos discretos, cada um dos quais é catalizado por uma enzima específica, que é ela própria especificada por um gene específico. Nos experimentos de Beadle-Tatum, mutações conhecidas nos genes produziram ausências previsíveis de certas enzimas. Foi somente após o avanço de Watson e Crick que os cientistas puderam começar a compreender os mecanismos reais das interações entre genes, enzimas e outras proteínas.[14]

Somos feitos de proteínas, e a interação das proteínas com seus ambientes determina a estrutura de cada um de nossos órgãos e de muitas de nossas características únicas enquanto indivíduos. Os genes controlam a produção de enzimas e outras proteínas. As proteínas são macromoléculas constituídas por aminoácidos, e a topologia (forma) e a composição das proteínas são responsáveis por todos os processos orgânicos. Todas as coisas vivas têm proteínas constituídas por 20 aminoácidos comuns, que são ligados em cadeias de polipeptídeos (assim chamadas porque os aminoácidos são unidos por ligações peptídicas covalentes), que podem chegar a ter o comprimento de 1.000 aminoáci-

---

[14] Piel, G. 2001, p. 261-267.

dos ou mais. A estrutura "primária" da proteína é o filamento linear de aminoácidos. A estrutura "secundária" refere-se às relações daqueles aminoácidos que estão próximos uns dos outros na cadeia linear de polipeptídeos, causando frequentemente padrões de repetição. A estrutura "terciária" das proteínas envolve suas estruturas tridimensionais, que são frequentemente dobradas de modo complexo, devido a ligações entre vários aminoácidos. As proteínas complexas, como a hemoglobina (que constitui nosso sangue de várias maneiras), têm estruturas quaternárias que são *multiméricas*, tendo diversas superfícies e envolvendo a combinação de várias cadeias de polipeptídeos separadas.[15]

A forma e a sequência linear de uma proteína resultam em sua função, dado que certos locais estão disponíveis para certos substratos se ligarem e catalizarem certas reações. Os genes dirigem a criação de cada proteína, dirigindo assim cada função biológica de cada organismo. A complexidade das proteínas e de suas estruturas convenceu muitos cientistas a acreditarem de início que elas eram as portadores dos dados genéticos, mas revelou-se que elas apenas cumprem as ordens dos genes que dirigem sua criação e ação em cada célula de cada órgão de cada criatura viva. Em 1957, Vernon Ingram descobriu que mudanças nas estruturas de proteínas de hemoglobina resultavam de mutações nos genes e que toda a estrutura e a função da hemoglobina podiam ser prejudicialmente alteradas por uma única substituição

---

[15] Singer, M. e Berg, P. 1991. *Genes and Genomes*, University Science Books, Mill Valley, CA, p. 66-7.

de um único aminoácido nas duas cadeias polipeptídicas que compõem a hemoglobina alfa e beta. Essa única substituição do aminoácido valina pelo ácido glutâmico, em um único ponto da cadeia, resulta em células com formato de foice, uma conhecida doença hereditária. Trabalhando com *E. coli*, Charles Yanofsy demonstrou a correlação entre a sequência de genes e a sequência de aminoácidos e, portanto, como os genes que sofrem mutação podem produzir várias características, incluindo mutações prejudiciais.[16]

Yanofsky mapeou os genes e encontrou uma correlação direta entre a sequência de locais de mutação e os aminoácidos alterados, ou uma *colinearidade* entre a sequência linear dos genes e a estrutura polipeptídica e, portanto, a função. De fato, a noção mendeliana de dominância e recessividade faz sentido com uma compreensão de como os genes dirigem as enzimas e outras proteínas.[17] Explicado de modo simples, a maioria das características dominantes envolve a presença da função enzimática, enquanto a recessividade envolve a ausência da função enzimática. Mas como os genes dirigem esse processo complexo, criando proteínas ao fazerem com que os aminoácidos se liguem em sequências especificadas, enquanto permanecem o tempo todo sentados confortavelmente e de modo relativamente estático (exceto durante a mitose) no interior do núcleo das células?

---

[16] www.sickle.bwh.harvard.edu/ingram.html (acessado em 16 de março de 2008).
[17] Yanofsky, C.; Carlton, B. C.; Guest, J. R., et al. 1964. "On the colinearity of gene structure and protein structure", em *Proceedings of the National Academy of Sciences*, vol. 51, n. 2, p. 266.

Essa é uma dança complexa, envolvendo o DNA e algumas outras moléculas úteis, que dirige quase todas as funções biomecânicas de todos os organismos na Terra.

A função do DNA no metabolismo

O DNA funciona como um tipo de dispositivo de armazenamento de informação nos núcleos das células e também como o núcleo de um tipo de Unidade de Processamento Central (*Central Processing Unit* – CPU), guiando a produção de proteínas no citoplasma, o espaço fora do núcleo nas células. Para isso, ele conta com a ajuda de sua molécula irmã: o RNA. Os primeiros experimentos com RNA rotulado radioativamente mostraram que ele se move rapidamente do núcleo para o citoplasma (o material que envolve o núcleo), onde se sabia que as proteínas eram sintetizadas. Elliot Volkin e Lawrence Astrachan descobriram, em 1957, que o RNA introduzido através de bacteriófagos em núcleos de *E. coli* se movia rapidamente para o citoplasma. Foi mostrado que as três fases de seu metabolismo são: 1) replicação, mediante a qual o RNA é sintetizado no núcleo a partir do DNA; 2) transcrição, mediante a qual uma porção do DNA é sintetizada em uma cópia de RNA (a uracila substitui a timina no RNA); e, finalmente, 3) tradução, que é a síntese de um polipeptídeo dirigida pela sequência do RNA.[18]

---

[18] Piel, G. 2001, p. 261-270.

Há sinais genéticos, regiões chamadas de "promotores", que são códigos conhecidos no DNA que modulam a transcrição, sinalizando à RNA polimerase, enzima responsável pela transcrição do RNA, para iniciar ou terminar a tarefa. Ela termina quando alcança o sinal para o término. Estamos começando a ver o quanto o DNA é complexo, à medida que nos aprofundamos nesses processos. Dado que ele é tanto um armazém de informação quanto uma CPU, ele inclui sinais de processamento, bem como informação central. De modo mais ou menos semelhante a uma engenhosa máquina de Turing natural,[19] ele dirige todos esses processos por meio de moléculas úteis que leem seu código *e* fazem seu trabalho. Essencialmente, o RNA assume várias formas, incluindo o "mensageiro" e o "transportador", que movem as instruções para a síntese de proteínas dos núcleos para os ribossomos, que são organelas no citoplasma celular, onde as proteínas são finalmente sintetizadas. O código para tudo isso é armazenado nos *códons*, que são as menores unidades significativas de informação no DNA. Os códons são unidades de DNA com comprimento de três bases, cada

---

[19] A visão do matemático britânico Alan Turing, de uma máquina de computação idealizada capaz de computar qualquer informação, era a de uma fita única codificada com informação binária, que se move para frente ou para trás de acordo com suas instruções relativas a algum mecanismo de leitura. O DNA humano é uma fita com comprimento de 3 bilhões de partes de bases, com instruções lidas por muitos outros mecanismos, todos eles codificados e instruídos também pelo mesmo DNA. Todos os mecanismos de retroalimentação envolvidos no DNA são muito mais complexos do que a máquina idealizada de Turing.

um dos quais codificando a produção de um aminoácido específico. A linguagem do DNA é "degenerada", pois contém mais do que as palavras suficientes para cada um dos 20 aminoácidos. Dadas as palavras de três letras e quatro letras que podem compô-las, há 64 palavras possíveis de três letras. De fato, cada aminoácido pode ser produzido por certo número de "palavras" ou códons diferentes. Assim, o aminoácido *His* (histidina) é sinalizado ou por CAU (lembre-se de que a uracila substitui a timina no RNA), ou por CAC. Da mesma forma, há palavras que são promotoras ou inibidoras – sinais que dizem ao RNA para iniciar ou finalizar a transcrição.[20]

O ribossomo é a fábrica celular que fabrica os polipeptídeos a partir dos aminoácidos básicos de acordo com as instruções entregues a ele pelo RNA. São esses polipeptídeos que, então, com base em suas geometrias e topologias específicas, realizam as tarefas do metabolismo e asseguram o funcionamento continuado e as características específicas de cada organismo individual. Então, como os tipos específicos de células sabem quais características expressar? Em outras palavras, uma vez que o DNA em toda célula é idêntico, transportando exatamente a mesma informação que toda outra célula daquele organismo, como as células do fígado sabem que não devem se transformar em olhos? Por que os braços não começam a digerir coisas, como fazem os estômagos? A resposta é: através da diferenciação.

---

[20] Ridley, M. 1996, p. 22-26.

Diferenciação

Cada célula somática (exceto as células sanguíneas) carrega todo o código do organismo em seu núcleo. Mas cada tipo de célula somática tem uma aparência e age de modo distinto, realizando funções especializadas, produzindo proteínas distintas, expressando diferentes órgãos, dependendo de onde ela reside no corpo. As instruções que fazem elas agirem assim, funcionarem distintamente e expressarem vários órgãos, funções e processos particulares, são elas próprias parte do genoma inteiro, do qual apenas uma parte é expressada de acordo com o órgão, função ou processo daquela célula.

O DNA regula sua expressão em células diferenciadas, reprimindo os genes que controlam enzimas que são desnecessárias para seu funcionamento como parte de um processo ou órgão particular. A expressão de proteínas particulares é regulada por uma combinação de mecanismos, incluindo proteínas *repressoras*, que se ligam à porção de um gene chamada de *operadora*. A repressora impede a transcrição por parte da RNA polimerase, unindo-se ao operador e inibindo a sequência *promotora* que normalmente faria a RNA polimerase iniciar a transcrição de seu *operando*. Às vezes, as células precisam alterar sua função e expressar funções que anteriormente eram inibidas. Esse processo é chamado de *indução* e, frequentemente, envolve um ciclo de retroalimentação, de modo que, por exemplo, órgãos que produzem coisas como a lactose nos mamíferos o fazem apenas quando necessário, quando os indutores atuam e desligam os repressores. O processo da regulação de expressão dos genes começou a ser compreendido pela primeira vez por François Jacob e Jacques Monod, que descobriram que um substrato particular de indutores aumentava a produção de enzimas específicas. Seus experimentos mostraram que células diferenciadas ligavam e desligavam a expressão dos genes de acordo com vários sinais ambientais. No processo de seus experimentos, eles descobriram que certos genes eram *coordenadamente controlados*, de modo que, por exemplo, o gene que controlava a produção de uma enzima trabalhava em conjunto com o gene que controlava o transporte daquela enzima.[21]

Há muitos mecanismos de controle como esse que atuam para coordenar a expressão de genes nos organismos. Alguns o fazem durante o desenvolvimento, de modo que as células do corpo se diferenciam em fígado, ou osso, ou qualquer tipo de célula que seja apropriado para o lugar do corpo em que a célula está conforme o organismo se desenvolve. Outras ligam e desligam funções de acordo com condições ambientais. Algumas exibem inibição por retroalimentação, assegurando que certas enzimas estejam sempre presentes em quantidades ou concentrações específicas. Alguns repressores inibem apenas um operador, enquanto outros controlam vários. Em suma, o controle de expressão de genes é uma forma complicada de processamento de informação, mediante a qual as células do corpo são impedidas

---

[21] Britannica Online, "Jacques Monod", www.britannica.com/eb/article-9053397/Jacques-Monod (acessado em 20 de março de 2008).

de expressar todos os seus genes de uma vez, mesmo embora cada célula contenha toda a informação para a expressão de todos os genes responsáveis por cada faceta da existência do organismo.

Informação, estrutura e função: indivíduos e "pessoas"

Não é exagero dizer, como eu disse acima, que o genoma, interagindo com seu ambiente, é um tipo bastante complexo de máquina de Turing. Ele codifica informações suficientes para conduzir cada processo individual, desde o desenvolvimento até o metabolismo e a reprodução, tudo com ajuda de outras moléculas, incluindo enzimas, várias formas de RNA, proteínas e os ambientes inter e intracelular, todos os quais são igualmente coordenados pela informação codificada no DNA do organismo. É a estrutura do DNA que lhe permite dirigir todas as outras funções e processos do organismo, bem como se replicar de uma geração para outra e também dentro do corpo, conforme o necessário para perpetuar tanto a espécie quanto o indivíduo. A forma final de um organismo é orientada no nível molecular pela sequência de bases, juntamente com informações provenientes do ambiente. Há diversos passos intermediários em ação, desde o nível da informação básica até a expressão na forma do organismo, e várias oportunidades para que as coisas deem errado. Em outras palavras, cada organismo tem sua forma prototípica, conforme expressada no volume de seus membros, e sua forma particular, conforme expressada por sua constituição genética particular em combinação com o ambiente. Alguns indivíduos exibem características patológicas. Este é um bom momento para esclarecer alguns termos e conceitos que recorrerão e que provocarão uma confusão real em outras discussões dessas ideias, a saber: "expressão" e "ambiente".

A "expressão" não é uma expressão

Normalmente, o termo "expressão" conota intenção. Por exemplo, argumentei que todos os objetos feitos pelo homem que são produzidos intencionalmente são expressões, e vice-versa. Assim, é tecnicamente não acurado discutir fenômenos biológicos, que não são tipicamente resultados da intenção humana (exceto através da engenharia genética) como sendo, de algum modo, "expressões". Contudo essa é a terminologia biológica. Seria mais filosoficamente acurado chamar o fenótipo e suas características de "resultados finais" do genótipo, em vez de expressões, porque um resultado final não implica a teleologia (intenção). Ao longo deste texto, no entanto, usaremos o termo biológico típico e ignoraremos sua implicação filosófica, exceto quando, do contrário, for necessário para o argumento.

Os genes e o "ambiente"

Os genes e os ambientes são inseparáveis. Os genes não existem fora de ambientes e, portanto, quando discutimos o DNA, os genes e suas expressões através de fenótipos, devemos sempre lembrar que os ambientes moldam a expressão dos genes. A saber, os organismos vivem em ambientes que moldam sua existência de modo tão necessário quanto o fazem seus genes. A forma particular do indivíduo depende necessariamente de ser fornecida por seu ambiente com certos nutrientes necessários, meios e energia em várias formas. Há, portanto, uma dependência ontológica de mão única entre os genes e os ambientes. Estes últimos não dependem dos genes de qualquer maneira necessária, embora o ambiente que conhecemos esteja sendo constantemente moldado e mudado pelos organismos e seus genes.

A informação e os indivíduos

Um grande erro daqueles que têm considerado a ética da posse do DNA e de seus componentes tem sido assumir algo sobre as relações entre o DNA, os genes, a informação e a "expressão" dos genes em um *indivíduo* em certo ambiente, à luz dos termos biológicos como são normalmente utilizados. Contudo podemos ver, mesmo através de um exame superficial da ciência dessas relações, que os termos ordinários que moldam boa parte da discussão desses conceitos não significam as mesmas coisas no contexto do genoma. Muitos assumem alegremente que a "informação" do DNA é como outras formas de informação e que sua "expressão" é como outras formas de expressão, e, assim, as leis e o tratamento do DNA refletem as formas típicas de proteção da informação na lei. Descrevi a ciência acima para que possamos começar pelo começo, compreendendo primeiramente a ontologia básica, ou as relações entre as partes compostas dos indivíduos e das espécies, antes de pularmos para conclusões sobre *direitos*, *deveres* e outras obrigações devidas ou não devidas àquelas *pessoas* cujos genomas podem ser usados para obter lucro.

Há duas ontologias paralelas que precisarão ser, em última instância, reconciliadas, a fim de se formular algum tipo de argumento contra ou a favor da posse do DNA. A primeira é a hierarquia e as relações entre átomos, moléculas, DNA, RNA, enzimas e outras proteínas, processos celulares, funções biológicas e outros elementos no projeto contínuo contemplado pela Ontologia dos Genes e ciências relacionadas.[22] A segunda é a ontologia social dos indivíduos, espécies, pessoas e outros objetos socialmente relevantes. Direitos e deveres são proporcionados somente a *pessoas*, incluindo direitos e deveres concomitantes com a posse, como uma instituição social e legal. Assim, deve haver algum vínculo ou relação entre essas duas ontologias para concluir essa análise. Por ora, comecemos a considerar o problema das relações entre o DNA e os indivíduos, que são menos problemáticas do que as *pessoas*, conforme revelado pela discussão científica acima.

Os indivíduos não são necessariamente *pessoas*, mas, antes, simplesmente bases materiais distintas, do tipo representado por uma espécie. Cada organismo individual é

---

[22] www.geneontology.org.

inteiramente único, possuindo tanto uma história distinta de vida daquele indivíduo, quanto uma constituição genética única. No caso de gêmeos idênticos, a constituição genética idêntica não desfaz a história individual única de cada gêmeo e, portanto, ainda existem dois indivíduos. Também é estatisticamente *possível*, embora incrivelmente improvável, que indivíduos não aparentados, membros de uma mesma espécie, compartilhem uma constituição genética idêntica. Não obstante, suas histórias únicas dão direito a cada um deles a sua posição como indivíduos. Os indivíduos são também tipicamente denotados por posições únicas no espaço, de modo que dois indivíduos nunca se sobreponhem. Emergem complicações em relação a gêmeos conjugados, que podem partilhar tanto o DNA quanto o espaço em certa medida. Certamente, cada membro de um par de gêmeos conjugados tem um senso de "individualidade" distinto daquele de seu gêmeo. Os gêmeos conjugados são às vezes separados cirurgicamente, resultando em dois indivíduos mais distintos. Sem entrarmos em uma longa discussão de características de ordem mais elevada como aquelas exigidas pelas teorias da *personalidade*, podemos dizer por ora que cada membro de um par de gêmeos conjugados tem de fato sua história única de *experiência* baseada em *algum grau* de separação em relação a seu gêmeo. Assim, um gêmeo estava adormecido, enquanto o outro não, e teve um pensamento, emoção, experiência ou percepção particular, separada e apartadamente daquele de seu gêmeo em algum ponto.

Nem todo organismo individual é uma pessoa, dado que alguns indivíduos nascem mortos, ou nunca alcançam parte do funcionamento típico de ordem superior associado à condição de ser uma pessoa. Além disso, a maioria dos indivíduos não é composta de seres humanos, e a condição de ser uma pessoa, com todo o estatuto moral associado a ela, é reservada apenas para certos tipos de indivíduos.

A individualização é certamente ligada à informação contida no código genético particular de cada organismo individual. Aquela informação sozinha, contudo, é necessária, mas insuficiente, para declarar um organismo como sendo uma pessoa individual, dado o caso dos gêmeos idênticos e do estatisticamente improvável, mas possível, compartilhamento de um código genético idêntico com outros indivíduos não aparentados. Podemos pensar nos indivíduos como prolongamentos que se sobrepõem a suas histórias de vida ocorrentes particulares. Essa sobreposição é importante, porque o indivíduo é mais do que apenas a informação genética ou a localização espaçotemporal única, é também todos os passos experienciais e de desenvolvimento que precedem qualquer momento particular daquele indivíduo, como no caso dos gêmeos conjugados. Os elementos dessas histórias únicas incluem todos os processos biológicos descritos acima, tanto do ponto de vista do desenvolvimento quanto do ponto de vista metabólico, que ocorreram para criar a forma presente de cada indivíduo. O genótipo é apenas um projeto parcial para o indivíduo, com o ambiente e a história desempenhando também grandes papéis.

Boa parte do genoma de um indivíduo é de fato compartilhada entre outros membros da espécie, sendo que apenas uma parcela relativamente pequena é única ao indivíduo. Assim, uma linha de questionamento relevante que devemos considerar é: em que medida os elementos do genoma compartilhados com o restante da espécie nos pertencem enquanto indivíduos ou pertencem à espécie como um todo, ou, por falar nisso, a qualquer pessoa? Também precisaremos perguntar em que medida aquela parte do genoma particular a um indivíduo pode ser apropriadamente reivindicada como possuída por qualquer pessoa, sob quais condições e sob qual referencial conceitual? Essas questões todas dependem, em algum grau, do discernimento das relações entre indivíduos, pessoas, seus "eus" e seus corpos e partes materiais. Por fim, precisaremos voltar eventualmente ao problema das *pessoas* e de sua relação com o genoma.

A condição de ser uma pessoa e a "personalidade"

A fim de determinar se há qualquer conexão moral entre alguém e seu código genético, precisamos determinar o estatuto das relações entre o próprio código, sua "expressão" nos indivíduos e, finalmente, nas pessoas. O estatuto ontológico dos indivíduos é apenas uma parte do quebra-cabeças. O trabalho duro de verdade é decidir quando os indivíduos se tornam pessoas portadoras de direitos e, então, em que medida elas têm direitos, se é que têm, sobre seu próprio genoma ou sobre aquela parte do genoma que é compartilhada com todos os indivíduos.

As pessoas são as entidades relevantes para as considerações morais, conforme discutido anteriormente, em vez dos indivíduos, dos organismos ou, simplesmente, dos seres humanos. Tanto a lei quanto a ética distinguiram historicamente entre as pessoas e outros tipos de entidades. Apenas as pessoas foram tradicionalmente tratadas como portadoras de direitos ou de deveres. O termo "pessoa" representa um objeto social reconhecido por códigos legais e morais, mas não inerente ao próprio objeto enquanto "fato bruto". Os objetos sociais são criados por "intencionalidade coletiva" ou por acordos entre comunidades. O estatuto da *personalidade* não é sinônimo do objeto *ser humano* enquanto "fato bruto". Os seres humanos são entidades biológicas e, enquanto eles são geralmente compostos da mesma matéria que todas as *pessoas* conhecidas e reconhecidas, ser uma pessoa exige certas capacidades. Essas capacidades tipicamente incluem algum nível de cognição, incluindo pelo menos o potencial para o raciocínio, para a percepção consciente, para a intencionalidade e assim por diante. Tanto as leis quanto os códigos morais tratam as pessoas como especiais – como objetos que requerem consideração moral e legal –, e como capazes de culpabilidade moral e legal. Espera-se que a compreensão desses objetos e de suas relações esclareça alguns dos erros cometidos até agora na categorização dos genes e do DNA, e nos ajude a desenvolver políticas que sejam mais justas e éticas.

Não há dúvida de que há uma dependência ontológica da pessoa e do indivíduo em relação ao genoma e aos fatos científicos descritos acima. Em um nível, cada um deles depende do genoma comum (aquela parte do genoma que usamos para classificar uma espécie e as características, funções, processos e estruturas comuns a todos os membros da espécie). No nível seguinte, cada indivíduo e pessoa e indivíduo depende ontologicamente da existência de *seu genoma particular*, aquela série exata de bases que coordena seu desenvolvimento e metabolismo particular. Muitos seriam tentados a declarar então que a pessoa e o indivíduo são sinônimos da série de DNA particular àquele indivíduo ou pessoa. Mas essa seria uma simplificação excessiva e grosseira da ontologia e um caracterização errônea da ciência. Nossa compreensão atual do DNA mina a noção do determinismo genético absoluto. Como mencionado acima, o DNA não existe isolado de seu ambiente. De fato, a visão emergente da *epigenética* dá uma importância significativa ao papel do ambiente na moldagem do desenvolvimento dos indivíduos.[23] Isso se deve ao papel contínuo do DNA no desenvolvimento e no metabolismo. O projeto (DNA) informa o desenvolvimento de acordo com os materiais disponíveis (o ambiente), e o ambiente continua a informar o metabolismo mesmo depois do desenvolvimento. Os genes são ligados e desligados com base em indicações do ambiente. Assim, o indivíduo nunca se torna "fixo" e continua a funcionar de várias maneiras com base na retroalimentação proveniente do ambiente do indivíduo.

---

[23] www.hopkinsmedicine.org/press/2002/November/epigenetics.htm (acessado em 13 de março de 2008).

Então, que parte do genoma sou "eu" e quanto de *meu* genoma é "meu"? Retornaremos a essa questão fundamental e a sua relação com o problema das *pessoas* após uma análise mais completa das relações entre genomas, espécies e indivíduos no próximo capítulo.

4. Dna, espécies, indivíduos e pessoas

As ciências da genética e genômica estão a cada momento revelando mais coisas sobre nossa situação como indivíduos em relação a nossos genomas particulares. Quanto mais nós aprendemos sobre nossa singularidade genética individual relativamente aos outros dentro da espécie humana, mais parece provável que a individualidade é fortemente ligada a nossos genes, bem como a nossos ambientes, de maneira bastante intricada. A lei da posse e da propriedade, assim como as noções emergentes de autonomia e privacidade, se baseiam tanto de modo histórico quanto racional em noções de individualidade. Vamos examinar algumas das bases científicas e genéticas para a individualidade e relacioná-las, se pudermos, com as implicações para a posse de nós mesmos e o patenteamento de genes.

Há um corpo substancial de discussão e debate filosófico sobre a natureza das pessoas individuais e da consciência, considerando questões sobre os papéis de mentes, cérebros e consciências na definição de nós mesmos como indivíduos. Nossa preocupação aqui é com o DNA e com os genes, e com o modo como eles podem definir o indivíduo ou de outro modo se relacionar com os indivíduos. Essas questões são relacionadas a questões sobre a natureza da propriedade e sobre outros direitos sobre outros tipos de objetos. Por exemplo, na lei de propriedade intelectual, há uma distinção clara entre direitos de propriedade concedidos sob as leis de patentes e de direitos autorais aos tipos (espécies) e às bases materiais (indivíduos). A lei de propriedades móveis e imóveis difere da lei de propriedade intelectual, traçando distinções filosóficas e práticas entre seus objetos em relação a noções de individualidade.

Há uma distinção entre tipos e bases materiais que é subjacente a nossas decisões acerca de direitos sobre várias formas de propriedade. Bases materiais são indivíduos, e tipos são universais. Tanto os tipos quanto as bases materiais podem ser "possuídos" de diferentes maneiras, mas sob diferentes esquemas legais e por razões filosóficas sobre as quais há concordância. Assim, posso vender minha coleção de discos (uma coleção de bases materiais, cada uma das quais representa algum tipo) sem infringir os direitos dos autores sobre os tipos (as próprias canções). De modo semelhante, posso vender ou doar outros tipos de propriedade, tais como máquinas ou outros objetos utilitários protegidos sob a lei de patentes, sem violar o direito de patentes. Não posso produzir bases materiais a partir dos tipos por conta própria, porque a reprodução não autorizada é proibida. Isso traz à tona várias preocupações bastante interessantes e perturbadoras acerca do regime atual de proteção de patentes para genes não modificados ou outros produtos genéticos, em que a posse é reivindicada sobre a *informação* (os tipos) expressa pelos genes ou pelo genoma inteiro de um organismo.

Se você possui uma patente, você tem exclusivamente o direito de produzir bases materiais representando o tipo que você inventou. Qualquer pessoa que produza bases materiais não autorizadas de seu tipo patenteado deve pagar--lhe se você processá-la e o tribunal achar que ela infringiu sua patente. Ser o primeiro a registrar uma patente sobre um tipo faz de você o proprietário *prima facie* da patente, contra todos os retardatários. Se você possui uma patente sobre um gene, então ninguém pode reproduzir o tipo em qualquer base material sem pagar-lhe dividendos. A posse do tipo na lei de patentes é de fato um dispositivo excludente que impede outros de produzirem bases materiais do tipo possuído. Uma vez que os genes não modificados (ou de tipo selvagem) se propagam pelo mundo natural, frequentemente em numerosas espécies, as bases materiais individuais estão constantemente sendo reproduzidas sem que ninguém tenha qualquer intenção de infringir a patente de qualquer pessoa. Isso ocorre constantemente e fora da esfera de qualquer controle razoável por parte do detentor da patente. Nenhum outro tipo de objeto passível de posse faz isso dessa maneira. Em outras palavras, enquanto você pode possuir uma determinada ovelha, você não pode possuir todas as ovelhas do mundo em virtude de uma reivindicação sobre o tipo – *ovelha*. No entanto, se você registrou com sucesso uma patente sobre um gene de ovelha não construído por engenharia, você subitamente se torna *de fato* o proprietário de pelo menos uma *parte* de toda ovelha nova e existente no mundo. Essa é uma situação que simplesmente não poderia existir para martelos e motores a vapor, porque eles não se reproduzem, sendo necessária a intenção humana para produzi-los.

Na lei de revindicações de posse sobre tipos e bases materiais, podemos ver como as noções filosóficas de individualidade e unicidade se relacionam fortemente com decisões que tomamos sobre regras legais de posse e reprodução. Como essas noções se aplicam aos genes e aos genomas, e será que os conceitos científicos de indivíduos e espécies genéticos ajudam a nos informar para a adoção de políticas racionais e justas sobre o patenteamento de genes e sobre a posse de nós mesmos?

Indivíduos e espécies

O conjunto dos membros de uma espécie que existem contemporaneamente define a categoria espécie e, portanto, de algumas maneiras, a classificação biológica de uma espécie particular é sempre vaga. As espécies mudam ao longo do tempo e se *especiam*, exigindo que os taxonomistas classifiquem a nova espécie como algo separado da espécie anterior, embora os indivíduos que compõem a nova espécie sejam todos aparentados de modo contínuo à espécie anterior. Todas as espécies são compostas por alguma população crítica de indivíduos, todos os quais compartilham algumas características importantes e, ainda assim, diferem uns dos outros tanto em termos de fenótipo quanto de genótipo. A natureza confusa dos indivíduos e das espécies, suas relações entre si e para com o objeto social "pessoa" são questões centrais ignoradas em sua maioria nas discussões sobre a natureza de quaisquer direitos sobre genes e outros produtos do DNA. Devemos ao menos reconhecer estas importantes questões, mesmo que não possamos resolvê-las inteiramente aqui.

Uma *espécie* é um objeto complexo, definido por seus constituintes e, temporalmente, limitada. Ela existe como algo que é limitado por certos fatos biológicos em um instante de tempo (como um prolongamento) e como um ocorrente limitado a um período de tempo. Seus limites são necessariamente vagos, embora seus membros em um dado momento geralmente não o sejam. A teoria evolutiva e o estado atual da ciência genética sugerem que toda a vida na terra tem um ancestral comum e, portanto, uma origem comum. Ao longo do tempo, o isolamento geográfico e as pressões ambientais sobre as populações daquele ancestral comum selecionaram várias mutações em detrimento de outras, resultando em especiação, de modo que algumas gerações de descendentes do ancestral comum não eram mais suficientemente semelhantes entre si para serem consideradas membros da mesma espécie. Esse processo foi acelerado com o desenvolvimento da reprodução sexuada, que cria uma maior diversidade genética de descendentes do que a partenogênese. A reprodução sexuada assegura que os descendentes sejam mais distintamente indivíduos, no sentido de que seus genótipos são muito mais significativamente diferentes dos de seus genitores do que no caso da divisão partenogenética.[1] Quando as amebas se reproduzem por divisão, há uma nítida pergunta sobre qual dos dois indivíduos resultantes é o genitor e qual é o descendente. Não há nenhuma boa resposta filosófica para esse problema, dado que cada metade é um indivíduo plenamente formado que resultou de um indivíduo original que então deixa de existir. Felizmente para nós, a reprodução sexuada torna a determinação da individualidade dos genitores e dos descendentes muito menos complicada.

Quando dizemos que uma espécie é definida por seus constituintes, reconhecemos que todos os membros atuais de uma espécie são suficientemente semelhantes para que todos possam se acasalar entre si, o que é de fato logicamente necessário para que aquela espécie se perpetue – sobreviva. Ser capaz de se acasalar entre si é também logicamente necessário para que aquela espécie eventualmente evolua e se torne outra espécie. Esse parece ser um tipo de paradoxo, porque em algum ponto, à maneira da clássica falácia da ladeira escorregadia, uma nova espécie evolui, embora em qualquer dado momento apenas uma espécie pareça existir. De fato, essa é frequentemente uma objeção ingênua levantada por oponentes da teoria da evolução que afirmam que o processo da especiação nunca foi observado e, portanto, não pode ser afirmado como um fenômeno observado de

---

[1] science.jrank.org/pages/5047/Parthenogenesis-Sexual-vs-non-sexual-reproduction.html (acessado em 2 de julho de 2007).

evolução. É claro, a especiação só pode ser observada em contraste com outras espécies existentes que sejam suficientemente distanciadas na árvore evolutiva, de modo que o acasalamento mútuo não possa ocorrer ou, pelo menos, de modo que este não produza descendentes férteis. Observe, por exemplo, os jumentos e os cavalos, que são de fato espécies diferentes, incapazes de produzir descendentes férteis, mas não obstante especiadas recentemente o suficiente para que ainda possam se acasalar mutuamente e produzir mulas estéreis. Os membros de espécies recentemente separadas compartilham semelhanças genéticas significativas suficientes para que possam às vezes produzir descendentes, mas geralmente são incapazes de fazê-lo, ou podem produzir apenas descendentes estéreis ou deficientes. Essa é a definição operativa de especiação.[2]

O isolamento geográfico é supostamente o fator mais importante a influenciar as populações de uma espécie a se modificarem geneticamente ao longo do tempo, em resposta a pressões ambientais e tendências genéticas aceleradas pelo mecanismo da reprodução sexuada. Exemplos dramáticos de especiação devido a esses fatores podem ser

---

[2] É importante notar que, parcialmente em protesto contra os esforços para patentear formas de vida, Jeremy Rifkin e Stuart Newman buscaram uma patente sobre uma "quimera" humana-chimpazé, incorporando uma mistura de genes de cada espécie relacionada. O pedido de patente foi negado, porque o resultado era "humano demais". Weiss, R. 2005. "U. S. denies patent for a too-human hybrid: scientist sought legal precedent to keep others from profiting from similar 'inventions'", *Washington Post*, 13 de fevereiro, p. A03.

observados examinando-se espécies isoladas em ilhas, tais como os lêmures de Madagascar ou o sucesso dos marsupiais na Austrália e na Tasmânia. O isolamento geográfico, pressões ambientais e tendências genéticas conduziram essas populações por caminhos dramaticamente diferentes em relação a seus parentes distantes em diferentes ambientes e localidades. De fato, foram os mesmos fatores que resultaram nas famosas observações de especiação de tentilhões e outras espécies nas Ilhas Galápagos, realizadas por Charles Darwin em meados do século XIX. Em seu *Origem das Espécies*, Darwin nota que até mesmo um pequeno isolamento geográfico e pressões ambientais levemente diferentes resultam em mudanças sutis na fisiologia e até mesmo em especiação.[3]

Em um dado instante existe certa espécie, e este é distinto de algum referencial temporal relativo, mas não específico, no qual a espécie predecessora existia. Se as duas espécies (a predecessora e a posterior) coexistissem no tempo, elas não seriam capazes de se acasalar mutuamente com sucesso e, portanto, seriam consideradas espécies separadas. Às vezes as espécies predecessoras se dividem em duas espécies coexistentes, relacionadas, mas distintas, que satisfazem esses critérios. Os chimpanzés e os humanos divergiram a partir de alguma espécie predecessora comum há mais de 5 milhões de anos. O rastreamento do DNA dessas duas espécies revela uma constituição genética que ainda é quase

---

[3] Cowen, R. 2000. *History of Life* (3a ed.), Blackwell Science, Inc., Malden, Mass., p. 43.

idêntica, de modo que as duas espécies coexistentes compartilham 96% de seu DNA.[4] Durante certo período de tempo, houve uma única espécie predecessora tanto dos chimpanzés quanto dos humanos, mas a geografia e pressões ambientais produziram mudanças sutis em populações ao longo do tempo, produzindo eventualmente uma divergência suficiente para chamar apropriadamente cada uma delas de uma espécie separada.

Semelhanças entre espécies

Mesmo embora os membros de uma espécie sejam geralmente incapazes de se acasalar sucessivamente fora de sua espécie, há semelhanças significativas entre todas as espécies, as quais se tornam mais pronunciadas entre espécies proximamente relacionadas. Em certo sentido, cada indivíduo pertence a diversas categorias de uma só vez, incluindo: membro de uma família de linhagem direta (pais, mães, irmãos), membro de uma família extensa (tios, primos), unidades tribais consistindo em famílias relacionadas (geralmente não reconhecidas no mundo desenvolvido) e assim por diante. Todos os seres humanos são relacionados entre si através de um ancestral comum que viveu há apenas poucos milhares de anos atrás, e todas as pessoas vivas hoje

---

[4] Paulson, T. 2005. "Chimp, human DNA comparison finds vast similarities, key differences", Seattle Post-Intelligencer, 1° de setembro, seção "local", p. 1, citando estudo da *Nature*.

são no mínimo primas em centésimo grau de qualquer outra pessoa.[5] Além disso, muitos de nossos genes, bem como íntrons e pseudogenes (código genético que parece não ser diretamente responsável por qualquer enzima ou proteína, mas ainda parece ser de algum modo vital para a sobrevivência), são compartilhados até mesmo entre espécies distantemente separadas. É esse fato que torna a engenharia genética praticável. Ele também ajudou significativamente a identificar genes humanos específicos. Uma vez que certos genes haviam sido identificados em organismos tão simples quanto as moscas de frutas e suas funções eram conhecidas de modo preciso, o primeiro trabalho de identificação de algumas funções dos genes humanos no decurso do Projeto Genoma Humano foi acelerado pela procura de genes que se sabia terem certas funções em outras espécies.[6] Os genes conhecidos por dirigirem a produção de hemoglobina em ratos, por exemplo, são substancialmente os mesmos nos humanos e em outros mamíferos.

Contudo, o fato de os genes persistirem de espécie para espécie não significa que aqueles genes sejam completamente idêntico entre todas as espécies. Até mesmo entre os membros de uma mesma espécie há alguma variação entre os genes. A genética é certamente importante na especiação, e algum limiar de semelhança genética deve

---

[5] Yale University, 2004, "Most recent commom ancestor of all living humans surprisingly recent", *Science Daily*, 30 de setembro, www.sciencedaily.com/releases/2004/09/040930122428.htm (acessado em 22 de março de 2008).
[6] Shreeve, J. 2004. *The Genome War*. Ballantine Books, Nova Iorque.

estar envolvido, mesmo que não seja por outra razão senão a de que a semelhança genética é responsável por outros fatores fenotípicos, morfológicos ou ambientais da especiação. O compartilhamento de genes é frequentemente usado ao lado da definição padrão de espécie cunhada por Ernst Mayr, chamada de conceito biológico de espécie ou conceito de espécie por isolamento, que enuncia que as espécies são: "grupos de populações naturais, atual ou potencialmente entrecruzantes, que são reprodutivamente isoladas de outros grupos semelhantes".[7] Acrescente-se a isto a noção se que em algum ponto as espécies isoladas deixam de ser capazes de se entrecruzar com sucesso porque seus genótipos se tornaram suficientemente distintos, e começamos a formar uma imagem da precisa dificuldade de fixar a noção de especiação em qualquer tempo, lugar ou, para nossos propósitos, *indivíduo* dados. Não obstante, alguém pode rascunhar uma "árvore" da vida, traçá-la até os precursores microbianos de todas as outras formas de vida e, pelo menos, notar que as espécies de fato divergem em algum ponto, formando ramos. Os indivíduos, poderíamos dizer, são as folhas.

Discernir as relações entre as folhas, os ramos e a árvore (por assim dizer) é essencial, porque, como discutido brevemente em capítulos anteriores, estamos preocupados com as *pessoas* humanas quando decidimos sobre a ética de

---

[7] De Queiroz, K. 2005. "Ernst Mayr and the modern concept of species", *Proceedings of the National Academy of Sciences*, vol. 102, Supl. 1, p. 6600-6607.

nossos comportamentos. O que não quer dizer que não tenhamos certas normas ou tabus acerca do tratamento de outras espécies, bem como um autointeresse esclarecido ou razões éticas de boa-fé, para tratar o ambiente dessa ou daquela maneira. Entretanto a maior parte de nossos códigos morais e éticos diz respeito ao modo como tratamos outros membros de nossa espécie. Sem entrar na questão de se tais códigos, normas ou sistemas de ética *deveriam* ser estendidos a outros ramos da árvore da vida na Terra, precisaremos decidir quais as relações do genoma humano para com outras espécies, as quais nós manipulamos, possuímos ou tratamos de maneiras como não trataríamos outros seres humanos.

Deve haver alguma boa razão para distinguir os portadores adequados da maioria dos direitos – as pessoas humanas – como membros da espécie humana, distintos dos chimpanzés, por exemplo, apesar de suas semelhanças genéticas. Contudo os indivíduos humanos também são significativamente, se não substancialmente, diferentes uns dos outros enquanto portadores individuais de genomas particulares, mas, ainda assim, todos são considerados partes da mesma espécie e, se forem *pessoas*, portadores apropriados de direitos humanos. Precisamos isolar as razões da importância ética das dessemelhanças entre os humanos e entre espécies, a fim de justificar nosso uso de outras espécies em vários graus e quaisquer razões ou limites que possamos buscar para justificar o uso de outros seres humanos. Precisaremos também distinguir usos aceitáveis como sendo abusos justificáveis sobre bases materiais (indivíduos – por exemplo, pela experimentação com animais ou com outras pessoas humanas, quando feita com o consentimento adequado) e sobre tipos (o uso dos "genótipos" ou dos "genes" únicos de uma espécie).

Podemos ver que as espécies e os organismos individuais são todos historicamente inter-relacionados e, ao longo do tempo, desenvolvem diferenças significativas o suficiente para que não sejam mais considerados portadores de certos estatutos. Há teorias promissoras na psicologia evolutiva quanto às vantagens adaptativas do desenvolvimento desses novos estatutos, mas não precisamos nos aprofundar nelas.[8] Para nossos propósitos, é suficiente reconhecer que os membros de uma espécie reconhecem outros membros de sua espécie como distintos dos membros de outras espécies. Como humanos, fazemos isso através de leis que reconhecem a personalidade de outros humanos e em códigos éticos que, em sua maioria, se aplicam somente à própria espécie. Fazemos isso a despeito do fato de compartilharmos genes com outras espécies. Então, como justificamos o tratamento de indivíduos da espécie como portadores de direitos e objetos de deveres, quando cada um de nós é, em algum sentido, um caso de transição entre uma espécie predecessora e uma espécie divergente futura? O que nos torna tão especiais como espécie, em primeiro lugar, e como indivíduos e, finalmente, como pessoas pertencentes a essa espécie?

---

[8] Pinker, S. 2008. "The moral instinct", New York Times, 13 de janeiro.

Indivíduos dentro de espécies

A fim de desenvolver uma explicação robusta de quais direitos os membros individuais da espécie humana podem ter sobre seu próprio DNA em particular ou sobre o genoma humano em geral, precisamos explicar as relações entre indivíduos e espécies no que diz respeito ao DNA. Em suma, há um genoma pertencente à espécie, o qual tanto define a espécie quanto é definido pelos membros da espécie por certo período de tempo. Os períodos de tempo exatos para a existência de uma espécie não podem ser conhecidos absolutamente e são notados apenas de maneira retrospectiva por taxonomistas e biólogos. Isso ocorre porque as diferenças genéticas entre os membros de uma espécie particular e de alguma espécie predecessora são o que conta para a especiação, e nenhuma geração em particular "se torna" a espécie seguinte... esse é um acontecimento vago e gradual.

A maior parte do genoma humano parece ser inativo. Pelo menos ela não é responsável por dirigir a produção de proteínas. Somente 1,5% dos três bilhões de pares de bases do DNA humano codificam proteínas.[9] Uma porcentagem semelhante parece dirigir o processo de leitura das proteínas que codificam genes. Isso deixa uma grande porcentagem de "DNA inútil", que tipicamente se assemelha a outros genes ativos, mas carece de promotores ou outras sequências

---

[9] "'Junk' DNA now looks like powerful regulator, researcher finds", physorg.com, 23 de abril de 2007, www.physorg.com/news96567418.html (acessado em 12 de março de 2008).

de controle. Os cientistas teorizam que estes são subprodutos da evolução, os quais já foram úteis alguma vez. Muitas dessas regiões são preenchidas por grandes faixas de íntrons repetitivos, que podem ainda, de alguma maneira, codificar informações importantes para o metabolismo e para a reprodução.

Dado que uma porcentagem tão pequena de nosso DNA parece ser realmente ativa, com aquele quase 1,5% codificando as aproximadamente 100.000 proteínas envolvidas em nosso desenvolvimento e metabolismo, e uma porcentagem semelhante servindo como instruções de leitura para vários processos, podemos esperar um amplo grau de semelhança entre os indivíduos. Todo aquele DNA inútil e os pseudogenes resultantes de centenas de milhões de anos de evolução não deveriam ter muita importância para a individuação dos seres humanos uns em relação aos outros. Tudo o que importa não é o material que realmente faz as coisas? Não necessariamente.

Acontece que estamos descobrindo que o assim chamado DNA inútil e os pseudogenes são responsáveis por mais diferenças entre os indivíduos do que seria de se esperar ou, mesmo, do que podemos atualmente explicar. Quando o Projeto Genoma Humano foi completado, a atenção se voltou para o mapeamento de Polimorfismos de Nucleotídeo Único (PNUs) no projeto HapMap. O quadro geral fornecido pelo PGH foi o território dos genes ativos e das regiões promotoras, no qual acreditava-se que os PNUs eram responsáveis pelas variações nas características humanas. No entanto a vida se mostra mais complicada do que isso. As variações em pseudogenes, no DNA inútil e nas "variações de número de cópias" (CNVs, que são grandes seções do genoma de seres humanos saudáveis que são faltantes ou duplicadas) são abundantes e podem estar envolvidas em diferenças fenotípicas, tais como a suscetibilidade a doenças. Isso foi descoberto através de um projeto recente destinado a mapear CNVs. Estas tendem a ocorrer em seções do DNA localizadas próximas a pontos de transição durante a replicação, e os cientistas aprenderam que estas CNVs podem equivaler praticamente a 12% do genoma humano. Até agora foram descobertas por volta de 1.400 CNVs, e elas resultam em uma variabilidade muito maior entre indivíduos da espécie humana do que previamente se suspeitava.[10] De acordo com Charles Lee, da Escola de Medicina de Harvard, "[e]ssa evidência está mostrando que somos mais geneticamente únicos uns em relação aos outros – todos nós temos genomas individualizados".

Nossa individualidade é o resultado da interação de pelo menos duas forças: 1) nossos genomas individualizados e 2) nossas histórias individuais. E ainda assim compartilhamos com outras espécies uma história comum de evolução genética. Qualquer explicação da individualidade genética e histórica deve também levar em conta nosso passado biológico compartilhado. Richard Dawkins descreveu toda a vida na Terra como emergindo de um rio corrente

---

[10] Owen, J. 2006. "DNA varies more widely from person to person, genetic maps reveal", *National Geographic News*, 22 de novembro.

de genes, com as espécies existindo como bifurcações nesse rio.[11] De acordo com essa metáfora, talvez os membros individuais de uma espécie sejam as ondulações nesse rio, entrando e saindo da existência, dando origem a novas ondulações, variando amplamente, mas parecendo semelhantes umas às outras.

Nossas identidades genéticas, combinadas com nossas histórias individuais, nos tornam únicos de maneiras mais fundamentais do que, por exemplo, nossas aparências, nossas impressões digitais, ou mesmo nossos sonhos, pensamentos, esperanças ou desejos, porque todas estas últimas coisas derivam em grande medida das primeiras. Se somos os guardiões ou proprietários de outros aspectos de nossa individualidade, então por que razão não somos pelo menos intimamente ligados a nossos genomas individuais? Além disso, enquanto indivíduos no rio genético da humanidade, será que o genoma humano nos conecta uns aos outros e a outras espécies, de maneiras que desafiam a lei de propriedade ou outros deveres e obrigações morais de uns para com os outros e, talvez, para conosco mesmos? Antes de considerarmos estas questões críticas, vamos primeiramente examinar a importância histórica e genética de nossas identidades individuais.

---

[11] Dawkins, R. 1995. *River out of Eden*, Basic Books, Nova Iorque.

Histórias individuais e genomas individuais

Embora seja impróprio igualar um indivíduo apenas a seu genoma, os fatos relacionados ao conjunto de diferenças e os resultados fenotípicos dessas diferenças tornam o genoma específico de cada indivíduo pelo menos uma parte muito *importante* da identidade individual. Além disso, a identidade individual também depende ontologicamente (isto é, o objeto dependente não existiria sem o outro objeto), ao menos em parte, da unicidade genômica individual. Mas cada indivíduo vivo tem também uma história única que determina em grande parte o elemento de identidade individual que frequentemente equiparamos à personalidade. Mais do que os processos biomecânicos responsáveis pelo mero funcionamento de um organismo, as designações sociais e culturais de funções superiores relevantes combinam-se para formar o objeto social "pessoa", que faz com que certos atos e intenções dirigidos a outras pessoas humanas sejam morais ou imorais, proibidos ou permitidos. Mas a individualidade precede a personalidade, e até mesmo organismos não humanos e não pessoas humanas (como cadáveres, por exemplo) continuam a ser indivíduos, tanto em razão de suas histórias quanto de sua unicidade genética.

Considere o exemplo dos gêmeos. Como discutido anteriormente, os gêmeos compartilham identidades genéticas, contudo eles são claramente indivíduos. Coloque de lado por um momento qualquer noção de estados mentais internos, ou consciência, e assuma gêmeos não pessoas, em consciência ou qualquer esperança derivada dela. Cada gêmeo geneticamente idêntico teria, não obstante, uma história única, fazendo de cada um deles um indivíduo, a começar por suas posições únicas no espaço. Nem mesmo os gêmeos conjugados compartilham todas as partes de seus corpos um com o outro, embora compartilhem uma parte. Deixando de lado momentaneamente a probabilidade de que o assento dos elementos mais essenciais da personalidade, o cérebro de cada gêmeo conjugado, é separado (embora eles possam compartilhar certas conexões neurais), a separação de pelo menos uma parte de cada um torna cada um deles um indivíduo distinto, na medida em que cada um tem suas próprias partes ou características. Antes da formação dos gêmeos, que ocorre tipicamente nas primeiras duas semanas de desenvolvimento, os gêmeos eram de fato um único indivíduo, embora, como discutiremos abaixo, não ainda provavelmente considerados *pessoas*. Quando ocorre a formação dos gêmeos, um único indivíduo se torna dois, ou três, ou quantas cópias geneticamente idênticas resultarem.

    A localização espaçotemporal é responsável pelas noções de individuação em todos os meios. Assim, as especificações de projeto e as plantas para um tipo de dispositivo manufaturado em quantidade, do qual cada membro é supostamente idêntico ao outro, representam o modelo para cada dispositivo, mas cada dispositivo necessariamente ocupa uma posição espaçotemporal única que nenhum outro dispositivo pode ocupar, não importando quão idêntico ele possa ser ao outro. Tenha em mente que quando falamos sobre dispositivos ou textos, a venda ou doação de uma base material (ou indivíduo) não equivale a desfazer-se do tipo. Sob a lei de patentes e direitos autorais, os direitos sobre o tipo permanecem com o autor ou inventor. Dispositivos ou obras de autoria individuais podem representar tipos semelhantes ou mesmo idênticos e, ainda assim, permanecem distintos tanto do tipo quanto de toda outra base material. Não existem quaisquer dois indivíduos que ocupem exatamente a mesma posição espaçotemporal. Não existem dois indivíduos que sejam idênticos.[12]

Por ora e sem implicar qualquer intencionalidade, daremos à trajetória espaçotemporal de qualquer indivíduo o nome de sua "trajetória de vida". A trajetória de vida de cada dispositivo individual é determinado por fatores que estão fora de seu controle aparente. A trajetória de vida de uma pessoa deve algo, contudo, às intenções da pessoa. A trajetória de vida de um dispositivo também é parcialmente determinada por seu projeto e função, de modo que quase toda cadeira ocupa algum espaço no chão em algum lugar e, provavelmente, em algum momento alguém senta nela. As trajetórias de vida dos organismos também são parcialmente determinadas por suas características e funções adquiridas por evolução. Atualmente, por exemplo, nenhum organismo terrestre ocupa um fosso de vácuo, porque se por acaso ele tenta, geralmente morre. Pássaros não respiram na água e peixes não se empoleiram em árvores. As trajetórias de vida das espécies como um todo determinam em grande parte as trajetórias de vida dos indivíduos que pertencem àquelas espécies, e cada indivíduo, ocupando sua própria localização espaçotemporal única, termina por percorrer uma trajetória de vida que lhe é única, com certas limitações.

---

[12] Strawson, P. F. 1959. *Individuals*, Methuen, Londres (para uma excelente discussão sobre indivíduos).

Uma parte importante da história única de cada organismo é determinada por seu genoma único, bem como pelo genoma que ele compartilha com outros membros de sua espécie. Assim, dois indivíduos podem fumar quantidades iguais em seus tempos de vida, e um pode contrair câncer enquanto o outro pode morrer de velhice. Alguns gêmeos geneticamente idênticos até mesmo exibem expressões únicas de características, de modo que às vezes ocorre que um gêmeo pode parecer saudável em todos os sentidos e o outro pode desenvolver síndrome de Tourette ou outros problemas psicológicos, cognitivos ou físicos, a despeito da genética aparentemente idêntica. A ciência da epigenética pode ajudar a explicar como o genótipo de alguém é apenas uma parte da constituição da unicidade de um indivíduo e a importância da história ou trajetória de vida de cada indivíduo. A exposição a várias condições ambientais desencadeia ou suprime a expressão de vários genes. Assim, a trajetória de vida única de cada indivíduo é um elemento formativo da identidade genética de importantes maneiras. Além disso, a história é formativa da *pessoa*, bem como do indivíduo. Discutiremos mais sobre as pessoas em breve.

A importância social e legal da individualidade

Por que a unicidade individual importa? Nós claramente colocamos uma grande ênfase sobre a individualidade das coisas que consideramos possíveis de serem possuídas e, o mais importante, de serem propriedades. Valorizamos mais aquelas coisas tangíveis que são abundantes e valorizamos menos as coisas que são raras. Aquelas coisas que são verdadeiramente "únicas" são frequentemente nossas posses mais estimadas e, às vezes, são também bastante caras e valiosas. Algumas destas coisas são valiosas por causa da intencionalidade específica empregada em seu feitio, tais como ovos Fanergé autênticos (em contraste com os falsos). Algumas coisas naturais únicas são valiosas simplesmente por causa de sua raridade, como os meteoritos. Outras coisas são valorizadas por causa de normas culturais ou sociais associadas a elas, como os diamantes (que são mais valorizados do que seu número ou raridade pareceria garantir). Os valores não são inerentes aos objetos, e a valorização é o resultado de uma teia complexa de intencionalidade e desejo. Mas fatos naturais podem ser em parte os causadores do valor de um objeto, como o fato natural da raridade de um objeto. Assim, os elementos raros são frequentemente mais valorizados do que os abundantes, embora não necessariamente sejam igualmente estimados por todas as pessoas. Quando a intencionalidade humana cria coisas que se tornam estimadas, há tipicamente mais motivos para nossa valorização do que a mera raridade. O mundo da arte é cheio de exemplos de objetos únicos e, ainda assim, sem valor.

O mundo natural é um exemplo melhor de correspondência direta entre indivíduos únicos e valor. Os elementos raros, como o ouro e a platina, são valorizados em parte por causa de sua beleza, mas também são valorizados por si mesmos como elementos naturais raros. Os meteoritos são um exemplo semelhante, cuja raridade incute valor por si mesma (bem, pelo menos em primeira instância para propósitos humanos, uma vez que a natureza não valoriza nada), com estados de coisas adicionais, como beleza e uso científico, aumentando o valor. Estranhamente, toda essa valorização que temos discutido é separada e apartada de qualquer noção de necessidade. Pode-se argumentar que as coisas mais valiosas com as quais entramos em contato são a comida, a água e o ar. Essa é uma parte tremendamente importante de nossa discussão de raridade, unicidade e valor, relacionada à instituição social da propriedade.

Nós não apenas valorizamos a comida, a água e o ar de modo diferente, mas também os tratamos de modo diferente em regimes de propriedade. Comida, água e ar são tratados como bens *fungíveis*, significando que qualquer quantidade de cada um deles é tratada como igualmente intercambiável por qualquer quantidade do mesmo tipo de coisa (uma libra de trigo é o mesmo que qualquer outra libra de trigo, por exemplo). Cada qual é também intercambiável pelo preço justo de mercado daquela quantidade da coisa. Significando, por exemplo, que se você tem uma cesta de comida e eu a tomo e substituo por uma cesta de comida com quantidades e qualidades idênticas às da anterior, você não tem nenhuma reclamação moral ou legal contra mim. O mesmo vale para uma troca de uma quantidade idêntica de água ou ar, se alguém puder imaginar uma circunstância adequada. Além disso, se eu substituo uma quantidade de uma coisa fungível por dinheiro ao preço justo de mercado daquela coisa, também não privei você de nada. O dinheiro pode ser usado para substituir os bens, e cada um dos participantes da troca permanece ileso, sem nenhum direito de propriedade impedido ou infringido. A comida é geralmente considerada totalmente fungível, e o efeito e o significado finais disso é que nenhum item particular de comida é tratado como suficientemente único a ponto de não poder ser substituído. Coisas fungíveis podem ser livremente trocadas por quantidades de outras coisas fungíveis de igual valor a um preço justo de mercado. O próprio dinheiro é fungível, de modo que se eu tiro $10 de sua carteira e substituo por outros $10, você não foi privado de nada e não tem nenhuma reclamação contra mim por privá-lo de algo (embora eu provavelmente tenha invadido um direito de privacidade sobre o conteúdo de sua carteira).

Os bens não fungíveis incluem a maioria dos outros bens móveis e propriedades imóveis. Os bens móveis incluem qualquer propriedade não fungível que não é terra. "Propriedade imóvel" geralmente refere-se à terra e às melhorias sobre a terra. Um furto de um bem móvel não pode ser consertado por sua substituição, nem mesmo por um bem móvel aparentemente idêntico. Se eu decido que prefiro seu carro ao meu, mesmo embora eles pareçam idênticos em todos os aspectos, e assim eu troco um pelo outro, eu violo seus interesses de propriedade sobre seu carro em particular. Como um carro difere de uma batata? De modo inerente, cada um deles é um objeto espaçotemporal único, com sua própria história particular. Cada um deles é um indivíduo. De fato, o item fungível, a batata, é supostamente *mais* única do que pelo menos um automóvel de linha de produção, dado que há tipicamente numerosas cópias idênticas de carros. No entanto, cada batata é completamente única pelo menos em sua forma particular, com "olhos", imperfeições, colorações, pesos, densidades etc. únicos àquela batata em particular. Ainda assim, o carro não é fungível, e substituir um carro por outro idêntico ainda resulta legal e culturalmente em um tipo diferente de perda, em comparação com a substituição de uma batata por outra.

Uma fonte da não fungibilidade de certas coisas pode ser que elas são produtos da intenção humana. Um automóvel não é um produto que ocorre naturalmente, ao passo que batatas, água e ar o são. Isso é parcialmente verdadeiro, no entanto a maior parte dos alimentos hoje em dia, embora ainda seja fungível, é de fato pelo menos geralmente (considerando-se os tipos) composta por produtos da intenção humana, através de cruzamentos seletivos e das instituições e da prática da agricultura. O dinheiro também é produto da intenção humana. Antes, a intencionalidade que resulta na fungibilidade de um objeto repousa no possível *consumidor*, não no produtor. Por exemplo, a comida *pode* se tornar não fungível se for valorizada para certos propósitos ou funções. Um pedaço de bolo de casamento, congelado ou preservado de alguma outra maneira, é um objeto insubstituível, não por causa da constituição química do bolo, mas antes por causa da nova função que ele alcançou. De modo semelhante, uma coleção de moedas, embora possa ser composta inteiramente por moedas de apresentação legal, pode alcançar uma condição não fungível por causa, novamente, da função intencionada pelo possuidor da coleção para as moedas, cada uma das quais pode ainda ser fungível. A individualidade do objeto é crítica para a nova condição de um bem fungível que se torna não fungível. Alguma nova camada de individualidade é adquirida por tais objetos devido a sua valorização por parte de uma pessoa, seja essa pessoa o possuidor, a sociedade ou qualquer combinação desses. A individualidade, portanto, não é algo inteiramente inerente aos objetos, mas antes algo que pode ser acrescentado, aumentado, modificado ou, de alguma maneira, influenciado pelas intenções humanas.

A individualidade aumenta o valor relativo. A mistura do trabalho com a terra, por exemplo, ajuda a fortalecer as reivindicações sobre aquela propriedade contra reivindicações de outros. Essa mistura de trabalho é a extensão da intencionalidade aos objetos e ajuda a criar camadas de individualidade acima das de fatos brutos, como a mera individualidade espaçotemporal. Nós valorizamos essas camadas intencionais de individualidade, e os objetos se tornam cultural e socialmente transformados de importantes maneiras por meio da intencionalidade humana e de seus efeitos sobre a individuação. A terra se torna uma propriedade imóvel, o metal se torna um automóvel, o bolo de casamento se torna um memorial.

Todos os objetos do mundo são indivíduos, mas alguns objetos são *mais individuais* do que outros, pelo menos devido ao fato de nós os valorizarmos de maneira diferente. E quanto aos indivíduos humanos? Será que o mesmo se aplica? Sim, e a individualidade humana alcança diversas condições por causa da natureza social da valorização.

Indivíduos humanos, pessoas e direitos

Os seres humanos são indivíduos de um tipo especial. No nível dos fatos brutos, cada um deles é um indivíduo com uma posição espaçotemporal e uma forma distintas. Cada um deles é também derivado e determinado por um genoma único, que, apesar de ser bastante semelhante aos genomas de todos os outros seres humanos, difere de todos os outros de importantes maneiras. Essas diferenças ajudam a determinar a trajetória de vida daquele ser humano de maneiras significativas, mas o ambiente desempenha um papel igualmente significativo, tal como fazer com que até mesmo gêmeos idênticos com genomas idênticos divirjam em trajetórias de vida distintas. A importância cultural e moral das trajetórias de vida distintas emerge no nível da *personalidade*. As pessoas são construções sociais, existindo acima do nível do mundo dos fatos brutos, sobrepostas aos seres humanos e possivelmente a outros tipos de organismos capazes de certos estados de coisas (como intencionalidade e raciocínio). Há coisas que você não pode eticamente fazer com pessoas humanas, mas que você pode fazer com meras não pessoas humanas. As pessoas são os objetos típicos da maioria de nossas normas legais, sociais e culturais. As pessoas têm direitos, deveres e obrigações que as não pessoas humanas e outras não pessoas não os têm, embora a maioria dos seres humanos sejam também pessoas durante a maior parte de suas vidas. Até agora, *somente* seres humanos podem ser considerados pessoas, e a individualidade humana é parte da construção social da pessoa. A individualidade humana é necessária, mas insuficiente, para constituir a condição de pessoa.[13]

Tudo isso é importante, porque nossas decisões sobre o uso de formas de vida, de diversas maneiras, incluindo a "posse" delas através de patentes (por exemplo, patentes de plantas e patentes sobre formas de vida criadas por engenharia genética), parecem se relacionar de alguma maneira aos estatutos morais dessas formas de vida. O estatuto moral é relacionado à condição de pessoa. Assim, permitimos a experimentação com animais e a criação de ratos "*knock-out*" como modelos animais para doenças. Os modelos animais devem ser mortos após o término de seu uso em um experimento, ao passo que os sujeitos humanos de experimentos devem ser cuidados e nunca são feridos sem que haja alguma repercussão. A condição da personalidade influencia nossas considerações morais e, na medida em que ela se relaciona a nossos genes, devemos ser cautelosos ao estender o alcance de reivindicações de posse sobre coisas que ajudam a constituir essa importante condição.

Não desenvolveremos aqui uma teoria completa da condição de personalidade. A tarefa está em andamento e continuará a ser tema de uma significativa discussão

---

[13] A advertência "até agora" é usada para admitir que devemos reconhecer que a personalidade pode em algum momento ser reconhecida em objetos não humanos capazes do conjunto completo das outras características necessárias para a personalidade. Até agora, contudo, a personalidade só foi atribuída a certos indivíduos humanos com certas condições e características necessárias e suficientes.

filosófica e legal por algum tempo. Devemos reconhecer, contudo, que a personalidade, quando existe, implica direitos, deveres e obrigações. Mostramos que até agora ela é dependente da existência de indivíduos humanos (que é em parte dependente da constituição genética individual e da trajetória de vida) e que ela é um objeto da realidade social sobreposto ao objeto de fato bruto "ser humano". Também devemos reconhecer que o genoma humano desempenha um importante papel na personalidade. A personalidade está presente quando certos estados mentais estão presentes, incluindo pelo menos algum nível necessário de consciência ou capacidade de desenvolvimento para alcançar aquele nível de consciência. Outros candidatos a estados mentais necessários à personalidade incluem: alguma capacidade de tomada de decisão, alguma percepção consciente do mundo e habilidade de comunicar essa percepção consciente, algum nível mínimo de inteligência, alguma capacidade de formar e realizar intenções etc. Cada um destes é determinado em parte pela genética, assim como pelo ambiente e pela trajetória de vida. Os seres humanos que careçam dos genes necessários sem dúvida nunca alcançarão os estados mentais necessários para a condição de pessoa. Portanto a personalidade nos seres humanos é pelo menos ontologicamente dependente do genoma de um ser humano. Em outras palavras, os genes nos concedem as capacidades que nos tornam pessoas ou não e, portanto, a condição de pessoa depende da presença ou combinação de certos genes em um organismo, juntamente com outros fatores que resultam nos estados cognitivos necessários para a intencionalidade, o raciocínio e assim por diante. Na medida em que todas as pessoas humanas compartilham pelo menos algum conjunto mínimo de genes humanos necessários para a condição de pessoa, o objeto social pessoa é determinado por algum subconjunto de fatos brutos. Nossas escolhas sobre quais desses fatos (por exemplo, quais estados mentais) são necessários para a condição de pessoa são escolhas socialmente construídas. De fato, um exame histórico das escolhas feitas por certas culturas em várias épocas mostra que muitos seres humanos foram às vezes considerados menos que pessoas, e aquelas escolhas agora nos parecem claramente injustas. Mulheres, grupos étnicos e raciais e seres humanos mental e fisicamente incapacitados foram às vezes tratados de forma abominável por causa da construção social da condição de pessoa em vários períodos históricos.

Examinando tais abusos passados, parece fácil criticar aquelas escolhas como defeituosas em virtude dos fatos brutos da genética. Elas foram baseadas em assunções que não foram apoiadas pela constituição genética real daquelas pessoas humanas que foram deixadas de fora de sistemas de justiça que hoje podemos criticar como inerentemente falhos. Hoje sabemos que o genoma não revela nenhuma diferença significativa entre grupos étnicos ou raciais, nem entre homens e mulheres, nem em relação a certas incapacidades mentais e físicas. Pelo menos as diferenças genéticas que foram reveladas não alcançaram o nível daqueles tipos de estados mentais necessários para a condição de pessoa. Em outras palavras, as tentativas históricas de diagnosticar mulheres, grupos étnicos e raciais e seres humanos incapacitados como sendo menos do que pessoas foram baseadas em teorias defeituosas sobre as capacidades mentais de cada um destes grupos, as quais são hoje contraditas por nosso conhecimento presente sobre a quase identidade de cada um destes grupos (exceto nas fronteiras extremas de certas incapacidades) em suas capacidades.

Implicações para a justiça

Se as pessoas e os genes são ligados de modo bastante íntimo, haveria então razões para acreditar que o patenteamento ou outro tipo de posse de genes seriam mais do que meras aberrações na lei de patentes. Eles podem ser afrontas à liberdade e igualdade individuais. Alguns teriam direitos sobre partes de nós mesmos sobre as quais nós, enquanto *possuidores* dessas partes, não temos nenhum direito particular. Um tal estado de coisas desequilibrado seria estranho e repulsivo, uma vez que geralmente consideramos o controle sobre partes de nós mesmos como um aspecto de autonomia. Será que perdemos nossa autonomia inadvertidamente em uma barganha ao conceder a outros a posse e o controle sobre partes de nós mesmos? Mesmo deixando de lado as questões da lei de propriedade ou de propriedade intelectual, essas possibilidades deveriam levantar preocupações éticas. A privacidade e a autonomia são intimamente ligadas, e, mesmo embora estejamos abrindo mão de uma parte cada vez maior de nossa privacidade, frequentemente tendo em vista a segurança, podemos desejar dar um passo atrás e considerar se desejamos fazer o mesmo com partes de nós tão intimamente ligadas a nossa concepção de individualidade, autoexistência e personalidade.

A justiça deve em algum nível ser baseada em fatos brutos, mesmo embora os sistemas legais sejam compostos de objetos sociais. Devemos notar que nossa investigação sobre os indivíduos humanos e sobre o objeto social "pessoa" deve depender de uma compreensão científica dos indivíduos humanos e de suas relações com seus genomas particulares, bem como com o genoma humano em geral. As pessoas sempre serão portadoras de direitos e objetos de deveres e obrigações que afetam nossas decisões em relação a medida em que podem ser feitas as reivindicações de posse sobre o genoma humano ou sobre genomas humanos particulares. O que revelamos até agora é algum limite para nossas decisões, baseado na dependência ontológica dos objetos sociais relevantes em relação ao mundo dos fatos brutos. Demonstramos um vínculo entre o genoma, os genomas individuais e o objeto social "pessoa", e começamos a revelar uma conexão entre a individuação e as normas sociais de propriedade. Revelamos também dois níveis de individuação: um no nível dos fatos brutos e outro no nível dos objetos sociais. Agora, consideremos o referencial legal e social para o presente regime de posse de genes, tanto humanos quanto não humanos, e vejamos até que ponto ele se adequa à ontologia revelada até agora.

A lei é a mais importante instituição a corporificar noções de justiça. Ela é importante porque, diferentemente das religiões ou das associações privadas, que também podem buscar corporificar ou defender a justiça, a lei em sua forma ideal é instituída entre os indivíduos no nível do Estado e é aplicável a todos em uma sociedade civil. Já existem leis e regulamentos que governam o uso de tecidos humanos e os direitos de propriedade sobre seus produtos. As leis se originaram tanto das legislaturas quanto dos tribunais e, às vezes, criaram regras conflitantes sobre a posse individual de nossos corpos e dos produtos de nossos tecidos. Essas regras agora cobrem os genes extraídos de amostras de tecidos, os quais são agora armazenados e utilizados em biobancos. Elas entram em conflito não apenas umas com as outras, às vezes concedendo aos indivíduos algum controle sobre seus próprios tecidos e, outras vezes, tratando-os como se fossem propriedades fungíveis e negociáveis nas mãos de cientistas pesquisadores. Essas regras também parecem entrar em conflito com nossas intuições sobre a esfera do controle pessoal que sentimos ter sobre nós mesmos e sobre nossos corpos. Examinemos a lei, como ela se desenvolveu e como é atualmente aplicada à posse e à alienabilidade dos tecidos e genes humanos, e consideremos como essas leis se adequam a nossas instituições e se elas deveriam ser alteradas para se adequar a noções de justiça.

5. Dimensões legais da posse de genes

O papel da lei

A lei é no mínimo a expressão pública de normas éticas e sociais atualmente sustentadas através de proibições explícitas e exigências de comportamento. Tendemos a pensar na lei como refletindo mais do que meros desejos ou caprichos. Na maioria das tradições, a lei é baseada em alguma visão extralegal da moralidade. Isto é, as proibições e punições legais para o assassinato são baseadas em alguma proibição moral que precede a existência do regime legal. O que não implica que a moralidade e a lei coincidem completamente. Há muitas coisas que são moralmente repugnantes, mas que, não obstante, não são legalmente proibidas. Mentir, por exemplo, geralmente não é contra a lei (a menos que seja mentir para o governo, por exemplo, no tribunal ou a respeito de impostos). Deixar de parar em uma placa de "Pare" geralmente não é considerado imoral. Mas a lei frequentemente representa um ponto de partida útil para investigar questões morais e éticas.

A lei nos fornece alguma introvisão acerca daquelas questões que uma cultura ou uma sociedade consideram importantes, pelo menos conforme representadas através de sua legislatura e de seus tribunais. As leis são promulgadas quando os interesses públicos são considerados vitais o suficiente para sujeitar os transgressores à punição. Aqueles interesses que são considerados mais importantes tendem a ser cobertos pela lei criminal, enquanto outros interesses e direitos menores são cobertos pela lei civil. Frequentemente, a lei protege aquilo que consideramos ser os direitos "naturais" (os quais argumentarei posteriormente que são realmente direitos *a priori*). Os direitos naturais incluíram, conforme enunciado explicitamente por John Locke e adotados com uma pequena revisão na Declaração de Independência dos EUA, coisas como "a vida, a liberdade e a propriedade". Boa parte de nossa lei criminal e civil protege, em vários graus e com certas exceções, cada um desses direitos "naturais".

Por causa da evolução orgânica de boa parte de nossa lei por meio da lei comum anglossaxônica e de vários níveis de governo federal e estadual, às vezes emergem conceitos legais que corporificam direitos anteriormente implícitos, os quais nunca foram totalmente esclarecidos no debate público ou através do discurso acadêmico. Isso foi aparentemente o que aconteceu na esfera da posse de partes do corpo e de genes. A lei, forçada a lidar com um novo estado de coisas emergente, para o qual nenhuma solução legislativa havia ainda sido desenvolvida, utilizou velhos paradigmas e precedentes para forjar uma resposta. Parte dessa resposta foi administrativa, por parte de uma agência governamental (o Escritório de Patentes e Marcas Registradas [*Patent and Trademark Office*] – PTO) diante de uma nova classe de reivindicação. Parte da resposta também se deu através da lei de casos desenvolvida pelos tribunais.

Em várias ocasiões, nossa lei lidou com questões relacionadas ao patenteamento de tecidos e produtos humanos. A evolução dessa lei, juntamente com o raciocínio por trás dela, ofereceu-nos alguma introvisão sobre as questões culturais, políticas e éticas levantadas pelos esquemas de posse sobre partes e produtos humanos. Esse raciocínio esclarece também as várias objeções ou razões por trás do estado atual da lei de patenteamento de genes. O estado presente dessa lei é um lugar natural para começar a lidar com algumas das questões filosóficas apresentadas pelas patentes de DNA, e, por isso, explicaremos primeiramente a lei relevante de casos, antes de sujeitá-la à crítica séria.

Autonomia e propriedade

Nós frequentemente usamos termos como *liberdade* e *autonomia* como se eles fossem valores definidos ou, então, em um discurso político, como direitos que são invioláveis. A entrada deles no léxico legal anglossaxônico foi marcada por alguns sérios lapsos práticos. Por exemplo, os interesses de liberdade, especialmente sobre o próprio corpo, não foram estendidos às grandes populações até bem depois da assinatura da Declaração de Independência e da Constituição dos Estados Unidos. Observemos, por exemplo, a existência da escravidão antes da

Proclamação de Emancipação e da 14ª Emenda. Observemos também o fato de que as mulheres em várias épocas foram tratadas como cidadãs de segunda classe, cuja autonomia sobre seus próprios corpos foi legalmente proscrita em vários graus, em várias épocas e em numerosas culturas. É estranho que nesta cultura de *liberdade*, onde buscamos estender, por meios diplomáticos e outros bem menos diplomáticos, as noções de autonomia pessoal até mesmo para além de nossas fronteiras, nós tenhamos uma noção muito mal definida de autonomia pessoal em relação ao próprio corpo.

Colocado de modo simples, na maioria dos sistemas legais você não possui seu corpo de modo tão completo ou autorizado quanto você possui, por exemplo, uma raquete de tênis ou um carro. Você pode despedaçar sua raquete de tênis se ela o desapontar ou, simplesmente, se você tiver vontade. Você pode vender seu carro para qualquer um que possa pagar por ele e pode até mesmo desmontá-lo e vendê-lo como sucata. Seus direitos de propriedade sobre bens móveis como estes são quase absolutos. Seus direitos sobre certos bens, como seu rebanho de gado, também são quase absolutos. Você pode vendê-lo para o abate ou abatê-lo você mesmo e leiloar as partes. Estranhamente, você não pode fazer isso com suas próprias partes. Você não pode legalmente comercializar seu rim e você não pode geralmente escolher se matar. Como é que seus direitos de propriedade sobre seu próprio corpo são mais restritos do que seus direitos sobre, por exemplo, o gado? Além disso, será que há quaisquer interesses de propriedade que você possa apropriadamente afirmar sobre a combinação particular dos quase três bilhões de pares de base que compõem seu DNA e que lhe concedem, em grande medida, sua identidade individual e seus atributos básicos de personalidade? Essas não são questões meramente acadêmicas. Embora seja improvável que muitas pessoas começariam a vender seus rins se a prática fosse legalizada, existe uma potencial violação de direitos muito maior na esfera das reivindicações de propriedade intelectual em relação aos produtos de nossos corpos. De fato, os tribunais aparentemente falharam em acompanhar o rápido crescimento das tecnologias genéticas no campo da farmacêutica. Eles se recusaram a distinguir entre direitos de propriedade sobre as partes do corpo e direitos de propriedade intelectual sobre os genes de alguém. Atualmente, há uma grande lacuna na jurisprudência, que deixa sem resposta questões fundamentais acerca de seus direitos sobre seu corpo e seus genes, e acerca dos meios de desafiar aqueles que já possam ter feito reivindicações sobre os produtos de ambos. Vamos examinar isso à luz da lei de casos em desenvolvimento e considerar algumas das implicações do que parece ser uma região bastante pantanosa da filosofia jurisprudencial.

Primeiros casos sobre micro-organismos e animais: a ladeira rumo às patentes humanas

Há apenas uns poucos casos antes dos anos 1970 que envolveram o patenteamento de organismos não humanos. Era geralmente aceito na época que organismos encontrados naturalmente não podiam ser patenteados. O comissário de patentes na época da decisão *Chakrabarty* (1980) até mesmo notou que "era de entendimento geral [...] que seria necessária uma nova legislação se a proteção de patentes fosse ser estendida a micro-organismos".[1] O caso *Chakrabarty* mudaria tudo isso, no mínimo por tornar aceitável o patenteamento de formas de vida geneticamente alteradas. Antes disso, contudo, tais tentativas falharam quase universalmente. Examinemos alguns desses casos antes de examinar o caso *Chakrabarty* e suas consequências.

Até o caso *Chakrabarty*, concedia-se proteção de patentes a plantas híbridas ou alteradas de algum modo, bem como a ovos, leveduras e esporos bacterianos manipulados de modo semelhante. Em cada um desses casos, os tribunais começaram a combater a assunção de que nenhuma coisa viva podia ser patenteada (uma assunção há muito reconhecida pelo PTO) e a olhar antes para a novidade da coisa patenteada, fosse ela viva ou morta, para determinar se ela era apropriadamente considerada uma invenção. As plantas eram patenteáveis segundo uma exceção específica formulada a partir do Decreto de Patentes, promulgado pela primeira vez em 1930 e depois expandido em 1970, para plantas híbridas desenvolvidas através de intervenção humana.[2] Os micro-organismos

---

[1] "Brief for Petitioner", p. 13, *Diamond v. Chakrabarty*, N. 79-136, 1980 WL 339757 (EUA, 4 de janeiro de 1980); Koepsell, D. 2007."3 Billion Little Pieces: How Much of You do You Own?", *SciTech Lawyer*, Vol. 3, N. 4, p. 8-11.

[2] Bugos, G. E. & Kevles, D. J. 1992. *Plants as Intellectual Property: American Practice, Law, and Policy in World Context*, University of Chicago Press, Chicago, IL.

e, eventualmente, os animais superiores foram a princípio considerados problemáticos.

Ao mesmo tempo em que a solicitação de uma patente por parte do Dr. Chakrabarty sobre seu micróbio estava seguindo seu curso no PTO, outra patente de micro-organismo estava sendo considerada e rejeitada. No Laboratório de Pesquisa Upjohn, Michael Bergy havia criado uma linhagem de bactérias para manufaturar o antibiótico lincomicina. O micro-organismo de Chakrabarty foi desenvolvido para digerir petróleo. Ambas as solicitações foram originalmente rejeitadas pelos respectivos examinadores de patentes como sendo "produtos da natureza" não patenteáveis, conforme a Seção 101 do Decreto de Patentes, embora no caso do micróbio de Chakrabarty o examinador tenha concedido a patente de processo para o processo de criação da bactéria. A Diretoria de Patentes derrubou a decisão e rejeitou a patente inteira em cada um dos casos, mas não apenas com base na Seção 101. Antes, a Diretoria declarou que organismos vivos simplesmente não podiam ser patenteados.[3] No caso *Bergy*, a Diretoria declarou que havia "pesquisado extensamente decisões prévias de tribunais para orientação" sobre a questão do patenteamento de organismos vivos, mas não pôde encontrar nenhum caso relevante.[4] Quando os casos *Bergy* e *Chakrabarty* subiram de instância mediante apelo, o Tribunal de Apelos de Patentes rejeitou a noção de

---
[3] *In re Bergy*, 563, F.2d 1031, 1032 (C.C.P.A. 1977); *In re Chakrabarty*, 571 F.2d 40, 42 (C.C.P.A. 1978).
[4] *Bergy*, p. 1033.

que formas de vida não vegetais não pudessem ser patenteadas e permitiu a patente sobre esses micro-organismos, porque eles não podiam ser encontrados de outro modo na natureza. Esses organismos eram produtos da intervenção humana. O tribunal examinou os poucos precedentes que existiam sobre o patenteamento da vida, começando com o caso *In re Mancy* de 1974, que envolvia um método de cultivo de um antibiótico usando uma linhagem de *Streptomyces birfurcus*. O tribunal inferior havia rejeitado o método como "óbvio", citando o caso *In re Kuel* e declarando: "[a]qui os apelantes não apenas não têm nenhum direito sobre a nova linhagem de *Streptomyces* usada no processo, mas seriam, nós presumimos (sem decidir), incapazes de obter tal direito, porque a linhagem, embora nova no sentido de que não é exibida por qualquer arte de registro, é, conforme entendemos, um 'produto da natureza'".[5]

Embora alguns tenham interpretado o caso *Mancy* como uma afirmação da proposição de que nenhuma forma de vida poderia ser patenteada, isso foi explicitamente rejeitado no caso *Bergy*, no qual o tribunal de apelos declarou: "agora deixamos explícito que o pensamento subjacente a nossa suposição de que Mancy não poderia ter obtido um direito sobre a linhagem de micro-organismos que ele descreveu foi simplesmente que ela carecia de novidade, [mas] nossa sentença foi mal apreciada".[6] Ao refinar sua posição, a corte examinou uma sentença de um Tribunal de Distrito

---

[5] *In re Mancy*, 499 F.2d 1289, 1294 (C.C.P.A. 1974).
[6] *Bergy*, p. 1036.

Federal em Delaware, que havia lançado dúvidas sobre a patenteabilidade das formas de vida. Aquele caso, *Guaranty Trust Co. of New York v. Union Solvents Corp.*,[7] envolveu a reivindicação de uma patente para um processo de fermentação bacteriano em que o tribunal concedeu a patente para o processo, mas declarou que, se aquela fosse uma solicitação de uma patente sobre a própria bactéria, nenhuma patente seria concedida. O tribunal do caso *Bergy* recapitulou declarando que "o fato de que os micro-organismos estão vivos, em contraste com os compostos químicos, é uma distinção sem significância legal […]".[8] No caso *Chakrabarty*, o tribunal de apelos citou o caso *Bergy* explicitamente, sustentando que o Decreto de Patentes não é limitado a coisas inanimadas e pode se aplicar a invenções vivas.[9] O caminho agora estava aberto para patentes sobre organismos mais complexos.

Patenteamento de animais

Em 1987, o Escritório de Patentes teve de lidar com a questão do patenteamento de organismos maiores do que bactérias, ao considerar o caso *Ex parte Allen*. A patente envolveu uma raça modificada de ostras que eram estéreis e maiores do que o normal. O examinador rejeitou a solici-

---

[7] 54 F.2d 400 (D. Del. 1931).
[8] *Bergy*, p. 1038.
[9] *Chakrabarty*, p. 44.

tação porque ela envolvia uma criatura viva, mas a Diretoria de Patentes reverteu esse raciocínio com base no caso *Chakrabarty*, declarando que a única questão relevante era se a invenção era criada pelo homem.[10] Depois dessa decisão, o PTO emitiu um enunciado de políticas que declarava que todas as formas de vida modificadas, exceto os seres humanos, eram passíveis de patenteamento, dizendo que ele agora "considera organismos vivos multicelulares não humanos que não ocorrem naturalmente, incluindo animais, como patenteáveis [...] [mas] [a] concessão de um direito de propriedade limitado, mas exclusivo, sobre um ser humano é proibido pela Constituição".[11] Essa proibição era claramente uma referência à proibição da 13ª Emenda contra a escravidão, mas agora a porta havia sido escancarada para as patentes animais, cujas solicitações já vinham se acumulando.

No ano seguinte foi concedida a primeira patente sobre um organismo multicelular. O famoso "rato de Harvard" ou "*OncoMouse®*" de Harvard foi desenvolvido e patenteado como um modelo para estudos de câncer humano de mama.[12] Apesar de uma torrente de processos legais contestando a patente, frequentemente com base em argumentos

---

[10] 2 U.S.P.Q2d (BNA) 1425, 1426 (Bd. Pat. App. & Inter., 1987).
[11] "Animals – Patentability", 1077 Off. Gaz. Pat. Office 18, 24 (21 de abril de 1987).
[12] Patente 4.736.866 dos EUA, concedida ao Harvard College, declarando que "um mamífero não humano transgênico cujas células reprodutivas e somáticas contêm uma sequência oncogenética recombinante ativada introduzida no dito animal [...]".

morais ou éticos, a patente perdura, e milhares de patentes animais foram registradas com sucesso desde 1988 sobre criaturas geneticamente modificadas, embora muitas companhias tenham se detido por aproximadamente cinco anos esperando algum tipo de ação legislativa. Embora tenham ocorrido audiências frequentemente motivadas por preocupações religiosas acerca da engenharia genética em geral, nenhum dos dez decretos propostos emergiu a partir de uma proibição específica do Congresso em relação à engenharia genética em animais ou às patentes sobre formas de vida.

Em várias ocasiões, o Congresso expressou preocupações explícitas acerca da ladeira escorregadia representada pelas patentes animais rumo a um futuro de patentes humanas. Em uma audiência, o congressista Robert Kastenmeier expressou dúvidas sobre a sabedoria do caso *Chakrabarty* e sugeriu que, embora o PTO tenha proibido expressamente as patentes sobre seres humanos, alguma administração futura poderia facilmente permiti-las.[13] Uma moratória ao patenteamento de animais foi proposta pelo Congresso dos EUA em agosto de 1987, mas foi rejeitada em subcomitê.[14] No ano seguinte, um decreto quase idêntico foi rejeitado pelo Senado.[15] Medidas semelhantes foram propostas e rejeitadas ou morreram no subcomitê. Por trás da maioria

---

[13] Patents and the Constitution: Transgenic Animals: Hearing on Supplemental Appropriations Act Before the House Subcomm. On Courts, Civil Liberties, and the Admin. Of Justice, 100° Cong. 2 (1987), p. 25.
[14] H.R. 3119 (100° Cong.).
[15] S. 2111 (100° Cong.).

desses esforços se encontravam expressões da preocupação do Congresso de que as patentes animais pudessem conduzir às patentes humanas, apesar da rejeição expressa do patenteamento de seres humanos, com base na Constituição, por parte do PTO.

Diversos projetos de lei foram eventualmente propostos pelo senador Hatfield no início dos anos 1990, incluindo um decreto que teria imposto uma moratória de dois anos não apenas às patentes animais, mas também ao patenteamento de "tecidos, fluidos, células, [e] genes ou sequências genéticas de seres humanos". Todos esses projetos de lei propostos morreram no comitê.[16] Enquanto isso, casos lidando explicitamente com o patenteamento de tecidos e produtos humanos seguiam seu curso nos tribunais à medida que o Congresso permanecia incapaz de prover qualquer tipo de controle legislativo.

Alugando seu baço?

Em um caso seminal, estabelecendo o estado atual da lei acerca dos produtos genéticos do corpo de uma pessoa, a Suprema Corte da Califórnia considerou uma declaração de apropriação indébita, no caso *John Moore v. The Regents of the University of California* [John Moore versus Regentes da Universidade da Califórnia], 793 P.2d 479 (1990). Moore sofria de leucemia das células capilares e

---

[16] S. 387 (103º Cong.), 138º Cong. Rec. 9591 (1992).

estava passando por tratamentos no Centro Médico da UCLA. Como parte dos tratamentos recebidos por ele, foram extraídas dele células em procedimentos ordinários de exame, que incluíam a extração de medula óssea e sangue. No decurso dos exames ordinários, os médicos acusados perceberam que o sangue e a medula óssea de Moore continham anormalidades que poderiam ter significativo valor científico e comercial. Moore fez diversas declarações em sua queixa, mas a que é de maior interesse para nós aqui foi uma declaração de apropriação indébita – que significa o uso ilegítimo da propriedade de outra pessoa para o enriquecimento da pessoa que está usando a coisa de modo ilegítimo. Os acusados estavam interessados nos linfócitos-T de Moore, porque eles produziam em excesso certas linfocinas. Embora as linfocinas sejam produzidas pelo gene idêntico em todas as pessoas, o isolamento das células de Moore era importante para os acusados, a fim de criar uma linhagem de células que beneficiaria os pesquisadores no estudo das linfocinas no futuro. A linhagem de células produzida a partir das células do baço de Moore foi eventualmente patenteada pelos acusados. O mercado potencial para produtos relacionados a essa patente foi estimado em aproximadamente $3 bilhões de dólares americanos. Os acusados nunca pretenderam oferecer dividendos a Moore, acreditando que os formulários de consentimento assinados por ele liberavam-os de qualquer interesse rival sobre os tecidos dele e os produtos destes. O tribunal concordou e recusou-se a sustentar que houvesse qualquer declaração válida de apropriação indébita.

No caso *Moore*, após muita discussão, examinando diversas teorias e contra-argumentos acerca da noção de posse sobre os produtos do próprio corpo de alguém, o tribunal declarou: "[f]inalmente, o objeto da patente dos Regentes – a linhagem de células patenteada e os produtos derivados dela – não podem ser propriedade de Moore. Isto ocorre porque a linhagem de células patenteada é tanto factual quanto legalmente distinta das células tiradas do corpo de Moore". Embora o raciocínio do tribunal seja forçado e argumente essencialmente que os produtos naturais podem ser patenteados se o ato de sintetizá-los for suficientemente "difícil", o resultado neste caso particular parece amplamente correto, pelo menos no que diz respeito à declaração de apropriação indébita. Não havia nada especial em relação aos genes de Moore na linhagem de células, dado que o gene responsável pela produção de linfocinas é idêntico em todo ser humano. Mas há dois elementos muito importantes nesse caso, com implicações significativas, os quais parecem ter recebido pouca consideração e raciocínio. Além disso, o raciocínio deste caso dissuadiu outros tribunais a sustentarem que as pessoas tenham interesses de propriedade divisíveis sobre seus próprios corpos e seus produtos. A saber, as próprias células podem ter deixado de pertencer a Moore uma vez removidas, assumindo que o consentimento apropriado quanto à retirada delas tenha sido dado por ele, mas isso não implica *necessariamente*, seja de um ponto de vista lógico ou legal, que os *produtos* dessas células deixem de pertencer a ele, embora o tribunal atenue rapidamente esse ponto com a linguagem citada acima. O tribunal confunde o interesse sobre bases materiais com o interesse sobre tipos, o que é parte da ladeira escorregadia que nos traz ao problema atual das patentes de genes.

Tomemos os seguintes contraexemplos: um modelo assina uma permissão para uso de sua imagem em uma tiragem de fotos que visa apenas demonstrar a habilidade do fotógrafo. As fotografias do modelo são certamente propriedade do fotógrafo, mas se o fotógrafo decidisse vender essas imagens para uso em uma campanha publicitária de, digamos, pasta de dentes, então o modelo poderia fazer uma reclamação de apropriação indevida de sua imagem. Ou suponhamos que eu sou o autor de um livro e só existe uma cópia dele no mundo. Eu vendo o livro, e o comprador decide que pode ganhar dinheiro copiando o livro e vendendo as cópias. Esta seria uma apropriação indevida, embora ele estivesse legitimamente de posse da única cópia original daquele livro. A imagem de uma pessoa e os produtos da criatividade de alguém são tratados como tipos de propriedade, sendo que apropriações indevidas destes são passíveis de punição e remuneração. Por que será, então, que os produtos do próprio corpo de alguém e até mesmo, talvez, os próprios genes únicos de alguém não são considerados como uma forma de propriedade pessoal cuja alienação (venda ou doação para uso) deve ser realizada com consentimento específico e que deve ser remunerada de maneira adequada quando aquele uso gera lucro para mais alguém? O caso *Moore* estabelece o precedente de que nenhum benefício precisa passar para o doador original.

A passagem para as patentes de genes humanos

Sem nenhuma proibição administrativa ou legislativa explícita em relação ao patenteamento de tecidos humanos ou produtos humanos (em contraposição aos próprios seres humanos) e com o frenético trabalho de mapeamento do genoma humano conduzido e completado desde o final dos anos 1990 até o presente, as patentes de genes explodiram. A Celera Corp. de Craig Venter justificou seus gastos massivos em tecnologias de sequenciamento de genes iniciando a prática de registrar patentes de genes puros nos anos 1990, usando os casos *Moore* e *Chakrabarty* para justificar suas solicitações. Hoje, de acordo com o PTO, os genes e fragmentos de genes são considerados objetos patenteáveis. Em suas Diretrizes de Exame de Utilidade publicadas em 5 de janeiro de 2001, o PTO nota que "o patenteamento de composições ou compostos isolados da natureza segue princípios bem estabelecidos, e não é uma prática nova", e cita a Patente 141.072 dos EUA, registrada em 1873 por Louis Pasteur sobre uma levedura como um "artigo de manufatura", bem como uma forma sintetizada de adrenalina humana.[17] O raciocínio proposto é que a patente não cobre o próprio gene como ele ocorre na natureza, mas apenas sua forma isolada ou purificada, que é considerada uma nova composição de matéria. Segundo o Decreto de Patentes,

---

[17] Utility and Examination Guidelines, 66 Fed. Reg. 1092, p. 1093 (5 de janeiro de 2001).

uma composição de matéria deve ser nova, útil, e não óbvia para ser patenteável. Mas isolar e sintetizar um composto que ocorre na natureza normalmente resulta apenas em uma patente para o processo envolvido, não para o próprio composto. A patente de Pasteur foi uma espalhafatosa exceção à regra geral e a única patente desse tipo até o século XX, e a patente da adrenalina cobria o *processo* de extração, não a própria adrenalina, que ocorre naturalmente em muitos organismos. Foi com base nas decisões dos casos *Moore* e *Chakrabarty* (permitindo o patenteamento de produtos genéticos alterados) que a Celera Corp. começou a registrar patentes sobre os produtos de seu investimento privado na corrida do Projeto Genoma Humano (PGH) em meados dos anos 1990. O advogado da Celera começou a registrar apressadamente reivindicações de patentes sobre genes naturais descobertos por seu sequenciamento e anotação do genoma humano, raciocinando que os casos *Chakrabarty* e *Moore* serviam como precedentes para o patenteamento até mesmo de produtos humanos inalterados.[18] É claro, os doadores da Celera deram seu consentimento sabendo que a Celera estava de fato usando seus genomas para desenvolver um mapa do genoma humano. Talvez eles não soubessem que, ao longo do caminho, a Celera e outras companhias começariam a demarcar grandes partes do território daquele mapa e reivindicá-las como suas.

---

[18] Shreeve, J. 2004. *The Genome War*. Ballantine Books, Nova Iorque.

Desde então, o PTO esclareceu e refinou as várias exigências para o patenteamento de genes. A não obviedade é satisfeita contanto que o gene ou a sequência de genes não tenha ainda sido descrita como uma composição de matéria antes da solicitação de patente. Uma patente também deve permitir a alguém que tenha habilidade no campo relevante replicar a invenção, e essa exigência é considerada satisfeita pelas patentes de genes quando alguém pode ler a sequência de genes e assim localizá-la. A exigência de utilidade foi tornada um pouco mais restritiva em janeiro de 2001, após reclamações de que muitas patentes de genes estavam sendo emitidas. As novas diretrizes estabelecem dois testes de utilidade, dos quais apenas um precisa ser satisfeito. O primeiro é o "teste de utilidade específica, substancial e crível", que exige a especificidade da parte do gene reivindicado, a "utilidade substancial" através de algum uso da sequência patenteada no mundo real e a credibilidade através de alguma demonstração de que a sequência patenteada está "atualmente disponível para tal uso".[19]

As patentes de DNA humano agora são emitidas para estruturas, funções e processos de genes, e são todas consideradas composições de matéria. Tipicamente, contudo, os usos dessas patentes são suspeitos e devem nos dar o que pensar. Considere o uso de uma sequência de genes na natureza, em contraste com os usos que somos atualmente capazes de dar para os genes. Na natureza, os genes dirigem o desenvolvimento e o metabolismo das células. Contudo as

---

[19] Shreeve, J. 2004.

patentes de genes humanos típicas especificam o uso como a detecção daquele gene particular. É claro que há usos posteriores esperados (mas geralmente desconhecidos ou não aperfeiçoados no momento do registro) para os genes. Tomemos, por exemplo, a Patente 7.326.781, "polinucleotídeos que codificam o polipeptídeo citrato quinase humano, BMNSNKC.sub.-0020/0021". Esta é uma patente de gene sobre um segmento do genoma humano. É fácil buscá-la em www.uspto.gov. Simplesmente procure por aquele número de patente e tente lê-la. Ela contém muitas afirmações, incluindo diversas declarações sobre sua suposta novidade.

É claro que a exigência de novidade é facilmente satisfeita, porque as patentes de genes agora precisam apenas abarcar novas *descobertas* de genes humanos (em vez de invenções), e as exigências de utilidade incluem diversos usos potenciais para o gene, por exemplo, na criação de anticorpos monoclonais, através de técnicas de DNA recombinante, ou no desenvolvimento de testes de detecção para o gene especificado. Essencialmente, essa patente cobre um segmento de DNA humano (especificamente um gene) que dirige a produção de certo anticorpo. Embora o gene seja claramente *útil* para os corpos humanos e possa ser usado para sintetizar anticorpos, ele é claramente um produto da natureza. A única coisa que o inventor fez foi apontar, como se fosse em um mapa, onde aquele gene se encontra na natureza. Eles também isolaram com sucesso o gene, a fim de obter a patente, exatamente como se estivessem procedendo a partir de um levantamento de terras e depois demarcando do fisicamente as fronteiras de certo pedaço de terra. Então onde está a invenção real? A atmosfera é claramente *útil* para filtrar a radiação perigosa para que todos nós possamos viver, mas ninguém poderia patentear o céu.

Para isolar o gene e solicitar a patente, os "inventores" simplesmente empregaram técnicas bem estabelecidas de "leitura de mapas" do genoma humano e usaram tecnologias imediatamente disponíveis para isolar segmentos daquele mapa e reproduzi-los. Isso é como usar a tecnologia de Sistemas de Posicionamento Global [*Global Positioning Systems*] (GPS) para definir as fronteiras de algum território previamente inexplorado e, depois, buscar a proteção de propriedade intelectual sobre o próprio território, afirmando que as coordenadas de GPS, delineando o território, o distinguiram do território "em seu estado natural" e, assim, tornaram-no subitamente patenteável. Durante o processo, novos obstáculos claramente emergiram para todos os que desejem examinar por si mesmos aquela propriedade. Embora o PTO tenha afirmado que as patentes de genes não abrangem os genes em seu estado natural, elas fazem exatamente isso para todas as intenções e propósitos. Podemos nos sentir um pouco aliviados ao saber que quando nos reproduzimos não estamos violando a patente de ninguém, mas qualquer cientista que deseje explorar cientificamente aquela sequência genética faz isso por sua própria conta e risco, porque ela agora é um território legalmente delimitado. Ele está fora de alcance a menos que você deseje pagar uma taxa para explorar aquela seção do mapa do DNA humano. As coisas ficam ainda mais estranhas quando começamos a considerar que algumas pessoas agora detêm a *posse* de doenças.

Patenteando doenças

O Tribunal Distrital Federal do Distrito do Sul da Flórida recentemente lidou com parte das consequências dessa tomada de terras sem precedentes, em um caso envolvendo uma patente sobre o gene responsável pela doença de Canavan. No caso *Greenberg v. Miami Children's Hospital Research Institute, Inc.* [Greenberg *versus* Instituto de Pesquisa do Hospital Infantil de Miami], 264 F.Supp.2d 1064 (S.D. FL 2003), Greenberg foi um dos vários doadores queixosos que doaram amostras de tecidos entendendo que os acusados as utilizariam para desenvolver uma cura para a doença e que a informação desenvolvida através da pesquisa permaneceria no domínio público. Os acusados de fato solicitaram e obtiveram uma patente sobre o próprio gene. Em 1994, os acusados adquiriram a Patente nº 5.679.635, que descrevia o gene da doença de Canavan, impedindo que outros pesquisadores estudassem a doença sem infringir a patente, a menos que pagassem taxas de licença. A patente foi emitida em 1997, e os queixosos souberam dela em 1998. Os queixosos eram algumas daquelas pessoas que haviam doado o tecido que ajudou os pesquisadores a descobrirem o gene responsável pela doença. Eles processaram alegando, entre outras coisas, apropriação indébita.

Embora reconhecendo que "[o] uso de uma propriedade dada para um propósito para outro propósito constitui apropriação indébita [citação omitida]", o tribunal sustentou que "[o]s queixosos não têm nenhum direito de propriedade reconhecível sobre tecidos corporais e materiais genéticos doados para pesquisa, segundo uma teoria de apropriação indébita", citando *Moore* como autoridade. Mais uma vez, o tribunal sustentou que os direitos de propriedade sobre o tecido e a *informação* contida naquele decido são de algum modo indivisíveis. Em outras palavras, eles foram tratados como uma coisa só, com um direito de propriedade derivando do outro. Desde esse caso e após a vasta apropriação de terras por parte da Celera e de numerosas outras corporações e universidades, uma porção de quase 20% do genoma humano foi patenteada. Os tribunais ainda tratam o tecido e os genes contidos nele como propriedades simultaneamente inalienáveis. Você perde ambos de uma vez, advertida ou inadvertidamente – doador, cuidado. Parece haver uma desconexão lógica nessa abordagem, dado que os tribunais (1) decidiram aplicar a lei de propriedade intelectual a produtos genéticos naturais, e (2) as leis de privacidade e agravos atribuem uma condição especial à identidade individual e à autonomia corporal em outros contextos. Vamos examinar o caso mais recente envolvendo essas questões, antes de considerar as implicações e as alternativas.

Considere o efeito prático do exemplo da doença de Canavan: há milhares de pessoas sofrendo dessa doença e, agora, qualquer um que esteja buscando uma cura deve tomar cuidado. Ela é uma doença genética. Ela é monogênica, o que significa que qualquer pessoa com aquele gene particular tem a doença ou é portadora. Para realizar pesquisas sobre o desenvolvimento de novos tratamentos genéticos potenciais para a doença, deve-se necessariamente considerar a economia do pagamento de dividendos ao detentor da patente ou arriscar o litígio, se isso não for feito. Ou talvez haja pesquisadores lá fora que vão para seus laboratórios todos os dias esperando fazer ciência e não fazer pesquisas de patentes, antes de poderem abordar um problema importante ou desafiador. Afinal, os cientistas e as companhias de remédios funcionam de maneira diferente. Os cientistas frequentemente trabalham sobre questões para as quais eles não esperam nenhum resultado comercial ou tecnológico particular. Agora os cientistas precisam se preocupar com potenciais alegações de infração, se sua ciência os levar a um dentre o crescente número de territórios reivindicados no genoma humano ou mesmo no genoma de seus animais de laboratório. Os animais, como vimos, compartilham boa parte de nosso DNA e, portanto, é inteiramente concebível que sequências genéticas humanas existam nas mesmas formas em incontáveis outras criaturas. Então, o que um cientista precisa fazer para evitar um processo?

Catalona e além

No caso *Washington University v. Catalona* [Universidade de Washington *versus* Catalona], 437 F. Supp. 2D 985 (E. D. Missouri 2006), um médico (Catalona) havia coletado meticulosamente amostras de células de próstata durante décadas, resultando em uma biblioteca de células de quase 30.000 amostras. Ele fez isso enquanto esteve afiliado à queixosa Universidade de Washington. Eventualmente, o médico acusado deixou a Universidade de Washington por um novo cargo e buscou levar sua biblioteca de amostras. A Universidade de Washington insistiu que as amostras eram propriedade da universidade, e não de Catalona pessoalmente. Embora Catalona tenha solicitado e recebido o consentimento de quase 6.000 dentre os doadores originais para levar as amostras consigo, o tribunal sustentou que as amostras eram propriedade da Universidade de Washington e que os doadores não detinham nenhum direito de decidir ulteriormente que suas amostras fossem enviadas juntamente com Catalona.

O tribunal notou:

> A Política de Propriedade Intelectual da WU [*Washington University*] declara que "toda propriedade intelectual (incluindo [...] propriedade de pesquisa tangível) pertencerá à Universidade se recursos significativos da Universidade tiverem sido usados ou se essa propriedade for criada pela realização de um projeto de pesquisa financiado através de patrocinadores corporativos, federais ou outros patrocinadores externos administrados pela Universidade". Prova da parte queixosa 17, ß I..3(a). Ela declara ainda: "[G]eralmente, os criadores e investigadores de pesquisa reterão a custódia de propriedades de pesquisa tangíveis enquanto estiverem na Universidade". 437 F. Supp. 987-88.

Em seguida, considerou a questão da posse adequada das amostras, mais uma vez tratando os direitos de propriedade não como participações divisíveis, mas, antes, tratando os tecidos e a informação codificada neles como uma coisa só e aplicando a lei de doações e propriedade:

> A lei do Missouri governa as questões substantivas de posse e "dote/doação". Está bem estabelecido que a possessão e o controle exclusivos de propriedade pessoal são evidências *prima facie* de posse e qualquer outra pessoa que reivindique tal propriedade carrega o ônus da prova. 437 F. Supp. 992.

Aplicando o mesmo raciocínio dos casos *Moore* e *Greenberg*, o tribunal do caso *Catalona* raciocinou simultaneamente que os doadores não retêm nenhuma participação de propriedade sobre seus tecidos (e muito menos sobre a informação codificada neles) e que a universidade que recebeu a amostra recebeu uma doação *inter vivos*, a qual ela detém como "posse simples absoluta", contra todas as outras reivindicações de título, sendo a intenção presente dos doadores desconsiderada. O resultado é que os recipientes de doações de tecidos têm participações legais de propriedade mais fortes sobre esses tecidos do que cada um de nós tem sobre nossos próprios tecidos presentes ou sobre nosso corpo. No mínimo, contudo, o caso *Catalona* reconhece que partes do corpo podem ser propriedades, apresentando uma abertura para argumentos futuros acerca de possessão presente, controle, lucros e alienação consciente.

As patentes de genes emitidas na esteira de todas essas decisões apresentam diversos fluxos de lucro ou fontes de valor em potencial para aqueles que extraem tecidos, enquanto o sistema ainda não oferece nada aos doadores do tecido, do qual os produtos são derivados. As patentes de genes frequentemente cobrem não apenas o gene, mas também a proteína que é produto do gene, bem como outros fragmentos isolados de genes no interior daquele gene. Tipicamente, as declarações são vagas quanto aos usos potenciais que podem advir desses genes, produtos ou fragmentos. Enquanto estão sendo concedidos direitos de propriedade aos "inventores" (que na verdade são apenas descobridores) desses elementos de corpos humanos individuais e geralmente de toda a espécie, ninguém expressou quaisquer reivindicações de propriedade limitantes, seja por parte dos doadores dos tecidos, seja por parte da própria espécie que possui esses genes em comum.

Parece estranho que, por um lado, os direitos de propriedade sejam prontamente aplicados a coleções de amostras cujo valor não se encontra tanto em suas formas enquanto bases materiais (as células individuais nas amostras), mas antes na informação que elas codificam, que poderia ser obtida a partir de outros conjuntos e outras amostras, a não ser pelo tempo e custo da coleção. Mas a parte mais potencialmente valiosa, a *informação* presente nessas amostras, é tratada durante a coleção como algo inseparável das próprias células, tão facilmente perdido em uma barganha quanto as próprias células e, ainda assim, capaz de produzir enormes lucros nas mãos de companhias de biotecnologia. Esses casos começam a ilustrar a confusão enfrentada não apenas pelos tribunais, não simplesmente pelo PTO e pelo Congresso, mas até mesmo pelos próprios pesquisadores, que agora estão aparentemente igualando o valor monetário (através de biobancos ou bancos de dados genéticos) ao valor científico que pode ou não ser inerente a qualquer coleção de células humanas.

O que é tão estranho acerca da lei de corpos e tecidos?

Colocado de modo simples, a lei está sendo aplicada de maneira estranha, pois:

1. produtos da natureza estão sendo patenteados pela primeira vez (vide o gene da doença de Canavan);
2. enquanto a lei de propriedade intelectual trata os direitos de propriedade como divisíveis (de modo que alguém pode, por exemplo, vender ou comprar um livro sem simultaneamente transferir os direitos sobre a informação presente *no* livro), ela não está tratando os direitos de uma pessoa sobre seu próprio DNA de modo semelhante, mesmo embora esteja aplicando a lei de propriedade intelectual como um paradigma para os produtos do DNA;
3. como consequência, os indivíduos têm maiores direitos sobre suas imagens e a privacidade de seus registros médicos do que sobre a comercialização de suas identidades genéticas.

Embora frequentemente falemos sobre autonomia e liberdade, não há nenhuma garantia legal de integridade sobre nossos corpos (pois há certas coisas que a lei determina que não podemos fazer com nossos corpos, tais como ingerir certas substâncias prejudiciais, vender nossos rins ou nos matar) ou sobre nossas identidades genéticas. Se há alguma coisa que a ciência genética moderna nos ensina é que o DNA é um produto absolutamente único da natureza, dirigindo sua própria reprodução e evolução na notável diversidade da vida em quase todos os ambientes da Terra. O DNA não apenas é único, mas suas formas são muitas e variadas, mesmo embora seus blocos de construção sejam simples e possam ser encontrados em formas semelhantes entre espécies diversas. A mosca da fruta, por exemplo, compartilha numerosos genes que servem a propósitos semelhantes com muitas outras criaturas, incluindo os seres humanos. Os genes responsáveis por certas características em ratos servem a propósitos semelhantes ou idênticos em outros mamíferos, incluindo os seres humanos. As semelhanças entre espécies proximamente relacionadas são ainda mais notáveis, com os chimpanzés e os humanos compartilhando 96% do mesmo código genético. As semelhanças no interior da espécie são ainda mais pronunciadas, com cada um de nós enquanto seres humanos compartilhando mais de 99% do mesmo material genético. E, ainda assim, temos importantes diferenças que marcam nossas identidades genéticas individuais, as quais são tão únicas e distintivas quanto impressões digitais ou nossas imagens. Os fatos nos apresentam importantes razões para questionar o estado atual da lei de propriedade sobre partes corporais, tecidos e produtos genéticos humanos. Essas questões incluem:

1. Será que a lei de propriedade intelectual é um paradigma funcional para a posse de genes, quando o DNA é um produto da evolução natural e não da engenhosidade ou da inventividade?

2. Será que o genoma humano é propriedade de qualquer dado indivíduo ou da própria espécie, dado seu papel na produção da identidade genética de nossa espécie e dadas suas semelhanças com outras espécies?

3. Será que nossas identidades genéticas individuais, dados seus papéis em nossa criação como indivíduos únicos, são distintas de importantes maneiras de outras no interior de nossa espécie, e será que elas são propriedades pessoais nossas de maneiras como nem mesmo nossos tecidos podem ser?

Essas questões não foram respondidas adequadamente na lei de casos até hoje, e os tribunais não lidaram suficientemente com as implicações éticas envolvidas na permissão de posse privada de genes que ocorrem naturalmente e de seus produtos, possuídos pela humanidade como um todo.

A lei da identidade pessoal

Mesmo embora a lei reconheça poucos direitos de propriedade ou privacidade sobre seu corpo ou sobre os produtos deste, uma vez que eles deixem seu corpo, ela reconhece a proteção para outras partes de você, tais como sua imagem ou outros indícios de sua identidade. Essa foi, de fato, uma linha de argumentação no caso *Moore* que foi absolutamente ignorada – a analogia entre a lei de privacidade e identidade e os direitos sobre partes e produtos corporais. A lei tem reconhecido por algum tempo que outros não devem lucrar com o uso não autorizado da imagem ou da personalidade de alguém na maioria dos contextos. A lei comum reconheceu de início que os indivíduos têm direitos de privacidade sobre o uso de suas imagens, pelo menos quando o uso é comercial ou lucrativo. Diversos Estados criam especificamente direitos de privacidade para os indivíduos sobre o uso de suas imagens para fins publicitários, e os tribunais reconheceram os mesmos direitos muito antes de serem aprovados estatutos. O direito individual foi aplicado a ambos os usos no "comércio" e, mais especificamente, na "publicidade". Referências incidentais ou usos menores não serão normalmente suficientes para infringir o direito de alguém a sua identidade ou imagem, e o uso deve ser especificamente ligado ao "valor" da pessoa, de modo que algum lucro advenha da identidade da pessoa. O consentimento quanto a ter sua imagem usada invalida qualquer reivindicação, mas o consentimento deve tipicamente ser feito por escrito. O consentimento pode ser amplo ou restrito. Uma renúncia geral admite o uso da imagem, semelhança ou outra identidade visível de qualquer maneira que se queira (exceto em alguns casos para fins "imorais"), mas o consentimento também pode ser planejado de modo restrito para fins específicos.[20]

---

[20] Ver, por exemplo, *Haelen Laboratories Inc., v. Topps*, 202 F.2d 866 (2d Cir. 1953).

Tipicamente, considera-se que as figuras públicas renunciam a seus direitos de privacidade, mas até mesmo uma pessoa pública pode processar alguém que busque explorar sua fama daquela para próprio benefício, a menos, é claro, que ela tenha consentido especificamente. O direito de privacidade de um indivíduo pode se invadido pelo uso de seu nome ou imagem sem consentimento, para implicar seu endosso de um produto, ou pela apropriação de seu nome para fins promocionais, como seu uso para identificar um produto, ou pelo uso de outros meios para identificar alguém com o negócio de outra pessoa. Ele também pode ser invadido por uma representação errônea da autoria daquela pessoa acerca de algo que é publicado.

As pessoas podem ter causas de ação (um direito de processar) quando suas imagens são alteradas ou usadas erroneamente ou quando seus nomes ou imagens são usados, principalmente, para aumentar a circulação de uma publicação. A lei concedeu a queixosos reparação por usos não autorizados de imagens de indivíduos em jornais, filmes e televisão. Trinta e cinco estados dos EUA hoje reconhecem esse direito de privacidade, mas não existe nenhuma estipulação estatutária federal. Alguns estados como a Califórnia exigem a exibição de danos, a fim de reparar a má apropriação comercial da imagem de alguém, enquanto outros não exigem tal exibição. É interessante que a lei parece ter estabelecido um direito de privacidade sobre o uso comercial de nossas imagens que é mais forte do que qualquer direito que qualquer pessoa tem sobre o uso de nossos genes. Pode-se argumentar que uma autorização geral para o uso dos tecidos de alguém é a mesma coisa que uma autorização geral para o uso da imagem de alguém. A maioria dos advogados espertos sabe, contudo, limitar o escopo do consentimento usado por aqueles que utilizam imagens de pessoas, ao passo que a maioria das pessoas cujos tecidos estão sendo extraídos não tem o benefício do conselho de um advogado.

Além disso, os usos futuros das imagens são necessariamente limitados, dados os usos naturais limitados para os quais as imagens podem servir, mas as amostras de tecido que receberam autorizações gerais anteriores às tecnologias de sequenciamento genético podem hoje ser exploradas para usos que os doadores não poderiam ter previsto.

Reconciliando a lei e a realidade

A passagem do patenteamento de plantas híbridas para micro-organismos geneticamente alterados e para tecidos e genes humanos foi o epítome da lendária ladeira escorregadia. Enquanto alguns levantaram questões e até mesmo tentaram retardar ou interromper o processo com obstáculos legislativos, eles não tiveram sucesso. Há claramente aqueles no mercado que apostaram alto no valor das patentes de genes humanos. Conforme foi detalhado na história do envolvimento da Celera com o mapeamento do genoma humano, o estabelecimento de reivindicações de posse de genes foi essencialmente o maior enunciado de valor que aplacou os acionistas da Celera naquela cara aventura de dados. Se o genoma humano tivesse permanecido no domínio público, como seria se ele tivesse sido inteiramente completado pelo PGH internacional, nós não nos encontraríamos na presente situação. Supostamente, teria demorado muito mais para completar o PGH, uma vez que o crescente portfólio e o preço das ações da Celera ajudaram a estimular o projeto a avançar mais depressa. Mas há questões significativas levantadas agora pelo problema atual, em que boa parte do genoma humano está sendo reivindicado sob patentes, assim como está acontecendo com doenças e outras partes de outros genomas das várias formas de vida do planeta. Entre essas questões se encontra o fato de que o sistema legal, tanto através dos tribunais quanto das legislaturas, pode ter estado mal preparado para resolver apropriadamente os complexos problemas científicos ou filosóficos de identidade e posse. Às vezes, a lei é lenta para alcançar o desenvolvimento de significativas considerações econômicas, culturais, sociais ou práticas. Isso não significa que seja tarde demais para alcançá-lo e tampouco exige a aceitação de algo que só depois descobrimos ser substancialmente errado. As instituições legais visam regular os comportamentos humanos, para benefício do bem público e para assegurar a ordem e a previsibilidade.

A lei frequentemente corrige a si própria. A história da jurisprudência é cheia de exemplos de viradas de 180 graus diante de injustiças. Os tribunais e legislaturas às vezes mudam de ideia. Notemos, por exemplo, as agudas mudanças em relação à escravidão, à segregação, aos direitos das mulheres e aos outros grandes marcos da evolução dos direitos e liberdades civis nos EUA e no mundo. Na lei de propriedade intelectual, as mudanças mais rápidas e influentes ocorreram na lei dos EUA, dado seu papel na inovação científica e tecnológica internacional e o amplo alcance da lei de patentes e marcas registradas dos EUA através de tratados, como a Organização Mundial de Propriedade Intelectual [*World Intellectual Property Organization*] (WIPO). Sobre a questão do patenteamento de genes, de modo surpreendente e ousado, outras nações se recusaram. A lei europeia se recusou a conceder os tipos de proteções amplas das patentes de genes humanos reivindicadas pelos inventores nos EUA. Pode muito bem ser o momento de os tribunais e legisladores americanos revisitarem essas leis mais uma vez, proverem alguma consistência e clareza e trazerem a lei de volta a um alinhamento com algumas noções de justiça. Uma boa razão (como veremos posteriormente) é puramente econômica, dado que as patentes de genes causam um impacto em nossa habilidade de inovação. Discutiremos de modo mais completo, posteriormente, como as patentes de genes são um fardo bastante real sobre o empreendimento científico e como a ciência dos EUA pode sofrer com o resultado. Há também uma clara desconexão entre a lei de patentes dos EUA como aplicada aos genes e a certos acordos internacionais, incluindo um acordo desenvolvido pela Organização Educacional, Científica e Cultural das Nações Unidas [*United Nations Educational, Scientific and Cultural Organization*] (UNESCO), que emitiu uma "Declaração Universal sobre o Genoma Humano e os Direitos Humanos" (1997). Essa declaração proíbe explicitamente o lucro individual, no Artigo 4, dizendo: "O genoma humano em seu estado natural não deve dar origem a ganhos financeiros".

Há, claramente, uma lacuna entre nossas intuições sobre as relações entre nossos genomas individuais, nossas identidades, percepções de privacidade e autonomia pessoal e a lei. Além disso, os tribunais parecem ter se contraditado ao simultaneamente aplicarem a lei de propriedade intelectual a genes e produtos genéticos de ocorrência natural e, ainda assim, deixarem de tratar os direitos dos doadores sobre suas partes e produtos corporais como divisíveis em relação a quaisquer direitos sobre a informação inerente àquelas partes e produtos. Finalmente, podemos desejar reconsiderar a natureza do DNA e dos genes à luz da ciência e considerá-los como produtos únicos aos quais os velhos paradigmas podem não se aplicar. Talvez os genes e seus produtos de ocorrência natural sejam formas de propriedade comum que não podem ser delimitadas e que são parte de uma herança comum maior que é melhor ser deixada no domínio público? Nós mergulhamos de cabeça na situação presente com pouca reflexão sobre estas questões bastante metafísicas, mas essenciais. Devemos enfrentá-las agora e esclarecer essa região lamacenta da lei, da tecnologia e da ética.

6. Os genes são propriedade intelectual?

Até agora, a lei tem tratado os genes como uma forma de propriedade intelectual. Especificamente, os genes são tratados como patenteáveis. O Decreto de Patentes, conforme tem sido interpretado nos EUA, permite que o primeiro inventor registre com sucesso uma patente para excluir outros da produção ou da venda de sua invenção nova, útil e não óbvia, ou de sua melhoria sobre uma invenção existente. Por causa de vários acordos e organizações de tratados, as patentes dos EUA têm sido aplicadas fora dos EUA, incluindo as patentes sobre genes. As patentes protegem processos, métodos, manufaturas e composições de matéria. As patentes não protegem ideias, mas antes excluem o uso daquelas ideias por parte de outros. A proteção de patentes foi estendida aos genes e a segmentos de genes, bem como aos produtos e processos associados a ambos. As solicitações de patentes tipicamente exprimem numerosas reivindicações, das quais algumas ou todas podem ser concedidas ou separadamente identificadas pelo Escritório de Patentes e Marcas Registradas [*Patent and Trademark*

Office] (PTO) como estando fora do escopo da proteção de patentes. Até agora, muitos milhares de patentes de genes foram concedidos, e incluídas entre as reivindicações da maioria destas estão as representações das próprias sequências de genes, significando a sequência de bases representada pelas letras A, C, T e G. Será que os genes são adequadamente protegidos pelas patentes ou por qualquer outro esquema existente de propriedade intelectual?

Chegamos à presente situação sem muita introspecção raciocinada, e os tribunais e o PTO às vezes raciocinaram ao longo de caminhos semelhantes e, outras vezes, de caminhos divergentes. A legislatura manteve-se mais ou menos fora do debate, com apenas tentativas modestas em várias ocasiões de avaliar a patenteabilidade dos genes. Assim, a criação do sistema de patentes para fins de encorajamento das artes úteis e criativas esteve a cargo dos tribunais e do PTO, cada qual supostamente guiado pela concessão constitucional de autoridade do Congresso. Claramente, as patentes de genes são percebidas como muito úteis. Elas são certamente valiosas e fazem parte dos portfólios de patentes de muitas universidades e companhias farmacêuticas. Existem hoje muitos grupos interessados, entrincheirados e prontos para fazer *lobby* em favor do *status quo*, mas há também aqueles que se mostraram verbalmente opostos às patentes de genes, frequentemente com base em argumentos éticos, morais ou religiosos. Os teóricos legais e os estudiosos da propriedade intelectual também têm avaliado a patenteabilidade dos genes. Devemos considerar essa questão de modo separado e apartado das considerações morais sobre as patentes de genes e perguntar, por ora, se sob qualquer teoria de propriedade intelectual os genes podem ser apropriadamente considerados capazes de proteção.

Primeiramente, vamos considerar a questão: o que se qualifica como propriedade intelectual e sob quais condições? Essa questão exige um pouco de revisão, incluindo as justificativas filosóficas da propriedade intelectual e os antecedentes históricos dessa forma bastante nova de proteção de propriedade. Depois de examinarmos a natureza da propriedade intelectual em suas várias formas, podemos perguntar se os genes têm as características necessárias e suficientes para pertencer à categoria dos objetos capazes de receber proteção de propriedade intelectual, a quais categorias particulares de propriedade intelectual eles podem pertencer e se eles são capazes ou dignos de outras formas de proteção.

O desenvolvimento histórico da propriedade intelectual

As ideias são ilimitadas e impossíveis de serem contidas. A única maneira de protegê-las do uso por parte de outros é através do segredo. De fato, o segredo foi a primeira forma de proteção de propriedade intelectual e ainda é responsável por uma quantidade economicamente significativa de proteção para vários "segredos de ofício", como a fórmula da Coca-Cola® ou do Frango Frito Kentucky®, bem como milhares de produtos e processos industriais e comerciais.

Mas os segredos de ofício não impedem a descoberta e o uso, e não oferecem nenhum recurso se alguma outra pessoa esbarrar por si mesma em seu segredo. Diz o ditado que "as ideias querem ser livres", e isto se refere ao fato não mitigado de que as ideias, uma vez expressas, não podem ser contidas e podem fluir livremente de um pensador para outro, dada a ausência de qualquer referencial regulatório. Qualquer objeto feito pelo homem, intencionalmente produzido, é uma expressão de ideias. Isto inclui tanto objetos que duram ao longo do tempo quanto aqueles que são efêmeros. Uma estátua é uma expressão, assim como uma prensa de impressão ou um computador. Enunciados verbais são expressões, e sinais físicos e sinais manuais também o são. Há distinções entre expressões que são tanto práticas quanto teoricamente importantes e que receberam formas diferentes de proteção legal sob vários esquemas de propriedade intelectual. As expressões que duram ao longo do tempo (em algum estado "fixo") são as únicas a que geralmente se concede proteção de propriedade intelectual, enquanto os regimes legais quase universalmente reconhecem que expressões que são efêmeras (como enunciados verbais não registrados ou gestos) não podem ser protegidas. Além disso, as ideias não podem ser legalmente protegidas de todos, a menos que sejam expressas de algum modo e, ainda assim, somente por certas medidas institucionais dentro dos sistemas legais positivos que criamos.

Uma vez que uma ideia seja expressa, ela pode ser facilmente copiada. Frequentemente as ideias são valiosas independentemente de suas expressões. Tomemos, por exemplo, uma fogueira feita pelo homem. A fogueira pode ser utilizada e desfrutada por toda uma comunidade sem que ninguém, a não ser a pessoa que acendeu o fogo, saiba ou compreenda como ele foi aceso. O acendedor do fogo pode guardar o segredo de fazer fogo escondido de todos e manter sua posição ao fazê-lo. O segredo pode ser escondido de todos, embora não haja nenhuma maneira de impedir algum tipo de descoberta independente. Outros podem muito bem descobrir métodos para acender fogos, mas se o acendedor do fogo compartilhar sua fogueira com os outros por um custo razoável (talvez uma parcela modesta da caça), então os outros podem simplesmente pesar o custo relativo de trocar algo por uma fogueira pronta, em comparação com o custo de um programa de pesquisa visando a descoberta independente. Além disso, se outros descobrirem independentemente os meios de se fazer uma fogueira, pode ser lucrativo para ambos os descobridores se eles concordarem em guardar o segredo para assegurar um mercado para seus serviços, protegendo cada qual através de um contrato para não divulgar seus métodos. Essa é a forma como operam as guildas.

Quando a prensa de impressão foi inventada, estava muito além dos meios da maioria das pessoas a realização de uma engenharia reversa e da manufatura de sua própria prensa, e os métodos para manufaturar e utilizar uma prensa de impressão puderam ser mantidos em segredo. As guildas de impressão asseguraram que, mesmo embora os produtos da prensa de impressão envolvessem conhecimentos que podiam ser comercializados (tais como livretos, panfletos e livros), o conhecimento da *maneira* como tais livros e livretos eram feitos fosse mantido intimamente por um grupo seleto de artesãos que concordaram com o segredo para preservar sua parcela do mercado e os preços. O segredo foi frequentemente imposto mediante o uso de força real se outros aprendessem os segredos de ofício envolvidos em um processo, mas se recusassem a se tornar parte da guilda. É claro que, historicamente falando, o segredo é o precursor de todas as outras formas de proteção de propriedade intelectual. Hoje, contudo, ele permanece sendo uma forma bastante arriscada de proteger a propriedade intelectual de alguém, uma vez que o sistema de guildas não mais existe e as leis antimonopólio tornariam as táticas das guildas ilegais. A descoberta independente sempre pode minar um segredo, e a tecnologia moderna torna mais fácil do que nunca a engenharia reversa da maioria das invenções. À medida que as prensas de impressão proliferavam e a tecnologia melhorava, a manutenção do segredo deixou de ser praticável como um meio de proteger muitas ideias contra o uso por parte de outros. Tanto as invenções quanto as expressões primariamente estéticas eram passíveis de reprodução por parte de outros, e novos meios de proteção institucionalizados se tornaram necessários.[1]

No início do século XV surgiram as primeiras formas institucionalizadas robustas de proteção de propriedade intelectual na Europa. A Itália e a Inglaterra renascentis-

---

[1] Choate, R. A., Francis, W. H. & Collins, R. C. 1987. *Patent Law: Case & Materials*, West Publishing Co., MN, p. 4-5.

tas desenvolveram separadamente sistemas rudimentares de patentes, planejados para encorajar os inventores a importarem a si próprios suas obras de autoria ou invenções, para benefício das economias locais e nacionais. Na Inglaterra, as "cartas patente" eram emitidas diretamente pelo monarca para inventores estrangeiros que concordassem em se estabelecer na Bretanha para praticar e produzir seu ofício ou invenção. Uma "carta patente" do soberano dava ao inventor que a recebia o direito exclusivo de comercializar seu produto por um período de anos. Devido a preocupações quanto ao abuso das patentes e períodos irracionalmente longos ou renovações indefinidas, o Estatuto dos Monopólios foi aprovado pelo Parlamento em 1623 para limitar o período das patentes.[2] As colônias empregaram estipulações semelhantes sobre as patentes e, quando a Constituição dos EUA estava sendo debatida, os Fundadores incluíram o Artigo 1, Seção 8, que é uma concessão constitucional específica de autoridade ao Congresso, para regular as patentes e direitos autorais para inventores e autores. Exercendo sua autoridade constitucional, o Congresso dos EUA instituiu a Comissão de Patentes em 1790. Hoje o PTO preside sobre as patentes e direitos autorais nos EUA, enquanto numerosas outras instituições legais semelhantes existem em outras nações. Há também

---

[2] Para uma visão mais aprofundada da história das leis de propriedade intelectual, ver Koepsell, D. 2000. *The Ontology of Cyberspace: Philosophy, Law, and the Future of Intellectual Property*, Open Court, Chicago, IL, cap. 4.

organizações de tratados internacionalmente reconhecidas protegendo as patentes internacionalmente.[3] Historicamente falando, os regimes de propriedade intelectual são relativamente novos. Diferentemente dos esquemas de lei comum que há muito protegem os direitos de propriedade sobre bens móveis e imóveis, os monopólios sancionados pelo Estado sobre obras de autoria ou invenções se desenvolveram através de decretos legais específicos, destinados a encorajar a inovação nas artes e ciências técnicas. Nos últimos cinquenta anos, as leis de propriedade intelectual mudaram consideravelmente nos EUA, estendendo os períodos de tempo de proteção para o tempo de vida do autor, mais 75 anos no caso dos direitos autorais e 20 anos, a partir do registro, para as patentes. A lei de propriedade intelectual sempre incluiu, desde sua origem, algum acordo entre os interesses dos autores e inventores, de um lado, e os interesses do público, de outro. O equilíbrio de interesses tem se movido recentemente rumo ao fortalecimento dos direitos de autores e inventores, mantendo a propriedade intelectual fora do domínio público por maiores períodos de tempo. Revisões recentes da lei fortaleceram o monopólio sancionado pelo Estado, supostamente para prover incentivos ainda maiores à inovação. Ao mesmo tempo, a propriedade intelectual se tornou um componente importante do ativo de propriedades das corporações, frequentemente superando as propriedades de espaço físico em valor relativo ao preço das ações. Companhias como Microsoft

---

[3] Choate, R. A., Francis, W. H. & Collins, R. C. 1987, p. 62-66.

e Google são valorizadas não tanto por seus componentes ativos "tangíveis", mas por suas propriedades "intangíveis" ou propriedades intelectuais. As patentes e direitos autorais hoje figuram de modo proeminente nas planilhas de contabilidade das corporações como componentes ativos que afetam a valoração de mercado de todos os tipos de companhias e servem como fontes constantes e previsíveis de fluxo de renda por longos períodos de tempo.

As patentes de genes e DNA possuídas por companhias farmacêuticas, frequentemente obtidas através de escritórios de transferência de tecnologia a partir de laboratórios de pesquisa de universidades, são um novo e potencialmente lucrativo acréscimo aos portfólios corporativos de patentes. Mas será que eles são mesmo apropriadamente considerados como propriedade intelectual? Examinaremos a teoria da propriedade intelectual implícita em seu desenvolvimento histórico e, depois, examinaremos de modo mais detalhado a questão de se os genes pertencem à categoria geral da "propriedade intelectual".

A teoria da propriedade intelectual

Dado que faz parte da natureza das ideias o fato de elas serem facilmente copiadas e difíceis de conter, as leis positivas (feitas pelo homem) são consideradas necessárias para criar maiores incentivos para autores e inventores produzirem coisas de valor. Diferentemente de outros tipos de propriedade, o valor da propriedade intelectual não se encontra nas bases materiais (cada instância individual), mas antes nos tipos. Isso quer dizer que o controle que é dado pela propriedade intelectual não é sobre as instâncias individuais das invenções ou livros que estão no mercado ou são possuídos por outros. Qualquer pessoa pode comprar essas instâncias, dá-las, destruí-las ou revendê-las. Contudo, juntamente com cada instância, viaja ainda alguma limitação: o direito de excluir *certos* usos aos quais o possuidor daquela instância possa desejar submeter as bases materiais que ele possui. A propriedade ordinária não funciona assim. Se um livro ou uma invenção está no domínio público (ou, historicamente falando, é anterior a qualquer lei de propriedade intelectual), o possuidor daquela instância pode fazer cópias, exercendo assim algum controle não apenas sobre a base material, mas também sobre o tipo. Os Estados começaram a desenvolver a noção de propriedade intelectual não para conceder direitos aos inventores, mas antes para limitar os direitos de outros para produzir e lucrar com obras de autoria ou invenções de outros por um período de tempo. A noção por trás disso é que os autores e inventores terão um maior incentivo para produzir obras de autoria ou para inventar itens úteis e introduzi-los no fluxo do comércio, se puderem assegurar para si próprios certa parcela dos lucros de cada cópia vendida durante certo período de tempo, antes que aqueles direitos retornem ao domínio público.

Por causa da fluidez e facilidade de uso das ideias, uma vez que elas estejam lá fora no mundo, expressas em uma obra estética ou utilitária, algum esquema positivo de proteção institucionalizada é necessário para fornecer um incentivo para expressar as ideias em primeiro lugar. As guildas, licenças ou contratos privados não trazem o peso de um monopólio sancionado pelo Estado e, portanto, os Estados fornecem a influência de mercado necessária para assegurar a barganha. Sanções civis e criminais suportam as leis, e há uma série de compensações trocadas entre o autor ou inventor e o público.

Alguns historiadores e filósofos da propriedade intelectual também apontam uma justificativa lockeana para os direitos de propriedade intelectual. Esta escola de pensamento justifica a concessão de direitos a autores e inventores, não meramente como uma ferramenta utilitária para encorajar as artes estéticas e úteis, mas antes com base em um argumento moral para recompensar o trabalho *intelectual* com a posse.[4] Assim como a mistura do trabalho com a terra fornece uma justificativa moral para a posse da terra por aqueles que a melhoram (na perspectiva lockeana), a concessão do direito de lucro àqueles que misturam seu trabalho intelectual com outros materiais é moralmente justificada de modo semelhante.[5] Qualquer que seja a justificativa moral, há certo número de concessões e preocupações práticas inseridas em qualquer esquema legal de proteção de propriedade intelectual que vise servir ao duplo propósito

---

[4] Ver, por exemplo, Gordon, W. J. 1993. "A property right in self-expression: equality and individualism in the natural law of intellectual property", *Yale Law Journal*, vol. 102, n. 7 (maio), p. 1533-1609.
[5] Hughes, J. 1988. "The philosophy of intellectual property", *Georgetown Law Journal*, vol. 77, p. 287.

de fornecer incentivos para a autoria e a invenção e assegurar em última instância benefícios ao público por meio de um acesso maior ao conhecimento.

Uma concessão por parte dos inventores é que suas invenções não apenas retornam para o domínio público após um período de tempo, mas também, ao receber uma patente, todo o esquema de métodos, processos e manufatura de suas invenções é revelado. Qualquer pessoa pode examinar uma patente que tenha sido concedida e compreender inteiramente como ela funciona, porque a lei exige esse nível de exposição, e todos nós podemos, portanto, melhorar nossa compreensão da ciência e da tecnologia envolvidas. Com a substituição do segredo pela exposição completa, o conhecimento passa mais rapidamente para a vista do público, e mais inovações são potencialmente estimuladas. Nenhum detentor de patente pode jamais reivindicar o monopólio sobre as *ideias* por trás da patente. O mesmo vale para obras de autoria. Na lei de propriedade intelectual, isto é conhecido como "dicotomia de ideia e expressão". A propriedade intelectual limita a expressão de ideias, seja através de obras utilitárias (tais como produtos e processos patenteáveis), seja de obras estéticas (o objeto do direito autoral), contudo a lei nunca proíbe o conhecimento de uma *ideia*. As ideias permanecem sempre no domínio público. As leis de propriedade intelectual são criadas a partir do reconhecimento de que as próprias ideias não podem se protegidas e que o segredo é frequentemente sem efetividade ou contraproducente para o bem público. O Estado (o público) limita, portanto, o uso das bases materiais, impedindo sua reprodução sem dividendos para o autor ou inventor durante algum período fixo, para que os autores liberem livremente suas obras para o público. Tudo isso teoricamente resulta em um aumento da base pública de conhecimento, estimulando mais inovações e recompensando os autores por seus investimentos em suas obras.

Uma vez que a lei de propriedade intelectual visa encorajar a inovação e uma vez que ela não protege as ideias puras, mas antes suas expressões, há certas limitações inerentes sobre os objetos da proteção legal. Somente as expressões podem ser impedidas de serem reproduzidas sem autorização, mas um limite natural é que a própria expressão deve ser de algum modo "fixada" em algum meio. Assim, cantar uma canção que alguém ouviu no rádio não viola o direito autoral do autor, mas gravar aquela canção e colocá-la à venda sim. A patente sobre uma invenção não é violada por desmontar a coisa, nem pela engenharia reversa a fim de compreender inteiramente o produto ou o processo, mas apenas pela criação de uma cópia física. Uma palestra sobre o produto ou processo não viola a patente. Cada expressão individual, cada base material do item, seja ela um livro, filme, pílula ou máquina, pode ser vendida sem dividendos para o inventor após a primeira venda. Assim, quando você liquida sua biblioteca ou vende sua TV de tela plana, nenhum dividendo extra vai para o detentor dos direitos autorais ou para o inventor. Esta é conhecida como a doutrina da "primeira venda". Qualquer outra coisa seria claramente impossível de administrar, dado que o rastreamento da sequência de dividendos devidos inibiria o comércio de qualquer coisa utilizada.

Os direitos autorais e as patentes não podem proteger ideias, portanto há certos limites sobre a medida de proteção oferecida e sobre a patenteabilidade e a possibilidade de concessão de direitos autorais de qualquer coisa que esteja muito próxima de ser uma ideia, em vez de uma expressão particular daquela ideia. Não seria possível conceder direitos autorais sobre a ideia da caçada de uma esquiva baleia branca por um capitão marítimo obcecado, ao passo que a sequência particular de palavras, elementos narrativos e personagens de Melville podem ser protegidos (ou foram, até que o direito autoral expirou) sob a lei de direitos autorais. A ideia de usar a gravidade para erguer pessoas de um andar para outro não é patenteável, mas os meios pelos quais a Otis® reduz essa ideia à prática são patenteáveis, mas somente à medida que foram usadas novas técnicas e tecnologias que não eram óbvias para qualquer pessoa perita na área. As leis da natureza não são patenteáveis. Seus usos particulares em invenções novas, úteis e não óbvias são patenteáveis. As leis da natureza que não são atualmente conhecidas, mas que posteriormente são descobertas através da ciência, não são patenteáveis. Esta é uma isenção importante para os propósitos de nossa discussão dos genes. É claro, no entanto, que as leis da natureza não se adequam às exigências usuais para a proteção de propriedade intelectual. Elas não são novas, embora possam ser submetidas a novos usos. As leis da natureza são inerentes ao universo – elas existem a despeito de nosso conhecimento. A lei de propriedade intelectual visa encorajar a invenção e a inovação nas artes estéticas e úteis. A lei não visa encorajar a mera descoberta.

Com frequência, a descoberta é extremamente útil, mas ela pertence à esfera da ciência, não da tecnologia. A descoberta frequentemente antecede e permite a tecnologia, mas nem toda nova descoberta leva a uma nova tecnologia patenteável. A ciência deveria ser livre para explorar a natureza sem medo de violar direitos de propriedade intelectual. A ciência pode informar a tecnologia, mas as duas são distintas em seus objetos, métodos e meios de suporte. A ciência foi tradicionalmente financiada pelos Estados, através de universidades ou centros de pesquisa, e não através de lucros derivados de invenções. Apenas recentemente os direitos de propriedade intelectual emergiram como recompensas potenciais para cientistas dedicados à pesquisa pura em suas universidades.[6] Esse desenvolvimento recente, como veremos, ofuscou os papéis e distinções tradicionais entre a pesquisa pura e a inovação tecnológica, e essa complicação tem um grande peso no debate atual sobre a patenteabilidade dos genes. A restrição importante que sempre existiu, de que as descobertas e leis da natureza não são patenteáveis (apenas as invenções o são), foi o que manteve um equilíbrio delicado e uma distância respeitosa entre os pesquisadores que investigam os segredos da natureza e os

---

[6] Principalmente estimulados pela aprovação do Decreto Bayh-Dole nos EUA em 1980, que concedeu aos cientistas das universidades direitos nunca antes disponíveis sobre lucros e patentes oriundos de pesquisas patrocinadas e financiadas pelo governo. Ver Branscomb, I. M., Kodama, F. & Florida, R. L. 1999. *Industrializing Knowledge*, MIT Press, Cambridge, MA.

tecnólogos que empregam as descobertas daqueles em suas invenções novas e úteis. Imagine se as leis da natureza ou as descobertas fossem protegidas. Einstein poderia ter patenteado a relatividade, impedindo seu uso se não lhe pagassem dividendos sobre cada reator nuclear ou bomba atômica. Não obstante, ele poderia ter levado sua ciência a um passo adiante e imaginado uma tecnologia (como os reatores nucleares ou as bombas atômicas) e patenteado esta última. O patenteamento das partes descobertas da natureza, as próprias leis, concede um direito amplo demais, que é potencialmente proibitivo e que recompensa algo que a lei de propriedade intelectual nunca visou proteger. As leis da natureza não são resultado da invenção ou da inovação humanas e, portanto, àqueles que descobrem não é dado nenhum incentivo para produzir qualquer coisa útil. Alguém poderia lucrar com a mera descoberta sem ter de aplicar a descoberta a qualquer tecnologia útil. Alguém poderia, por exemplo, desenvolver uma explicação completa de por que as coisas caem umas em direção às outras e, então, patentear a lei da gravidade, sem ter de submetê-la a qualquer propósito publicamente útil. Então essa pessoa poderia processar a Otis® ou qualquer outra pessoa que aparecesse com uma nova invenção empregando a gravidade e exigir dividendos. Claramente, isso iria atrapalhar ao invés de promover a inovação, embora pudesse criar novos incentivos para financiar a ciência básica, pelo menos por um tempo, até que todas as leis da natureza fossem descobertas. Uma vez que as leis da natureza são teoricamente um conjunto limitado, ao passo que seus usos potenciais são um conjunto provavelmente ilimitado, o incentivo é apropriadamente situado no extremo das aplicações, em vez de no extremo das descobertas. Recompensar a descoberta estimularia a descoberta científica, encorajando a descoberta rápida de leis da natureza, mas excluiria as recompensas futuras à medida que as descobertas passassem para o domínio público, e só valeria a pena dedicar-se a todas as tecnologias futuras baseadas em qualquer lei natural uma vez que as patentes expirassem.

Áreas problemáticas na teoria e na prática da propriedade intelectual

Argumentei extensamente que o tratamento do *software* na lei de propriedade intelectual revela uma distinção problemática entre as esferas dos objetos patenteáveis e dos objetos passíveis de direitos autorais. A dicotomia entre os objetos das patentes e os dos direitos autorais se baseia em uma tênue distinção entre aquelas coisas consideradas principalmente utilitárias e aquelas consideradas "expressivas" ou principalmente estéticas. A divisão parece ser entre o prazeroso e o útil. Argumentei que essa distinção é uma falsa dicotomia. Todos os romances, obras de arte, máquinas e processos são expressões: objetos feitos pelo homem, criados intencionalmente. A diferença real foi apenas que os vários meios para estas expressões foram historicamente bastante diferentes. As máquinas "fazem coisas", assim como os processos, ao passo que as expressões cujos usos são principalmente estéticos são passivas – ou eram, até que os computadores surgiram. Os computadores misturam o estético com o útil. Eles são livros que fazem coisas ou máquinas que expressam beleza. Não que os computadores sejam um tipo inteiramente novo de coisa, mas, antes, a distinção original entre entre esses dois tipos de expressão é suspeita.[7]

A dicotomia entre ideia e expressão, por outro lado, é perfeitamente racional. O propósito da lei de propriedade intelectual é encorajar a inovação, desencorajar o segredo e transferir o conhecimento novo para o domínio público após um período de tempo. Ao reconhecerem que as ideias não podem ser "possuídas", as leis de propriedade intelectual mantêm aberta a esfera da investigação científica, mesmo enquanto provêm proteções legais e incentivos econômicos para novas tecnologias. É a expressão particular de uma ideia, não a própria ideia, que pode ser monopolizada e, ainda assim, apenas por um período de tempo limitado. Isto encoraja um ciclo interminável de novas invenções, como novas e melhores ratoeiras. Proteger as ideias puras, por outro lado, concederia um monopólio sobre a ideia geral das ratoeiras e impediria a inovação ou invenção de *todas as ratoeiras*, exceto durante o período da patente. Enfim, as ideias não podem ser proscritas. A lei reconhece isso. Simplesmente não há como contê-las. Como alguns declararam, elas "querem ser livres".[8] Mas podemos regular as expressões. A lei regula outros tipos de expressões, incluindo a fala (em certa medida), assim ela

---

[7] Koepsell, D. 2000, p. 130.

[8] Essa declaração foi tradicionalmente atribuída a Stewart Brand, fundador do Whole Earth Catalog, e escrita pela primeira vez em uma edição da *Whole Earth Review* em 1984.

pode regular expressões que são textos, ou obras de arte, ou máquinas e manufaturas. A dicotomia entre ideia e expressão não é apenas econômica e legalmente racional, mas filosoficamente apoiada por fatos simples do mundo. As ideias são produtos da mente, ao passo que suas expressões são produtos do mundo fora de nossas mentes.

Poderíamos usar uma evasiva e dizer que as ideias também são objetos feitos pelo homem, criados intencionalmente. Esta seria uma visão materialmente reducionista e perfeitamente sensata dos processos mentais. Não argumentarei acerca desta assunção plausível, mas, sim, adotarei a visão pragmática e apelarei para nossa experiência. Há uma distinção experiencial entre as ideias e suas expressões, a qual justifica seu tratamento distinto pela lei de propriedade intelectual. Colocado de modo simples, posso manter uma ideia em minha cabeça e nunca expressá-la para o mundo. Outros podem ter aquela ideia também, mas não podemos saber disso até que eles expressem aquela ideia em algum meio, seja ele escrito, falado, por modelo ou por máquina. Assim, direi que as ideias são as próprias intenções das quais dependem os objetos criados pelo homem, criados intencionalmente (expressões). Não há necessidade de nos preocuparmos neste ponto sobre a realidade metafísica ou a substância das ideias, porque nem a lei nem a política pública dependem disso. Antes, a distinção pragmática de senso comum é suficiente para nossos propósitos.

A instituição da propriedade intelectual é, de fato, uma invenção altamente pragmática, apesar de sua eventual justificação em bases lockeanas/morais. Argumentei extensamente que ela é diferente de outros tipos de propriedade, de maneiras muito importantes que causam um impacto sobre as noções de *justiça* quando escolhemos desenvolver ou alterar leis como aquelas das patentes ou direitos autorais. Os direitos de propriedade sobre coisas como martelos ou casas são *fundamentados* nos fatos brutos da possessão e da ocupação. Algumas os chamam de direitos naturais. Esses tipos de direitos não são criações da lei positiva, mas, a fim de ser justa, a lei positiva (decretos) deve coincidir com esses direitos naturais (ou fundamentados).[9] O velho ditado de que a propriedade constitui nove décimos da lei é verdadeiro. A maior parte da lei de propriedade reconhece que o fato da possessão precede outras reivindicações, e a presunção de posse que deriva da possessão é difícil de ser superada. Os decretos fornecem instrumentos, como escrituras e títulos, e formalizam os fatos pré-legais de possessão, transformando-os em reivindicações legais de posse. Assim como outros, argumentei que os decretos que se apoiam no reconhecimento da legitimidade da possessão como base para as reivindicações de posse são decretos que são pré-legalmente *fundamentados* em fatos brutos do mundo. Os sistemas legais ou leis que são assim fundamentados são *justos*, e aqueles que tentam usurpar ou desfazer direitos fundamentados são *injustos*. Assim, um sistema legal que considerasse todas as reivindicações de propriedade como "roubo", por exemplo, seria injusto e merecedor de substituição.

---

[9] Reinach, A. 1983. *The Apriori Foundations of the Civil Law*, trad. John F. Crosby, reimpresso em *Aletheia*, vol. III, p. 4-5, 53-54.

Mas e quanto às reivindicações de propriedade intelectual? Será que elas são fundamentadas como as reivindicações sobre martelos e casas? Elas claramente não o são. Embora possamos facilmente argumentar que a invenção de, o trabalho sobre, a possessão de ou a melhoria de uma peça de propriedade fundamentam as reivindicações sobre aquela base material, não há nenhum sentido em que qualquer um destes atos confira qualquer direito natural ou fundamentado sobre cópias daquela base material. Diferentemente dos bens móveis e imóveis, simplesmente não há nenhuma maneira de excluir outros da possessão dos tipos e, portanto, as reivindicações sobre cada cópia de uma base material, sem alguma reivindicação fundamentada prévia, tal como a manufatura ou possessão prévia daquelas bases materiais particulares, não podem ser pré-legais ou pré-éticas. Para essas reivindicações, precisamos ter leis positivas promulgadas. Mesmo sob uma perspectiva lockeana da lei de propriedade intelectual, embora alguém possa argumentar que o trabalho intelectual envolvido confere direitos de lucro sobre cópias do tipo, nenhuma justificativa teórica confere o direito prático ou moral à *possessão* de todas as cópias do tipo. Um novo esquema legal positivo é necessário para assegurar que o autor ou inventor lucre e que os copiadores não autorizados sejam punidos. Tal esquema novo é necessariamente diferente dos esquemas que protegem a posse da terra e de bens móveis sobre os quais os direitos de possessão e, portanto, as reivindicações de posse são mais claramente *fundamentados*. Assim, testemunhamos o recente surgimento da lei de propriedade intelectual, que cria direitos que não são naturais ou fundamentados e que é baseada, principalmente, na eficiência econômica e em preocupações pragmáticas, em vez de em noções de justiça.

Será que os genes se enquadram em alguma noção atual de propriedade intelectual?

Cada instância do genoma humano não registrado é um objeto de ocorrência natural. Sua existência como um ideal abstraído que é instanciado em você, em mim e em todo outro ser humano não tem em sua forma presente nenhum elemento do tipo de expressão descrito acima. Não há nenhuma mistura de trabalho com a forma de qualquer genoma humano presente e, tampouco, há qualquer intenção humana envolvida. Por contraste, as obras de autoria e as invenções são expressões de ideias. Todos os objetos patenteáveis e sujeitos a direitos autorais são objetos feitos pelo homem, produzidos intencionalmente e não são meramente ideias. Seu DNA, ou o meu, ou o de qualquer outro ser que não seja criado por engenharia genética, não é uma expressão, de acordo com essa descrição da propriedade intelectual e, tampouco, o é qualquer subconjunto de um genoma de ocorrência natural (como um gene ou um PNU).

Existem coisas que chamamos de "expressões" associadas aos genes, e isto talvez confunda um pouco as coisas. Por exemplo, os genes são *expressados* através de fenótipos. Toda característica de base genética de nossa aparência, desenvolvimento e metabolismo é uma *expressão* de nossa constituição genética. Essa é a terminologia científica, e o termo "expressado" usado pelos cientistas é muito diferente do termo legal de arte ou de nosso uso coloquial do termo. As expressões, na esfera da lei de propriedade intelectual, como vimos, são produtos de intenções. A distinção entre um pano de cobertura usado para pintura e uma pintura de Jackson Pollock é que o primeiro consiste em acidentes, nenhum dos quais ocorreu com intenção de compor uma obra de arte, ao passo que a última é inteiramente produto de uma tentativa de criar arte. O pano de cobertura não é uma expressão e não pode ser objeto de direitos autorais, ao passo que o produto intencional – uma pintura de borrifos de tinta – é sujeito ao direito autoral, porque é uma expressão. A natureza está repleta de produtos intencionais, embora a maioria seja composta de artefatos humanos. Não precisamos nos aprofundar na inteligência de outras criaturas para concordar que coisas como ninhos de pássaros e cupinzeiros não são elementos auto-organizados do mundo natural e, portanto, são expressões de algum tipo, dado que são produtos de alguma inteligência alterando o mundo. Podemos apropriadamente chamar essas coisas de expressões, apesar de que sem dúvida não estenderíamos qualquer proteção de propriedade intelectual para além dos seres humanos por ora. A distinção relevante entre aquelas coisas que "ocorrem naturalmente" e aquelas que chamamos de "expressões" é a mistura da intenção (ou trabalho) com alguma alteração do mundo natural. Essa é uma distinção que difere da dicotomia entre ideia e expressão e que é subjacente a toda a lei de propriedade intelectual.

Os produtos não alterados da natureza não são expressivos, mas podem ser transformados em expressões através de alguma alteração intencional. Podemos também criar novas expressões *baseadas em* produtos da natureza ou *sobre* eles. Assim, um poema sobre ou uma pintura de uma árvore são expressões. Até mesmo uma fotografia de uma árvore é uma expressão, dado que o fotógrafo mistura sua própria intenção, através da escolha do ângulo, da abertura e de decisões sobre a exposição, cores e assim por diante, quando desenvolve, imprime ou exibe de algum modo a foto. A árvore não é expressiva, mas pode se tornar o objeto de uma expressão. Nós também misturamos intenções com objetos de ocorrência natural, que então se tornam patenteáveis. De fato, toda máquina é a alteração de algum produto natural – como madeira, aço ou minério – com alguma intenção. Em alguma parte do caminho, distinções que antes eram claras se tornaram indistintas e nos levaram às patentes de genes. Primeiramente foram emitidas patentes sobre formas de vida que estão nas fronteiras destas misturas de tipos de expressões, onde coisas vivas foram alteradas, e a sequência de casos discutida antes nos trouxe ao patenteamento dos próprios genes. Isso começou com as patentes de plantas para híbridos criados intencionalmente a partir de plantas existentes. O processo continuou, passando em seguida pelas patentes para organismos criados por engenharia genética e, depois, foi dado um salto para os próprios genes não alterados. Embora haja alguns elementos geralmente expressivos envolvidos em muitas patentes de genes, o raciocínio por trás da extensão de patentes baseadas nesses elementos expressivos a genes isolados ou fragmentos de genes é defeituoso.

Os genes que são objetos de patentes de genes são sempre expressados de alguma maneira em uma solicitação de patente. Um diagrama de uma molécula, por exemplo, é uma expressão da molécula, assim como uma imagem de uma árvore é uma expressão. Uma representação de uma sequência genética com as letras que representam seus pares de base (...CATTCCGG..., por exemplo) também é uma expressão daquela sequência genética. Mas, enquanto uma foto ou uma pintura de uma árvore são expressões únicas dignas de proteção de propriedade intelectual, o diagrama de uma molécula e a linha que representa a sequência de um gene não podem receber tal proteção. Essa limitação é reconhecida na lei de propriedade intelectual e precedentes. As fórmulas químicas, por exemplo, ou as leis naturais não podem ser patenteadas ou submetidas ao direito autoral. O caso seminal da Suprema Corte *Diamond v. Diehr*[10] excluiu especificamente da patenteabilidade "leis da natureza, fenômenos naturais e ideias abstratas". O raciocínio é óbvio: conceder um monopólio sobre essas coisas impede sua aplicação por parte de outros para propósitos úteis, conforme discutimos acima, e não há nenhuma justificativa para recompensar alguém com um monopólio por descobrir algo em vez de criá-lo. Mas essa limitação também exclui necessariamente a proteção de certas expressões, quando essas

---

[10] 450 U. S. 175 (1981).

expressões são o modo padrão de representar aquelas leis da natureza ou ideias abstratas. Há somente um número limitado de maneiras como podemos expressar uma molécula particular através de modelos ou fórmulas, e conceder a qualquer pessoa um direito exclusivo sobre a representação de um produto da natureza impediria outras de utilizarem aquela lei da natureza ou produto natural de maneiras úteis. Além disso, a proteção seria limitada de modo pouco útil.

Suponha que concedamos uma patente ou direito autoral sobre a representação de uma molécula de água, seja através de texto ou imagem. Qual seria o alcance da proteção? Dado que o produto subjacente a ela é de ocorrência natural, a proteção não poderia se estender à própria água, mas apenas àquela representação particular da molécula de água: alguma combinação de H's e O's com alguma característica expressando que há dois átomos de hidrogênio e um de oxigênio. Pode haver centenas de maneiras como poderíamos representar a molécula, mas forçar os cientistas a usarem novos métodos para representar fenômenos naturais, de modo a evitar infringir as expressões protegidas, sobrecarregaria desnecessariamente as instituições da ciência. Além disso, proteger esses tipos de expressões não serviria aos propósitos da lei de propriedade intelectual. Isso não promoveria a inovação e apenas ameaçaria impedi-la.

As patentes concedidas sobre representações de genes e sequências genéticas são exatamente como patentear uma representação da molécula de água. Ambas são representações de produtos de ocorrência natural e, embora haja certamente alguma intenção humana envolvida na representação destes produtos naturais, ela não é do tipo que garante a proteção de propriedade intelectual, nem do tipo que encoraja a inovação. A descoberta de algo natural e a representação daquela coisa, usando uma notação científica comum, não é uma expressão única digna de proteção de propriedade intelectual, e as patentes de genes confundiram essa estabelecida limitação judicial sobre o alcance da lei de patentes. Isso não significa que nenhuma inovação nas tecnologias genéticas possa ser protegida. Assim como há muitas maneiras de proteger inovações na engenharia química ou na manufatura automobilística, onde produtos naturais são submetidos a propósitos novos e úteis, as patentes estão disponíveis para aplicações de conhecimento recém-descoberto sobre o genoma.

O que PODE ser apropriadamente patenteado?

Muitas patentes de genes são perfeitamente válidas, tanto legal quanto eticamente. Todas as patentes válidas usam produtos da natureza de alguma forma, mas elas não estendem a proteção a partes da invenção que ocorrem naturalmente. A maioria das patentes sobre novos compostos químicos envolvem não apenas uma patente sobre o novo composto, mas também uma patente sobre o processo de síntese do composto. Esses tipos de patentes servem como orientação para mostrar como as patentes de genes podem ser emitidas legalmente e, ainda assim, promover a inovação.

É claro que novos genes poderiam ser patenteados se fossem feitos pelo homem. Novas combinações de genes também podem ser patenteadas se forem produtos da intenção humana. Assim, formas de vida criadas por engenharia genética ou formas de vida geneticamente modificadas podem supostamente ser patenteadas de modo justo. Ratos "*knock--out*" como o "*OncoMouse*®" de Harvard foram criados através de engenharia genética para fornecer modelos úteis para o estudo de doenças humanas em estudos animais. O *OncoMouse*® é uma invenção nova, desenvolvida pela mistura da intenção humana com algo do mundo natural, criando algo novo, pelo menos em parte. Há, certamente, em criaturas criadas por engenharia genética, elementos não modificados por engenharia, nenhum dos quais garante patentes, mas as partes novas, as partes inventivas, são objetos apropriados da proteção de patentes. O uso de genes na engenharia genética e a identificação destes genes são encorajados pela possibilidade de obtenção de patentes sobre formas de vida geneticamente modificadas ou criadas por engenharia genética. Muitas formas de vida novas e úteis foram criadas para uso comercial e laboratorial, exigindo primeiramente a identificação de genes e de suas funções. Há toda razão para crer que haverá um valor farmacêutico significativo na criação destas novas formas de vida e em seus produtos. Se tornássemos ilegal amanhã o patenteamento de genes de ocorrência natural, ainda haveria bastante incentivo para usar genes de ocorrência natural em novas invenções que *poderiam* ser patenteadas. Isso geraria pressão para a criação de invenções derivadas (tecnologias utilizando descobertas científicas), em vez de encorajar a "ocupação" original que ocorre hoje.

Hoje são emitidas muitas patentes de genes cuja utilidade atual do gene é meramente a de encontrar o mesmo gene. Isso é um absurdo. É como patentear o elemento ferro e, depois, afirmar que a utilidade do ferro é encontrar ferro, ou como patentear o Rochedo de Gibraltar e depois afirmar que a utilidade da patente está em localizar o Rochedo de Gibraltar. Eu poderia continuar, mas você entendeu o ponto. A grande utilidade potencial dos genes para a ciência e para o comércio vem do papel que os genes desempenham no desenvolvimento e no metabolismo dos organismos vivos. Uma vez que compreendamos inteiramente como cada gene se relaciona à saúde ou a outras características fenotípicas úteis, podemos fazer coisas que curem doenças, resolvem enfermidades, desenvolvem organismos novos e úteis para produzirem drogas para nós, ou compreender as maneiras como as drogas interagem com diferentes criaturas ou com metabolismos individuais. Ao conceder patentes sobre os próprios genes, como no caso da doença de Canavan ou de outros genes de ocorrência natural, estamos estorvando o sistema na origem, desencorajando o trabalho útil de criar curas, criando obstáculos indevidos para aqueles que desejam realizar o trabalho duro de compreender a utilidade natural dos genes em estado natural e usar esse conhecimento para criar algo novo. Ademais, isso é contrário à lei e ao espírito das patentes.

As patentes deveriam estar disponíveis para aqueles que fazem o difícil trabalho de aplicar as descobertas do papéis, usos e funções dos genes a novas tecnologias. Esse é o caso com toda a engenharia química. Nenhum dos elementos de ocorrência natural da tabela periódica pode ser patenteado, mas todos os dias novas invenções e processos químicos são patenteados. As patentes são emitidas não apenas para os compostos químicos recém-criados que não aparecem na natureza, mas também para os processos pelos quais eles são extraídos ou sintetizados, se estes forem não óbvios, novos e úteis. O mesmo poderia valer para as tecnologias genéticas. Enquanto o gene bruto não pode ser legitimamente patenteado como um produto da natureza, processos novos e úteis para a utilização de genes de ocorrência natural podem ser patenteados através do desenvolvimento de novas e benéficas terapias, compostos farmacêuticos e assim por diante.

Façamos uma analogia entre a situação atual envolvendo as patentes de genes e uma situação hipotética envolvendo a tabela periódica dos elementos. Nessa analogia hipotética, a tabela periódica de elementos foi subitamente "mapeada" por inteiro e todos os elementos foram descobertos, identificados e situados em sua configuração atual na tabela periódica. Os descobridores de cada elemento começam então imediatamente a solicitar patentes sobre elementos individuais. A patente para o hidrogênio, por exemplo, lista a utilidade da patente como incluindo seu "uso para a descoberta do hidrogênio no ambiente" como sua principal utilidade. A patente é emitida antes de vários outros usos do hidrogênio na engenharia química serem descobertos, incluindo, por exemplo, seu uso "como um gás útil para erguer dirigíveis" ou como um meio de "hidrogenar vários alimentos", ou mesmo "para uso em combinação com o elemento oxigênio na produção de água". Agora, o possuidor da patente para o hidrogênio pode reclinar-se e cobrar dividendos sobre todos esses vários usos, se alguém desejar dedicar-se a eles a despeito dos custos de licenciamento, ou o detentor da patente pode gozar de um monopólio sobre a criação de tecnologias que colocam o hidrogênio em uso, se ele ou ela desejar despender o tempo para inventar aplicações úteis. Mas não há nenhuma pressa em particular. O monopólio dura vinte anos, e os dirigíveis e a hidrogenação podem simplesmente ter de esperar até que a descoberta retorne para o domínio público. Claramente, isso não seria ideal e atrapalharia a inovação, sendo contraproducente em relação aos propósitos das leis de propriedade intelectual e correndo contra a letra e o espírito destas leis.

Os genes e a lei: onde eles se encaixam?

Conforme argumentei, a lei de propriedade intelectual pode ser flexível. Ela não é fundamentada em quaisquer fatos brutos do mundo, mas é *guiada* por alguns fatos brutos. A dicotomia entre ideia e expressão, por exemplo, guia o desenvolvimento das leis de propriedade intelectual. Uma vez que nada fundamenta os direitos de propriedade intelectual, podemos escolher concedê-los ou eliminá-los, sem violar princípios de justiça, mas não podemos romper a dicotomia entre ideia e expressão de modo justo. A eficiência econômica e nossas preocupações com a sustentação dos propósitos das leis de propriedade intelectual que escolhemos criar sugerem que a concessão de direitos de monopólio sobre produtos da natureza seria algo ineficiente, desajeitado e pouco sábio, mas será que seria algo injusto? De fato, a lei de propriedade intelectual pode estar além da esfera da justiça. Pode ser que ela seja melhor debatida como um instrumento econômico, proveitosa para a promoção das artes úteis e criativas, mas não dependente de considerações de justiça, nem capaz de afetá-las. Contudo, onde a lei de propriedade intelectual cria dificuldades acerca da liberdade de ideias, ela pode tender para a injustiça. As patentes de genes parecem inclinadas nessa direção.

Em trabalhos anteriores, sugeri que poderíamos eliminar a lei de patentes e criar uma medida unificada de proteção de propriedade intelectual, reconhecendo o erro da dicotomia entre obras de autoria e outras criações utilitárias. Eu reconheci que essa é apenas uma possibilidade muito remota, e não um desenvolvimento provável no futuro próximo. Atualmente há muitas coisas que dependem das patentes e de seu valor para nossa economia e para nossas instituições. Mas se mantivermos o sistema de patentes, o mínimo que podemos fazer é assegurar que ele funcione racionalmente e dentro dos limites que a legislatura e o judiciário estabeleceram para ele, bem como que ele permaneça consistente com seus propósitos para encorajar a inovação. De modo consistente com esses limites e propósitos, as patentes para genes em sua forma bruta não deveriam ser emitidas. Isolá-los não é suficiente, não é inovador e equivale na prática à mera "ocupação" de territórios, em vez do tipo de inovação promovida pela lei de patentes. Mesmo sem argumentar sobre a justiça das patentes de genes, podemos ver sua lógica defeituosa. Devemos então consertar o sistema, alterando a lei de patentes de modo que produtos de ocorrência natural (como o hidrogênio, por exemplo) possam ser patenteados, ou reconhecer que o PTO excedeu sua autoridade e corrigi-lo legislativa ou juridicamente. Mas a justiça também poderia estar implicada quando regimes de propriedade intelectual suprimem direitos que possam existir sobre categorias de objetos subitamente considerados patenteáveis. Se, por exemplo, as ideias fossem consideradas possíveis de serem patenteadas ou sujeitas a direitos autorais, e não simplesmente suas expressões, isso limitaria nossa autonomia e nossa privacidade, e estaria supostamente suprimindo uma "propriedade comum" – o reino das ideias. Consideraremos essa possibilidade adiante, uma vez que ela sugere não apenas que as patentes para genes são ilógicas e estendem as categorias existentes de propriedade intelectual para além da razão, mas também que elas podem ser injustas.

Embora os genes não sejam patenteáveis ou sujeitos a direitos autorais (não sendo uma expressão utilitária nem estética) de modo apropriado ou justo, pode ser que eles se encaixem em outros esquemas de propriedade. Será que podemos argumentar que *seus* genes únicos são propriedade sua e que os *meus* são propriedade minha? Os esquemas e as leis de propriedade existiram desde muito antes dos regimes de propriedade intelectual e, como argumentei acima e em outros lugares, eles são fundamentados em fatos brutos de possessão. Examinaremos abaixo se e em que medida as leis de propriedade existentes podem se aplicar a reivindicações sobre genes e também exploraremos coisas que não são geralmente consideradas possíveis de serem possuídas como parte da assim chamada "propriedade comum". Veremos então se os genes se encaixam em quaisquer dessas classificações existentes e o que isso pode implicar para as patentes de genes, para a possibilidade de posse, para a identidade pessoal e para as preocupações globais sobre a prática da bioprospecção de materiais genéticos em nossa espécie e em outras.

7. O DNA e a propriedade comum

Discutimos um pouco os vários modos de existência da propriedade, indo desde a propriedade intelectual até os bens móveis e imóveis (terra). Conforme argumentei e como é aparente através da história e das instituições legais, a ocupação e a possessão da terra e de bens móveis criam presunções *prima facie* de posse. Esses costumes são enraizados em fatos brutos reconhecidos por normas legais e, eventualmente, sociais. Os fatos da possessão e de indícios geralmente reconhecidos de posse dão ensejo a reivindicações válidas de direitos de propriedade sobre esses tipos de objetos, uma vez formadas as instituições legais. Por outro lado, a habilidade física de excluir outros da possessão, que está ausente na esfera das ideias (exceto pelo mero segredo, em certa medida), torna os regimes de propriedade intelectual necessariamente criações da lei positiva, sem qualquer fundamento no mundo dos fatos brutos da possessão. Assim, podemos geralmente criar leis de propriedade intelectual conforme acharmos adequado e consistente com nossos objetivos pragmáticos de encorajar a inovação ou noções lockeanas de trabalho intelectual e moralidade, bem como de fornecer acesso a novos inovadores no devido curso.

Atualmente, o DNA humano não modificado por engenharia genética está sendo patenteado.[1] Vimos que essas patentes não se encaixam acuradamente em qualquer esquema atualmente aceito de proteção de propriedade intelectual. Agora deveríamos considerar (1) se o DNA se encaixa em outras formas de proteção de propriedade (terra, bens móveis etc.), (2) se o DNA garante uma forma nova e única de proteção de propriedade ou (3) se o DNA pertence à classe dos objetos que geralmente consideramos ser "propriedade comum".

Uma vez tendo respondido a estas questões, seremos mais bem capazes de determinar se há quaisquer problemas éticos válidos derivados das patentes de genes não modificados por engenharia genética e quais alternativas podem existir. Podemos decidir que, mesmo que nenhum esquema atual de proteção legal seja suficiente para assegurar os direitos de um indivíduo sobre seus próprios genes, alguma nova forma de proteção semelhante à propriedade deva existir. Tal direito de propriedade poderia proteger os direitos dos indivíduos ou pode até mesmo proteger os "descobridores" de genes naturais (não modificados). Os esquemas atuais de proteção de patentes para genes são inteiramente novos, não garantidos por precedentes e absolutamente aberrantes quanto à aplicação da lei de patentes. Não obstante, é preciso examinar

---

[1] Gargano, B. 2005. "The quagmire of DNA patents: are DNA sequences more than chemical compositions of matter", *Syracuse Science and Technology Law Reporter*, Rep. 3, 5.

como os esquemas de propriedade intelectual podem servir como orientação para novas formas de proteção de propriedade intelectual para genes, se de fato aqueles genes se encaixam nas dimensões clássicas da propriedade intelectual.

Esquemas atuais de proteção de propriedade intelectual

Os genes são bastante semelhantes a expressões, exceto por uma importante distinção legal e filosoficamente relevante. Enquanto a distinção entre tipo e base material presente em outras formas de expressão serve como argumento em favor da classificação dos genes como semelhantes a outras expressões, eles não são produtos da intenção humana. Como argumentei antes, no entanto, decidir que algo é uma expressão determina se esse algo é apropriadamente patenteável ou sujeito a direitos autorais, dado que ambos os tipos de objetos são expressivos. Na realidade, o fator determinante é: sua utilidade é mais utilitária ou estética? As máquinas são expressivas de ideias, assim como os livros e as palavras presentes nos livros, e há tipos e bases materiais para cada um deles. Reproduzir um objeto patenteável sem licença viola os direitos de propriedade do detentor da patente exatamente como a reprodução de uma obra de autoria sem licença viola os direitos autorais. Tomamos decisões pragmáticas para conceder mais amplitude para a sobreposição potencial de expressões estéticas do que para expressões primariamente utilitárias. Também decidimos passar as expressões primariamente utilitárias mais rapidamente para o domínio público do que as primariamente estéticas. Essas decisões refletem preocupações pragmáticas, ditadas por prioridades da sociedade, em vez de por qualquer direito natural sobre os tipos. Talvez essa dicotomia reflita nossas raízes protestantes ao preferirmos a utilidade em detrimento dos meros prazeres estéticos.

Os esquemas atuais de proteção de propriedade intelectual recompensam a inventividade humana. Os direitos autorais recompensam a inventividade estética, e as patentes recompensam a inventividade tecnológica, em contraste com a descoberta científica. A descoberta científica foi historicamente recompensada através das instituições da ciência, e as recompensas incluem prestígio, dinheiro de financiamento, indicações em faculdades, fama e reconhecimento. O único momento em que os genes se encaixam nesse modelo é quando eles são modificados. A engenharia genética é o processo de fazer com que a inventividade humana influencie o meio do material genético. Diferentemente da reprodução sexual, a engenharia genética tem como seu propósito principal a criação de novas formas de vida, com novas estruturas genéticas especificamente determinadas, guiada pelo estado atual do conhecimento científico sobre os papéis de genes específicos. As criaturas geneticamente modificadas são, portanto, objetos patenteáveis, como a decisão do caso *Chakrabarty* e seus sucessores corretamente estabeleceram. O que esses casos não podem estabelecer, não havendo uma reescrita completa do código de patentes, é que os genes humanos de ocorrência natural, não modificados pela intenção humana, sejam patenteáveis de algum modo. Não obstante, isso é exatamente o que foi estabelecido pela decisão do caso *Moore*, conforme interpretado pelas ações do Escritório de Patentes e Marcas Registradas. A saber, hoje vivemos em um mundo onde mais de 20% dos genes humanos são literalmente possuídos por detentores de patentes, que incluem corporações, institutos de pesquisa e universidades.[2] Essa mudança recente mostra que a lei se modifica para refletir mudanças de prioridades. Há outros exemplos históricos desse tipo de flexibilidade. Em certo período nos EUA, as prioridades da sociedade não nos compeliam a proteger nomes. Quando essas prioridades mudaram, de modo que o Congresso aprovou o Decreto Lanham (de Marcas Registradas; título 15, capítulo 22 do Código dos Estados Unidos), uma nova forma de proteção para expressões já existentes começou. Podemos decidir que os genes de ocorrência natural garantam um passo como esse e que alguma nova forma de proteção de propriedade intelectual deva ser criada para os genes, de modo que aqueles que os descubram, embora não façam nada de inventivo para criá-los, possam não obstante demarcar esse território como seu. Se fizermos isso, mudaremos radicalmente uma das principais características da lei de propriedade intelectual.[3] Recompensaremos a descoberta de produtos existentes da natureza, em vez da invenção de alguma nova expressão. A não ser que decidamos, por al-

---

[2] Kane, E. M. 2004. "Splitting the gene: DNA patents and the genetic code", *Tenessee Law Review*, vol. 71, p. 707.
[3] Chander, A. e Sunder, M. 2004. "The romance of the public domain", *California Law Review*, vol. 92, p. 1331-1374.

guma razão, que os genes são os tipos de coisas que alguém não pode adequadamente "possuir" de qualquer maneira, podemos certamente modificar a lei positiva da propriedade intelectual e expandi-la dessa maneira. Conforme mencionado acima, há um paralelo significativo entre os genes e outras formas de propriedade intelectual, a saber: a distinção entre tipo e base material ou aquilo que os advogados de patentes chamam de dicotomia entre ideia e expressão. Exceto que o tipo, que no caso dos genes é a sequência de pares de base, não é uma ideia. Ele é um produto natural de processos evolutivos completamente não guiados pela intenção. Os 99,6% de DNA que compartilhamos uns com os outros incluem os quase 25.000 genes que abrangem a constituição de nossa espécie e nos definem em contraste com todas as outras espécies. Somos produtos da evolução, e não da inteligência ou do planejamento. A única maneira de argumentarmos que os genes são expressões seria aceitar alguma noção de um arquiteto inteligente como a gênese da vida. Se esse fosse o caso, as patentes estariam sendo concedidas à parte interessada errada, e Deus teria um processo bem grande de infração a apresentar!

Assim, os genes não podem ser cobertos pelos esquemas existentes da lei de propriedade intelectual, mesmo embora a lei atualmente aplique erroneamente as patentes a genes de ocorrência natural. Eles não são expressões e, também, não são invenções. Isso não exclui a possibilidade de que os genes se encaixem em alguma outra forma ou interpretação nova de outros tipos de propriedade. Como mencionamos acima, as coisas são possuídas segunda uma ampla variedade de maneiras.

Formas existentes de proteção de propriedade

A propriedade inclui qualquer coisa que possa ser possuída, em contraste com a propriedade intelectual, que não pode ser possuída sob qualquer interpretação normal da possessão. Em outras palavras, a lei de propriedade cobre as bases materiais. A possessão de uma base material exclui a possessão simultânea daquela base material por parte de outro exatamente da mesma maneira. Isto é válido até mesmo para os bens imóveis. Embora os bens imóveis possam ser possuídos em conjunto, cada instância da possessão ocorre de uma maneira levemente diferente. Por exemplo, um bem imóvel pode ser possuído por ocupação daquela terra, apartamento ou edifício, mas dois possuidores não ocupam aquela propriedade exatamente da mesma maneira. Assim também uma possessão intitulada de um bem imóvel, na qual é dado ao possuidor algum documento, assinalando uma forma legal ou institucional de possessão, indica uma possessão solitária, conjunta ou de várias pessoas, ou alguma forma limitada de possessão, tal como um arrendamento. Contudo, dois possuidores não podem ocupar qualquer porção única da possessão, excluindo totalmente um outro possuidor, nem podem, em virtude de fatos brutos, ocupar simultaneamente a mesma porção da possessão precisamente, mesmo embora o título reconheça seu direito de fazê-lo.

Isso é importante porque indica como as instituições sociais de possessão refletem fatos brutos. Os fatos da possessão e da ocupação necessariamente ditam a lei que reconhece esses fatos. Cada possuidor de uma parte em custódia de um bem imóvel deve, não obstante, exercer algum domínio contínuo sobre seu imóvel, à exclusão de possuidores potenciais não dotados de título (aqueles que poderiam "ocupar" a terra), ou arriscar perder o reconhecimento legal de sua possessão, através de instituições de posse. Deixando de lado as questões de "posse", porque os genes humanos são possuídos por cada membro da espécie humana, não há nenhuma maneira de exibir tal exclusividade, nem de impedir outros de possuírem os genes que cada um de nós tem. Os genes diferem dos bens imóveis da mesma maneira que a propriedade intelectual o faz. Possuir genes, assim como possuir ideias, é algo que não implica rivalidade. De modo importante, o próprio fato de que compartilhamos aproximadamente 99% de nossos genes nos possibilita interagir socialmente, porque faz com que sejamos membros da mesma espécie, com capacidades, desejos, necessidades e inclinações semelhantes, e uma história compartilhada.

A possessão de bens móveis funciona de modo semelhante. Normalmente, a possessão é o indicador mais claro de posse, e a instituição social da posse legal reflete os fatos brutos associados à possessão. Minha possessão de certo objeto normalmente exclui a de outra pessoa, e a força, alguma doação, troca ou outra forma socialmente reconhecida de alterar a possessão, é necessária para modificar o estado de coisas original. Novamente, os genes não funcionam dessa maneira. Minha possessão de certo gene, ao mesmo tempo que não é exclusiva, não implica rivalidade. O fato de eu possui-lo não significa que você não possa também possuir o gene idêntico e, tampouco, o fato de eu possui-lo impede você de gozar de seus benefícios (ou danos). Além disso, minha possessão é inteiramente não intencional de minha parte. A maioria das formas de possessão se torna formas de posse legalmente reconhecidas devido à intenção humana. Alguém não pode normalmente possuir algo "de modo acidental". Supostamente, uma pessoa também não pode possuir algo inadvertidamente. As normas sociais, conforme refletidas na lei, encorajam, portanto, a posse "responsável", ao permitirem a possessão adversa de objetos ou terras por parte daqueles que exibem indícios responsáveis e conscientes de posse, a despeito da possessão prévia por parte de outro, quando aquela possessão prévia era irresponsável. Em suma, a possessão e a posse exigem em algum nível algum conhecimento e intenção de serem mantidas contra reivindicações adversas. Finalmente, a possessão e a posse de bens móveis e imóveis, todos os quais são bases materiais, envolvem necessariamente a exclusão real de outros da possessão ou algum direito de excluir, que podem ainda ser superados por alguma indicação da falha do possuidor prévio em demonstrar responsavelmente que aquela possessão ou em excluir vigorosamente outros.

Isto nos leva ao problema dos genes. Embora todos nós sejamos compostos de células dirigidas em seu desenvolvimento e metabolismo por genes, possuímos as bases materiais e os tipos de modo diferente. Quer dizer, todos nós compartilhamos os tipos em comum, pelo menos na medida em que nossos genes são geralmente idênticos em estrutura. Nem mesmo os polimorfismos de nucleotídeo único são únicos a qualquer indivíduo particular, embora a soma de todos os polimorfismos de nucleotídeo único

(PNUs) em uma dada pessoa seja, de um ponto de vista estatístico, provavelmente única. Estas alterações em pares de bases únicos ocorrem em populações, ou em famílias, ou mesmo em indivíduos aleatórios, mas nada impede que eles ocorram amanhã em mais um outro indivíduo. Minha possessão de um gene particular, ou de um PNU particular, não faz nada para excluir uma possessão semelhante por parte de outra pessoa. De fato, essa possessão é tipicamente desconhecida por completo pelo possuidor, a não ser que ele ou ela tenha usado algum tipo de tecnologia para examinar seu genoma, seja de modo completo ou parcial.[4]

O reconhecimento da dicotomia entre tipos e bases materiais nos genes torna claro que nossa possessão de um gene particular se estende somente às fronteiras limitadas de nosso corpo, e não ao tipo que é compartilhado por outros membros da espécie, ou mesmo além da espécie, ou que pelo menos não é excluído da possessão por parte de outros. Então, o que se pode dizer que "possuímos" ou pelo menos temos em relação a nós mesmos? As normas sociais, as leis, as regras e os princípios éticos geralmente reconhecidos parecem capturar um senso disso ao protegerem nossos direitos, pelo menos em alguma medida, sobre as fronteiras de nossos corpos e suas proximidades imediatas. As invasões de nossos corpos e suas proximidades imediatas desafiam

---

[4] Comparar com Spinello, R. A. 2004. "Property rights in genetic information", *Ethics and Information Technology*, vol. 6, p. 29-42 (discute argumentos utilitaristas contra os direitos de propriedade originários sobre genes).

algum direito, seja ele um direito de propriedade ou um direito de privacidade, mas, uma vez que alguma parte de nós *deixa* nosso corpo, qualquer direito sobre ela normalmente desaparece (assumindo que o modo de extrair a amostra tenha sido não violento, consensual e não acidental). Tudo isso parece indicar que os genes não se encaixam em qualquer categoria típica de propriedade. Sua possessão normalmente é não exclusiva, não implica rivalidade e não é excluível, mesmo que possa ser acidentalmente exclusiva. Boa parte da confusão na lei acerca da possessão e patenteabilidade dos genes parece derivar de uma igualação não autorizada dos tipos e bases materiais associados aos tecidos e aos genes, conferindo assim àqueles que vêm a deter uma base material particular de um gene, em virtude de alguma liberação ou consentimento, a habilidade simultânea de controlar a expressão daquele gene (o tipo) de maneiras que o possuidor original nunca poderia fazer (como no caso *Moore*). Isto é claramente algo anômalo na lei. Nenhum outro tipo que é simplesmente descoberto pode ser possuído dessa maneira. Conforme os esquemas de propriedade intelectual existentes, a fim de vir a "possuir" um tipo (como um direito autoral ou uma patente), alguém deve misturar sua própria intenção ou trabalho intelectual com algum item de ocorrência natural e criar algo novo. Nada relacionado à ontologia dos genes garante a extensão dessa nova forma de posse a esse tipo em particular. Pode ser que decidamos que o DNA garante uma nova forma de proteção para encorajar a inovação, mas ele claramente não se encaixa em formas existentes de proteção de propriedade intelectual ou de outros tipos de propriedade.

Fatos brutos e genes

Como os genes, o DNA, os seres humanos e as pessoas se relacionam uns com os outros, e em que medida as analogias com outros tipos de direitos de propriedade são válidas? Esclarecemos algumas coisas. Por exemplo, os genes não são expressões do tipo ao qual foi concedida a proteção de propriedade intelectual. Em seu estado natural, eles não são produtos da intenção humana e, portanto, não devem receber proteção de propriedade intelectual. Eles são produtos naturais, resultantes de forças evolutivas, mas ligados a nossa individualidade, personalidade e identidade como nenhuma outra coisa. Não há nenhuma analogia entre os genes e as expressões, mas outras analogias poderiam ser apropriadas. Os genes são um elemento necessário da identidade humana individual e de nossa identidade como espécie, e algum subconjunto de nossos genes é necessário para a personalidade. Isso é o que podemos dizer com confiança, embora tenhamos de esclarecer as implicações para os direitos, deveres e obrigações que podem fluir naturalmente desses fatos.

Uma pequena porção de nosso DNA, talvez 1 ou 2% (incluindo genes, PNUs e variações de número de cópias), faz de nós, de modo único, quem somos. Um PNU, no qual um único par de bases é alterado, é suficiente para provocar doenças e outras características identificáveis menos prejudiciais. Até mesmo os gêmeos idênticos podem ter esses PNUs, que fazem com que um seja diferente do outro de maneiras vitais. Não é incomum entre gêmeos idênticos que um sofra de Síndrome de Tourette ou alguma outra doença ou condição que faz os dois diferirem de maneiras notáveis. A maior parte de nosso código genético é compartilhada entre nós, contudo essas pequenas mudanças menores são suficientes para nos tornar únicos. A soma das combinações de genes compartilhadas entre nós, cada uma das quais pode conter pequenas variações, e de todas as porções únicas de nossos genomas individuais nos ajuda a nos tornar quem somos fenotipicamente. Essas variações fenotípicas também se modificam pela interação com o ambiente, que pode alterar a expressão dos genes por todo o corpo.

Então como esses genes se relacionam com você? Eles não são produtos de nossa intenção, embora de muitas maneiras eles nos tornem quem somos. Será que essa correlação estreita entre os genes e a identidade implica algum direito sobre a apropriação daquela parte de seu genoma que é *unicamente* sua? Você não misturou seu trabalho com seus genes, então por que você deveria ter qualquer direito de propriedade sobre eles? Será que o fato de eles serem um elemento necessário de sua identidade é suficiente para conferir algum direito pessoal de controle sobre o uso deles? Diferentemente dos bens móveis e imóveis, não há nenhum rompimento necessário de sua possessão na apropriação do material ou informação genética por parte de outra pessoa. Não há nenhuma transgressão no sentido tradicional, se eu encontro um fragmento de sua pele, por exemplo, decodifico seu genótipo, encontro algo clinicamente útil e ganho um milhão de dólares a partir de algum produto médico. Você não foi privado de nenhuma propriedade, e eu não violei sua autonomia corporal, então e daí se alguma coisa foi tirada de você? Será que algum direito foi violado?

O fato de que não parece ser transgressão usar o genoma ou os genes de alguém, uma vez que esse uso não parece privá-lo de alguma propriedade, poderia ser a razão pela qual estamos hoje operando sob um sistema no qual os genes são tratados como propriedade intelectual, a qual também é tipicamente considerada como não exclusiva e não envolvendo rivalidade. Contudo o DNA e os genes são claramente diferentes de qualquer outra propriedade intelectual e deixam de cumprir exigências essenciais para essa categoria, dado que eles não são produtos de intenções humanas. Eles não são como os bens móveis e imóveis, dado que o uso ou apropriação de genes não requerem o abandono de algo tangível, nem requerem uma transgressão ou a privação de qualquer direito possessório por parte do indivíduo de cujos genes são apropriados. Parece que os genes se encontram fora da esfera dos tipos de direitos de posse que tipicamente criamos ou reconhecemos. Embora os genes sejam uma parte de nós, até mesmo no grau em que eles ou subpartes deles podem ser únicos a nós e necessários para nossa identidade, nós não os possuímos de qualquer uma das maneiras como possuímos qualquer outra coisa. Isso deixa em aberto algumas possibilidades. Outra possibilidade é que haja uma outra forma de posse que é única dos genes. Outra possibilidade é que a posse seja o paradigma errado para os genes e que algum outro objeto social abarque as relações entre pessoas e genes.

O genoma humano em geral é uma forma de propriedade comum. Ele é possuído conjuntamente por cada membro da espécie, e isso é uma questão de fato bruto. Não há nenhum meio pelo qual ele possa ser naturalmente limitado, ele é não exclusivo e não implica rivalidade, e minha possessão de um PNU, gene ou combinação destes em particular não priva outras pessoas de sua possessão ou do uso desses PNUs e genes. Se começarmos a conceder uso exclusivo sobre porções do genoma, teremos certos resultados anômalos e ridículos na prática. Ter um bebê de fato violaria tecnicamente uma patente se aquele bebê carrega um gene patenteado, dado que ele é resultado de uma reprodução não autorizada. Quer fosse ou não realizado, este seria claramente um esquema insustentável. Colocado de modo simples, podemos fazer uma analogia entre os genes e a água, o ar e outros recursos considerados parte da propriedade comum, e essas analogias são *pré-éticas*. Elas são fundamentadas em fatos brutos da existência. Assim como a água e o ar, nós podemos engarrafá-los, mas nunca podemos fazer isso de uma maneira que naturalmente exclua seu uso por parte de outros, pelo menos não em seu estado natural e não modificado.

Não parece haver nenhum fato bruto que fundamente os direitos de propriedade sobre genes como tipos, mas isso não significa que se possa apropriar-se deles eticamente para uso privado. Há outros direitos além dos direitos de propriedade. Há direitos de autonomia e privacidade, por exemplo, fundamentados nos fatos brutos da integridade corporal. Por exemplo, você não detém a posse de seu braço, de seus rins ou mesmo de seu coração, pelo menos não de maneiras consistentes com outros tipos de posse. Você não pode vender seus órgãos.

Eles são uma *parte* de você, mas eles geralmente não são considerados propriedades alienáveis (embora certos órgãos possam ser *doados* enquanto o doador está vivo). Direitos tais como os de autonomia, privacidade e um direito de viver supostamente emergem de fatos brutos e relações entre você e seu corpo, e esses direitos parecem não ter nada a ver com relações de propriedade. Como uma regra geral, as relações de propriedade não existem entre os seres humanos e suas partes, nem entre seres humanos e outros seres humanos. Esclarecer toda a ontologia dos seres humanos, de suas partes e das relações entre eles que impedem os direitos de propriedade está além do escopo deste livro. É suficiente dizer que há outras maneiras como os direitos emergem, além de através das relações de propriedade, e que violações de nossa autonomia, privacidade ou vida são privações que decidimos merecer proteções legais, embora não envolvam propriedade.

Uma proteção única para o DNA?

Criamos novas formas de propriedade, anteriormente não protegidas pela lei e não fundamentadas em métodos de controle, possessão ou posse baseados em fatos brutos ou naturais. A propriedade intelectual evoluiu dessa maneira, como uma legislação puramente positiva, e se desenvolveu por estágios. Segredos de ofício, depois cartas patentes, direitos autorais e, finalmente, patentes de plantas, marcas registradas e outros métodos inovadores de proteger a inventividade foram desenvolvidos. O propósito dessas leis foi encorajar e promover a inovação, recompensando os inovadores. Dado, contudo, que o domínio da proteção desses novos tipos de proteção de propriedade se estendeu sobre uma esfera anteriormente não protegida – a saber, a expressão de ideias –, uma conciliação foi feita na maioria dessas leis, mediante a limitação dos termos da proteção. As proteções sob esses novos esquemas variaram desde monopólios fortes e breves sobre expressões, como no caso das patentes, a proteções mais fracas e de maior prazo para expressões estéticas. Esses vários esquemas refletem prioridades culturais e econômicas, e variaram enormemente ao longo do tempo e entre as nações.

Nos sentimos livres para alterar as formas dessas proteções ao longo do tempo, à medida que emergiram novas prioridades econômicas, culturais ou políticas. Podemos nos sentir igualmente livres para desenvolver novos modos de proteções semelhantes à propriedade para cobrir os genes, seja em sua descoberta, expressão, uso, ou qualquer combinação destas. A única razão atenuante pela qual poderíamos escolher não criar um tal esquema seria se ele viesse a contradizer algum outro direito previamente existente sobre os genes. As leis de propriedade intelectual cobrindo invenções e expressões estéticas não entram em conflito com qualquer outra reivindicação de direito sobre ideias. Como discuti em detalhes, nenhuma tal reivindicação de direito poderia ser fundamentada em fatos brutos. Novas formas de proteção, concedendo direitos de propriedade e uso sobre o DNA, seriam aceitáveis se nenhuma outra reivindicação de direito por parte de indivíduos ou grupos pudesse ser dita fundamentada nos fatos brutos de sua existência.

Como tais esquemas poderiam ser desenvolvidos, assumindo que não conflitassem com quaisquer reivindicações de direitos existentes? Podemos imaginar um conjunto literalmente ilimitado de possibilidades. Poderíamos escolher criar algo semelhante aos monopólios de propriedade intelectual existentes, para aqueles que descobrem genes. Assim como aquelas concessões de terras no oeste americano durante as grandes corridas de terras, esses seriam concedidos com base na chegada, para o grupo responsável por decodificar um gene, simplesmente em virtude da publicação. O monopólio poderia ser forte, impedindo qualquer pessoa de utilizar aquele gene em qualquer produto, por qualquer período de tempo que escolhêssemos. O monopólio poderia ser fraco, simplesmente exigindo alguma forma de licença ou outro pagamento material, ou mesmo apenas o reconhecimento para o descobridor. É possível até mesmo escolhermos conceder aos indivíduos direitos fortes sobre aquela parte de seu genoma que lhes é única. Esse tipo de regime poderia preservar os objetivos de propriedade e privacidade das leis de identidade pessoal. Podemos fazer isso, sem nenhuma consequência para a justiça, contanto que não exista nenhum outro direito sobre os tipos dos genes. Por outro lado, podem existir outros direitos conflitantes, que impliquem, portanto, preocupações de justiça e nos impeçam de simplesmente criar novos esquemas de posse sem referência a esses direitos.[5]

---

[5] Dickenson, D. 2004. "Consent, commodification, and benefit sharing in genetic research", *Developing World Bioethics*, vol. 4, n. 2, p. 109-124.

Se decidíssemos, por exemplo, que o genoma humano é um recurso compartilhado, poderíamos desenvolver esquemas de remuneração que beneficiem a todos nós, exigindo impostos ou taxas para o uso desse recurso compartilhado. Seria concebível até mesmo que decidíssemos tratar o DNA como possível de ser submetido a direitos autorais, se não houvesse nenhum outro impedimento moral acerca de tal esquema.[6] Poderíamos escolher conceder remunerações com base em populações, de modo que, quando um gene ou PNU fosse unicamente ligado a certa população, os membros daquela população fossem conjuntamente recompensados por seu uso lucrativo. Poderíamos até mesmo escolher tratar o DNA e os genes, contanto que não seja criados ou modificados por engenharia, como impossíveis de seres possuídos de qualquer maneira. Poderíamos tratá-los como parte da "propriedade comum" ou aquela parte do mundo natural à qual toda pessoa tem acesso e que não pode ser contida. Vamos explorar essa opção, primeiro examinando a natureza da propriedade comum em geral e, depois, suas justificativas teóricas.

---

[6] Wilson, S. R. 2004. "Copyright protection for DNA sequences: can the biotech industry harmonize science with song?", *Jurimetrics*, vol. 44, p. 409-463.

A noção de propriedade comum

A posse privada de propriedade emergiu como a instituição legal dominante cobrindo os modos de possessão, pelo menos no mundo ocidental. Estimuladas pelo pensamento de Adam Smith e John Locke, as democracias liberais hoje encorajam e apoiam a posse privada de bens móveis e imóveis. As instituições legais e as normas sociais que vieram antes delas protegem os direitos individuais de possessão. A posse implica direitos de possuir algo à exclusão de outras pessoas, de utilizar algo de quase qualquer maneira (com exceção do desperdício, no caso da terra), de alienar através de venda, doação, troca ou disposição e, frequentemente, de transmitir a posse a outra pessoa no momento da morte. Ao longo do tempo, o conjunto de itens possíveis de serem possuídos aumentou. Sob os regimes feudais, toda a terra era geralmente possuída pelo soberano, e indivíduos possuíam terras, em vários graus, conforme a concessão do soberano. Até hoje, nos EUA, a terra possuída "em posse absoluta" (o sentido mais pleno da posse de terra) ainda é sujeita a ser tomada pelo Estado sob certas condições. Isto é chamado de domínio eminente, e o Estado ainda é considerado "soberano" (mas sem qualquer noção de direito divino).

Os limites sobre a possessão de terras, que incluem as doutrinas do desperdício e da possessão adversa, reconhecem limites naturais sobre a possessibilidade da terra. Um inquilino só pode essencialmente possuir uma quantidade de terra que ele possa continuar a usar, melhorar e ocupar, de fato, por certos períodos de tempo. Esses limites nos levam à noção de propriedade comum. Na antiga lei britânica, alguém podia delimitar alguma parte da terra que era considerada parte da "propriedade comum" e, assim, vir a possuí-la. Isso deriva da noção de que um possuidor é alguém que utiliza e melhora, e os possuidores perdem os direitos de possessão se deixam de fazer essas coisas por um período suficiente de tempo. A propriedade comum é um antigo conceito da lei inglesa e descreve qualquer terra que, embora possa ser possuída por uma pessoa, é utilizável por todos em alguma medida. As áreas verdes das aldeias, os pastos, locais de passagem, locais de lazer e outros objetos semelhantes eram formas típicas de "propriedade comum". É claro, Garret Hardin famosamente descreveu a "tragédia da propriedade comum" como ocorrendo quando todos se sentem livres para usar algo que é comunitário, mas ninguém considera seu dever melhorar ou cuidar desse algo.[7]

O uso moderno do termo não é limitado à terra, mas inclui qualquer bem ou recurso finito em quantidade ou área, mas frequentemente renovável, e considerado como sendo um "bem público" e, portanto, possuído em comum por todos. Exemplos incluem lagos, rios, ondas de ar, parques nacionais, ar puro, o espaço aéreo acima de certa altitude e até mesmo a luz do sol. Parece que há realmente dois tipos de propriedade comum: (1) aqueles que escolhemos como sendo bens públi-

---

[7] Neeson, J. M. 1996. *Commoners: Common Right, Enclosure, and Social change in England, 1700-1820*, Cambridge University Press, Cambridge; Benkler, Y. 2003. "The political economy of commons", *Upgrade*, vol. IV, n. 3, p. 6-9. O termo de Hardin provém de um artigo que ele publicou na revista Science em 1968, descrevendo o dilema que é hoje um ícone na teoria sociopolítica.

cos e (2) aqueles que simplesmente não podem ser contidos e, portanto, são *necessariamente* possuídos em comum por todos os membros do público. A área verde de uma aldeia é um exemplo do primeiro tipo, e as ondas de rádio aéreas são um exemplo do segundo. Vamos nos aprofundar nisso um pouco, antes de o aplicarmos ao problema do DNA e dos genes.

A propriedade comum como escolha

Conforme descrito acima, a instituição inglesa da propriedade comum envolvia decisões por parte dos donos de terras, às vezes privados, às vezes a Coroa, de separar certas terras para uso de todos. Essas terras, como todas as terras na Inglaterra, eram possuídas por alguém – fosse um indivíduo, uma família ou a própria Coroa. Contudo, certas terras eram consideradas justificavelmente disponíveis para os "plebeus" para uso como pastagens ou para outros propósitos legítimos. Os limites sobre o uso de terras incluíam o "desperdício", que significava que todos tinham obrigação de não arruinar a propriedade comum ao utilizá-la. Esse limite também era aplicável aos próprios donos de terras e seus arrendatários. Infere-se destes limites e do uso permissivo da terra pelos plebeus que a preocupação maior era aumentar a utilidade e diminuir a deterioração. A "tragédia da propriedade comum" só ocorre quando essas duas preocupações são ignoradas por todos os usuários da terra. Esse modelo de propriedade comum reconhece também que a delimitação pode ocorrer e que a propriedade privada é um bem, mas que ela deve ser realizada de modo consistente com a necessidade de melhoria constante e uso econômico. No modelo britânico, por exemplo, qualquer pessoa que pudesse construir um abrigo com um telhado e uma lareira antes do pôr do sol podia possuir aquele abrigo e, portanto, delimitar uma porção da propriedade comum. Essa possibilidade foi regulamentada, em 1588, com o Decreto de Ereção de Cabanas.

A instituição da propriedade comum por escolha encoraja o uso eficiente de terras e desencoraja as terras improdutivas ou as propriedades abandonadas. Ela permite àqueles que não são parte da economia regular de propriedade desenvolver um meio de autossustento e exige algum sacrifício por parte do soberano e de seus súditos, ao abandonarem os direitos monopolistas sobre uma porção da terra. Através da escolha de passar uma porção de terra delimitável para o domínio público, para uso daqueles que de outro modo não teriam meios de se sustentar, a propriedade comum por escolha corporifica o espírito do contrato social. Afinal, a não ser pela graça de Deus, todos nós poderíamos nos tornar plebeus por destino e, assim, depender dessa instituição. De certas maneiras, a propriedade comum por escolha imita o acordo que fazemos ao passar expressões para o domínio público, no qual o monopólio eventualmente termina e os benefícios da propriedade intelectual se transmitem para o público em geral. A terra que se torna propriedade comum por escolha reverte-se de modo semelhante para uma posse pública, e a propriedade comum é uma forma de domínio público a partir da qual todo e qualquer zelador empreendedor e responsável pode obter o sustento futuro.

Tipicamente, os direitos à propriedade comum também eram limitados a certas atividades, tais como o direito de colher apenas frutas e bagas, de caçar apenas certos animais, de pescar, ou apenas de usar o pasto para o gado. Estes tipos de direitos limitados sobre a propriedade comum são preservados no sistema legal dos EUA com vários direitos de pastagem, de coleta de madeira, ou de utilizar terras de florestas nacionais, por exemplo. Algumas coisas que se encontram na propriedade comum também estão ali devido a escolhas, mas escolhas feitas talvez por causa da dificuldade de delimitação. Os rios, por exemplo, poderiam ser divididos, e sua "possessão" garantida por certos atos ou indícios de posse, mas parece extraordinariamente difícil visualizar isto. Os oceanos são ainda mais difíceis de delimitar. É claro que o espaço aéreo é defendido por Estados-nações, mas não por indivíduos. É quase impossível vislumbrar a defesa do espaço próximo, ou daquele espaço aéreo, para além de certa altitude, contra a invasão, e numerosos tratados internacionais reconhecem isso e o situam firmemente no domínio da propriedade comum. Mas estas ainda são claramente escolhas. Podemos vislumbrar métodos complexos de delinear e delimitar até mesmo os oceanos e de garantir direitos possessórios sobre eles. Elinor Ostrom descreve em detalhes, a partir de uma perspectiva da teoria dos jogos, métodos e justificativas para regular propriedades comuns tradicionais, em seu livro *Governing the Commons* [*Governando a propriedade comum*].[8]

---

[8] Ostrom, E. 1990. *Governing the Commons*, Cambridge University Press, Cambridge.

A propriedade comum por necessidade

Mais recentemente, uma classe de objetos foi considerada parte da propriedade comum por causa da aparente impossibilidade de delimitá-los. Diferentemente do espaço aéreo, as ondas aéreas não podem ser contidas ou defendidas contra a invasão de outros. Alguém que deseje transmitir em certa frequência pode fazê-lo e arrisca apenas a possibilidade de que outra pessoa com um transmissor mais forte abafe sua transmissão. As frequências de rádio são simplesmente indelimitáveis. Sem regulamentação, algum tipo de mercado eventual poderia emergir para o compartilhamento cooperativo de tal propriedade comum, mas, nesse ínterim, o potencial para o caos e um mercado caótico encorajam a emergência de algum tipo de referencial regulatório. Outras propriedades comuns indelimitáveis podem ser o espaço sideral e as ideias. Uma vez que as ideias sejam conhecidas, simplesmente não há como contê-las, e elas não podem ser defendidas de nenhuma maneira contra a descoberta independente. Até mesmo a lei de propriedade intelectual reconhece essa limitação da dicotomia entre ideia e expressão. As ideias não podem ser protegidas em nenhum referencial de propriedade intelectual, embora suas expressões claramente o sejam.

A lei de propriedade intelectual faz um acordo, conforme discutido acima, devolvendo as expressões, antes limitadas, para a propriedade comum como um eventual "domínio público". Uma vez que uma expressão previamente protegida adentra o domínio público, ela também não pode mais ser contida, não por necessidade (dado que a expressão foi anteriormente regulamentada no referencial da propriedade intelectual), mas, antes, por escolha. As próprias ideias, no entanto, permanecem no domínio público, uma vez distribuídas através de alguma expressão. O único método para conter as ideias é o segredo, mas este é imperfeito e não faz nada para impedir a descoberta independente daquelas ideias por outras pessoas, e tampouco existe qualquer regime legal que puna ou remunere alguém pela descoberta independente ou pelo uso de segredos.

Certamente existem referenciais *regulatórios* que cobrem o uso de propriedades comum indelimitáveis, mas não devemos confundir essa regulamentação com uma delimitação. O espaço sideral é regulado por tratados internacionais, a expressão de ideias é regulada pela lei de propriedade intelectual, bem como por tratados e organizações internacionais, como a Organização Mundial de Propriedade Intelectual [*World Intellectual Property Organization*] (WIPO), e as águas internacionais são reguladas de modo semelhante. Só porque algo não pode ser delimitado, não significa que esse algo deva ser deixado totalmente sem regulamentação. As decisões pragmáticas sobre o uso dessas propriedades comuns são tomadas por razões morais e econômicas. Em contraste com o espaço aéreo, o próprio ar também é regulado por leis e tratados locais. Os acordos de Kyoto e diversas outras limitações sobre emissões protegem um recurso que é indelimitável e finito. Sem regulamentação, o uso dessa propriedade comum resultou na diminuição do recurso, com consequências potencialmente desastrosas. Será possível que o DNA e os genes se encaixem nessa categoria de propriedade comum?

O DNA como propriedade comum

A propriedade comum por necessidade existe em virtude de fatos brutos, em vez da realidade institucional, com exceção da propriedade comum originalmente reconhecida pela lei inglesa. As propriedades comuns da antiga lei inglesa são todas propriedades privadas com embargos. Tais propriedades comuns existem por escolha, em que existe algo sobre as quais podem ser sustentados indícios de posse, mas a sociedade e os indivíduos fazem escolhas de permitir o uso daquela propriedade por outras pessoas. As propriedades comuns que existem por necessidade lógica, como descrito acima, são simplesmente indelimitáveis, embora possamos escolher definir limites acerca de seu uso e estabelecer regras para preservá-las. Podemos discernir com bastante facilidade a qual tipo de propriedade comum um objeto pertence, ao perguntarmos se ele é o tipo de coisa que pode ser delimitada de qualquer maneira significativa. Será que o DNA e os genes são este tipo de coisa?

Por causa do modo como o DNA e os genes se propagam, a contenção parece impossível. Assim como o ar (em contraste com o espaço aéreo) e as frequências de rádio, ou mesmo as águas internacionais, é quase impossível conceber como alguém pode exercer um controle exclusivo sobre os genes, especialmente dados (1) sua presença em indivíduos reprodutores, (2) o fato de que eles existem em várias espécies e (3) de que eles evoluem sem qualquer influência da intenção humana. O DNA e os genes parecem, por necessidade, se encaixar prontamente na categoria da propriedade comum. Isto, é claro, não significa que eles não poderiam ser regulados, mas serve como uma orientação útil para determinar as questões legais, práticas e morais associadas ao uso dos genes e qualquer regulamentação subsequente sobre a qual podemos querer concordar em relação a seu uso.[9] Quais as potenciais questões morais relacionadas à existência e regulamentação de propriedades comuns necessárias? Considerando que elas são os tipos de coisas que não podem ser delimitadas de modo prático e cuja possessão e uso são normalmente comuns a todas as pessoas, à exclusão de nenhuma, as tentativas de delimitar as propriedades comuns podem ser consideradas uma privação de algum tipo de propriedade, liberdade ou outro interesse geral possuídos por cada membro de uma comunidade ou, nesse caso, espécie. Imagine um imposto sobre o ar, ou uma cobrança sobre a luz do sol, ou alguma corporação reivindicando a posse dos mares abertos e exigindo dividendos por seu uso. Imagine um mundo onde as ideias pudessem ser possuídas, e pensar ideias possuídas por outros fosse algo proibido ou sujeito a taxas, impostos ou dividendos. Esses cenários são pesadelos distópicos, e não algo que normalmente consideraríamos nem mesmo como possibilidades remotas. Dado, no entanto, que qualquer propriedade comum necessária pode ser estragada ou perdida por causa do uso, podemos imaginar e temos

---

[9] Zhang, S. 2004. "Proposing resolutions to the insufficient gene patent system", *Santa Clara Computer and High Technology Law Journal & High Tech Law Institute Publications*, vol. 20, p. 1139-1150. (Discute problemas e soluções potenciais para o sistema de patenteamento de genes.)

aceitado regulamentações que regem a poluição, a altura de edifícios, a pesca, a expressão de certas ideias por períodos de tempo limitados. De fato, há um imperativo moral para algumas dessas regulamentações, dados nossos direitos comuns de desfrutar das propriedades comuns.

A dimensão moral da posse do DNA é vasta, assumindo que ele se encaixa na categoria da propriedade comum por necessidade lógica. Como uma propriedade comum necessária, cada um de nós tem direito a seu uso, não existe nenhum modo prático de delimitá-la, e delimitá-la pode privar alguns de nós ou todos nós de direitos sobre aquela propriedade comum. O regime atual de patenteamento de genes viola tanto a razão quanto a moralidade. É importante notar que é impossível assegurar a aplicação de uma patente de gene de qualquer maneira simples. Tecnicamente, cada um de nós que carrega um gene que tenha sido patenteado corre o risco de realizar reproduções não autorizadas, simplesmente ao nos reproduzirmos. Quando passamos aquele gene adiante para nossos descendentes, nós tecnicamente violamos a patente. De modo semelhante, podemos violar uma patente de gene simplesmente realizando um teste genético que revele a presença do gene patenteado entre nossos genes. Precisaremos pagar taxas de licença aos detentores das patentes de nossos próprios genes quando fizermos testes genéticos? Isto simplesmente parece impossível de ser administrado e coloca cada um de nós na posição insustentável de violar patentes sobre coisas que já são partes inerentes de nós. O problema moral de transformar cada ser humano em um violador inadvertido de patentes é óbvio.

E quanto à regulamentação? Forneci acima exemplos de maneiras como propriedades comuns necessárias podem ser reguladas. Em um conjunto desses exemplos, os supostos possuidores são impedidos de certos usos das propriedades comuns e, em outro conjunto de exemplos, um conjunto limitado de usos por períodos de tempo limitados foi permitido sobre *expressões* de uma propriedade comum (a saber: as ideias). Vamos considerar brevemente cada uma dessas possibilidades e, posteriormente, examinaremos em detalhes as considerações práticas envolvidas no encorajamento da inovação no campo da genética e da pesquisa genômica e como essas considerações práticas podem ser levadas em conta racionalmente.

O DNA é mais semelhante às ideias ou às frequências de rádio?

Se o DNA e os genes forem como as ideias, podemos permitir algum tipo de posse limitada sobre sua *expressão por parte de outros*. É assim que a lei de propriedade intelectual normalmente funciona. Tanto nas patentes quanto nos direitos autorais, é permitido aos originadores de uma ideia um monopólio limitado sobre a expressão daquela ideia por parte de outra pessoa. Será que o DNA é assim? Simplesmente não. Os propósitos da lei de propriedade intelectual são encorajar a inovação, promovendo o desenvolvimento de novas ideias, e eventualmente transferir essas ideias para o domínio público, concedendo ao originador alguma recompensa limitada. Não há nenhum sentido em que os genes se encaixem nesse esquema. Quando não modificados por engenharia genética, eles simplesmente não são resultado do pensamento original de ninguém. Eles não são ideias de ninguém. Os genes não são meramente ideias antigas. Eles não são ideias de modo algum. Eles são partes da natureza. Para ilustrar esse ponto importante: Dakota do Sul é uma ideia composta de uma camada de realidade social sobreposta aos fatos brutos de um pedaço de terra. A Torre do Diabo,[10] no entanto, não é uma ideia. Ela simplesmente existe. Ela se projeta a partir do solo em uma forma reconhecível, com ou sem intervenção humana. Podemos ter ideias a respeito dela, mas a Torre do Diabo preexiste a quaisquer ideias e, provavelmente, sobreviverá por muito tempo após a morte de nossa espécie.

O DNA é mais semelhante às frequências de rádio ou ao espaço sideral. Estas são coisas que são produtos da natureza, preexistentes em relação a qualquer invenção humana, mas que nós, não obstante, podemos navegar, utilizar, e cujo uso e desfrute podemos regular. Diferentemente do reino das ideias, o DNA é inseparável de sua expressão. Todo DNA de ocorrência natural é necessariamente "expresso" no sentido biológico do termo. Ele sempre existe em alguma criatura. Ele é diferente de uma descaroçadeira de algodão, que não existiu até alguém expressar sua ideia,

---

[10] A Torre do Diabo é um marco natural icônico em Dakota do Sul. Ele é talvez melhor conhecido por sua famosa aparição no filme *Contatos Imediatos de Terceiro Grau*, dirigido por Steven Spielberg (1977).

mas somente após a ideia ter sido concebida. E, portanto, o modo como podemos regulamentar os genes e o DNA deveria levar em conta a natureza deles em suas formas naturais, como propriedades comuns necessárias, cuja delimitação é impossível de qualquer maneira prática e que é fundamentalmente diferente do reino das ideias e do domínio da lei de propriedade intelectual.[11]

Podemos escolher criar esquemas de licenciamento para usos daquelas coisas que são propriedades comuns por necessidade. De fato, nós frequentemente temos de fazer isso uma vez que as pessoas comecem a utilizá-las. Se não regulamentarmos esses tipos de propriedades comuns, então a tragédia da propriedade comum pode ocorrer. As frequências de rádio se tornam inúteis, o espaço se torna inavegável e mortal. Quando nos deparamos com esse tipo de espaços indelimitáveis e ainda assim valiosos, devemos negociar formas de usá-los sem destruí-los ou torná-los inúteis. Há tratados e leis que governam os uso do espaço, e deveríamos considerar maneiras de tornar o genoma humano disponível a todos para exploração e para inovação, mas sem criar o tipo de ambiente resfriado que a prática atual de patenteamento de genes já está criando. Podemos certamente vislumbrar esquemas regulatórios para genes, semelhantes

---

[11] Doremus, H. 1999. "Nature, knowledge, and profit: the Yellowstone bioprospecting controversy and the core purposes of America's national parks", *Ecology Law Quarterly*, vol. 26. (Sugere a categoria da "propriedade comum" para o DNA, como fizeram muitos outros, mas sem a análise oferecida acima sobre a natureza da propriedade comum. Doremus também sugere que há questões de justiça social envolvidas.)

àqueles que existem para outras propriedades comuns por necessidade, envolvendo direitos de uso com taxas que beneficiem o público em vez dos detentores de patentes. Pelo privilégio de fazer negócios em certa banda do espectro de rádio, os donos de estações de rádio pagam taxas de licenciamento a agências regulatórias nacionais. As nações participam de tratados com outras nações para regular os conflitos internacionais que podem emergir sobre o uso de frequências de rádio através de fronteiras comuns. O público se beneficia em última instância, e aqueles que desejam usar as frequências de rádio se beneficiam com a existência de um mercado mais ordenado e previsível. O público também se beneficia através da coleta de taxas de licenciamento. Um esquema semelhante poderia ser desenvolvido para o privilégio de usar certas porções do genoma para desenvolver tecnologias lucrativas.

Finalmente estamos começando a chegar à raiz do problema filosófico e ético da posse de genes. Argumentei desde o início que, antes de podermos esclarecer qualquer uma das questões éticas relacionadas, devemos primeiramente desenvolver uma ontologia clara do DNA e dos genes. Devemos compreender o que eles são e como eles se relacionam com os indivíduos, com os seres humanos e com as pessoas. Somente então podemos começar a resolver os problemas de se eles são o tipo de coisa que pode ser possuída. Alguns farão objeções contra meu método, preferindo, em vez disso, se conformar à linguagem e aos métodos comumente empregados no raciocínio ético. Eu afirmo que a ontologia e a ética não podem ser separadas e são, de fato, profundamente inter-relacionadas. Nenhuma discussão ética pode ocorrer sem algum trabalho no campo da ontologia.

Mesmo para aqueles que discordam da metodologia e das assunções filosóficas que utilizei e nas quais baseei meus argumentos até agora, há diversas razões pragmáticas convincentes pelas quais o patenteamento de genes não modificados deveria ser reconsiderado. Estas preocupações pragmáticas abrangem a economia, as instituições e práticas da ciência e dos cientistas, e preocupações geralmente aceitas a respeito da autonomia e da privacidade individuais. Vamos examinar estas preocupações práticas a seguir.

8. Considerações pragmáticas sobre a posse de genes

O patenteamento de genes está causando um impacto na esfera da investigação científica, bem como sobre direitos individuais, como a privacidade e a autonomia. Além disso, há consequências econômicas devido ao ônus do sistema de patentes para as pequenas companhias de biotecnologia ou companhias emergentes. Devemos considerar não apenas os efeitos práticos do *status quo*, mas também examinar o que aconteceria se decidíssemos alterar ou abolir a prática atual de patenteamento de genes. Há um impacto sobre o mercado e o comércio, bem como sobre coisas mais abstratas como direitos, privacidade e autonomia, e outras questões mais estritamente filosóficas. Vamos examinar algumas das consequências práticas da situação atual, tanto na ciência quanto na indústria, e prognosticar como a alteração da lei pode afetar cada uma delas.

A política pública pode girar em torno de questões filosóficas, mas é mais comum que ela gire em torno do mercado e do comércio. A lei de propriedade intelectual foi desenvolvida como um motor para o crescimento econômico e concilia a necessidade de aumento do conhecimento público com os incentivos econômicos privados. Se alterarmos a prática de conceder patentes de genes, estaremos afetando os portfólios de patentes de muitas grandes companhias, universidades e indivíduos que lucram com o sistema atual. Qualquer mudança requer uma justificativa significativa, bem como algum tipo de plano para absorver os efeitos econômicos. Pode ser que exista algum caminho do meio, de modo que o impacto da perda de patentes seja diminuído, se decidirmos que elas são sustentadas de modo injusto. Pode ser também que o custo não valha a pena de ajustar a lei e que a injustiça de conceder direitos de propriedade sobre objetos patenteáveis valha a pena de ser mantida por enquanto.

Finalmente, deixando de lado as consequências econômicas, algumas coisas são tão injustas que nosso senso de justiça exige mudanças independentemente das consequências. A instituição da escravidão foi abolida por causa de sua injustiça e os "direitos" de propriedade foram alterados abruptamente e sem consideração pelas consequências econômicas. Devemos considerar pelo menos três possibilidades: (1) a justiça exige a erradicação das patentes de genes, não importando as consequências; (2) a justiça e a eficiência econômica exigem que a alteração do sistema atual satisfaça ambas as preocupações; (3) os efeitos econômicos da alteração ou erradicação do sistema atual excedem as preocupações de justiça e eficiência econômica e, portanto, o *status quo* deve ser mantido. Exploraremos cada uma destas possibilidades, visando de fato propor cenários de políticas públicas racionais que possam ser adotados.

A evolução das instituições da ciência

Até recentemente, a ciência moderna foi conduzida com pouca preocupação em relação ao lucro. A instituição da ciência, conforme originada na era moderna através das grandes sociedades científicas do Iluminismo, como a Sociedade Real, foi impulsionada não pelas potenciais recompensas econômicas da descoberta científica, mas por recompensas mais esotéricas.[1] Essas recompensas incluíam: o reconhecimento por parte dos colegas, posições de conferencistas em universidades ou outras indicações e a participação no avanço geral do conhecimento e da inovação. Os lucros eram para os tecnólogos, que começaram a ser abundantes no século XIX. Pessoas como Thomas Edison podiam se preocupar com patentes e lucros, mas Sir Isaac Newton, Marie Curie e James Watson nos deram tanto ou mais lucro com suas descobertas do que obtiveram para si mesmos, pelo menos monetariamente falando. A ciência progride por causa de forças mais ou menos idealistas e tem sido assim desde sua origem. Sua combinação com a indústria é uma mudança bastante recente de eventos e se baseia em umas poucas mudanças notáveis no modo como as universidades tratam a ciência nos EUA. Para começar, vamos examinar brevemente a história da ciência nos EUA após a Segunda Guerra Mundial até o presente e perguntar como os lucros se misturaram com a pesquisa acadêmica.

---

[1] Porter, R. 2000. *The Creation of the Modern World*, W. W. Norton & Co., Nova Iorque, p. 145-146.

Consideraremos também se existem outros modelos bem-sucedidos para passar da descoberta à invenção.

Antes da Segunda Guerra Mundial, a ciência era conduzida nas universidades, financiada geralmente por taxas de ensino e concessões universitárias que pagavam por laboratórios e materiais para seus pesquisadores. Ainda não existia a "grande ciência", não do tipo que foi tornado necessário pela guerra. A ameaça para a civilização representada pela ciência nazista, que era nacionalmente organizada e bem financiada, e que desenvolveu novas tecnologias produtivas voltadas para a guerra, bem como um programa de pesquisa para desenvolver uma bomba atômica, exigiu uma resposta dos EUA. Todos sabemos o resultado: o maior investimento de grande ciência jamais feito trouxe centenas de cientistas e milhares de funcionários de apoio para laboratórios patrocinados pelo governo, trabalhando em profundo segredo. O Projeto Manhattan durou anos e teve sucesso em seu objetivo, provando que cientistas trabalhando com apoio governamental podiam realizar coisas monumentais. Após a guerra, Vannavar Bush, que foi central para a coordenação do Projeto Manhattan, fez *lobby* para criar fontes permanentes de financiamento governamental para a ciência. A Fundação Nacional de Ciência e os Institutos Nacionais de Saúde são alguns dos resultados diretos dos esforços de Vannavar Bush para envolver o governo no financiamento da ciência através de concessões e outros meios de financiamento para as universidades dos EUA. Embora muito distante da visão idealizada disposta na obra de Bush, *Science – The*

Endless Frontier [*Ciência – a fronteira sem fim*],[2] o sistema que foi estabelecido foi responsável por diversos avanços científicos significativos nos EUA após a Segunda Guerra Mundial e, provavelmente, é responsável pelo domínio científico dos EUA, conforme medido pelas publicações, pelos prêmios Nobel e pela demanda estrangeira de cientistas dos EUA, por quase cinquenta anos.[3]

Então, como a ciência dos EUA beneficiou historicamente a tecnologia? E será que houve um motivo de lucro para a pesquisa pura? A tecnologia certamente lucrou com o rápido avanço da ciência nos EUA, e as invenções e patentes certamente prosperaram desde a Segunda Guerra Mundial. Até recentemente, no entanto, essas patentes raramente eram emitidas para benefício dos cientistas. A pesquisa pura e a tecnologia são dois empreendimentos distintos. Em um ambiente promovido pelo dinheiro público abundante, a pesquisa pura não precisa se preocupar com a lucratividade potencial da descoberta científica. De fato e necessariamente, a própria natureza da ciência, que se concentra na descoberta das leis fundamentais da natureza, não é a de um campo primariamente aplicado, pelo menos não tipicamen-

---

[2] Ver Blanpied, W. A. 1998. "Inventing US science policy", *Physics Today*, fev., p. 34-40, explicando a divergência do sistema de financiamento científico pós-Segunda Guerra Mundial dos EUA, em relação à versão idealizada de Vannevar Bush, e apontando suas raízes na Guerra Fria.

[3] Mason, S. F. 1962. *A History of the Sciences*, Collier Books, Nova Iorque, p. 591-592.

te de alguma maneira lucrativa. Não sendo sobrecarregados pela preocupação com a lucratividade potencial da pesquisa de um aspecto da natureza, os cientistas são livres para se dedicar a toda e qualquer investigação. Se eles estivessem preocupados com lucros, eles teriam de se concentrar apenas naqueles aspectos da natureza que tivessem probabilidade de resultar em tecnologias comerciáveis. A astronomia não é lucrativa, assim como a maior parte da física teórica. Bilhões foram gastos em aceleradores de partículas sem preocupação com o lucro (outro que não o conhecimento) do investimento. Esse tipo de ciência revelou verdades profundas sobre a natureza, a maioria das quais não deram lucros financeiros para ninguém, mesmo embora às vezes tenham surgido algumas tecnologias derivadas lucrativas. Por causa desse fato, essas investigações científicas nunca teriam sido conduzidas de modo privado. Nenhum investidor com algum senso teria gasto dinheiro na busca por quasares ou na sondagem da estrutura interna do átomo. Isso teria sido dinheiro desperdiçado.

O mapeamento do genoma humano foi outro projeto de grande ciência que usou dinheiro público para expandir a fonte do conhecimento geral, sem qualquer expectativa de retorno monetário sobre o investimento. O retorno supostamente viria na forma de avanços nas ciências da saúde e, possivelmente, aplicações de biotecnologia derivadas. Mas, quando o Projeto Genoma Humano (PGH) foi iniciado, as coisas começaram a mudar no modo como a ciência estava sendo praticada, e o governo dos EUA havia começado a ficar desconfiado em relação a grandiosos investimentos públicos não remunerados em ciências. No final dos anos 1980, grandes défices domésticos convenceram muitos de que os gastos em tudo (exceto defesa) precisavam ser diminuídos, e as grandes verdades sobre o universo pareciam menos prementes do que a perda da proeminência da América em coisa como as vendas de automóveis. Um dos primeiros sacrifícios de grande ciência nos EUA foi o Supercolisor Supercondutor, que teria possibilitado aos físicos sondar as energias presentes no *Big Bang* e permitido que eles completassem o modelo padrão da física de partículas.[4] Os EUA cederam esse campo de investigação para os europeus, que agora terminaram a construção do Grande Supercolisor de Hádrons no CERN, o qual, espera-se, fará o que o Supercolisor Supercondutor teria feito.

Dado que a maior parte da pesquisa de grande ciência era apoiada por fundos federais, até os anos 1980 não havia direitos de propriedade intelectual disponíveis para os cientistas envolvidos em tais pesquisas. O dinheiro era fornecido publicamente, e as descobertas científicas (a menos que fossem confidenciais por razões de segurança) se tornavam parte do domínio público. Os periódicos e conferências eram os meios para relatar as descobertas tornadas possíveis com o dinheiro público. Os direitos de propriedade intelectual pertenciam ao governo ou às agências governamentais que patrocinavam a pesquisa, se

---

[4] "What is a superconducting supercollider?", BBC Online, 5 de julho de 2004, www.bbc.co.uk/dna/h2g2/A2754623 (acessado em 15 de dezembro de 2007).

tais direitos pertencessem a alguém. Muitas descobertas nunca garantiam qualquer proteção de propriedade intelectual, porque elas eram simplesmente isto – descobertas. As invenções eram frequentemente derivados secundários da pesquisa científica pura e eram buscadas de modo independente através do conhecimento científico publicamente divulgado, tornado disponível através de canais públicos para tecnólogos privados. Em 1980, contudo, as relações entre as instituições que haviam contribuído para o avanço da ciência nos EUA, ultrapassando todo outro progresso científico nacional ou privado por trinta anos, foram alteradas de modo significativo. O ano de 1980 foi aquele em que os senadores Birch Bayh e Bob Dole apoiaram a legislação que mudou a maneira como a ciência pública e o sistema de patentes interagiam.

O Decreto Bayh-Dole[5] concedeu às universidades, pequenas empresas e organizações sem fins lucrativos dos EUA a capacidade de deter direitos de propriedade sobre invenções desenvolvidas com fundos federais. Isto alterou para sempre a maneira como a pesquisa nas universidades foi conduzida e foi responsável em grande medida pela prática atual de patenteamento de genes. Sob o Decreto Bayh-Dole, foram criados novos incentivos para que os cientistas das universidades não apenas se envolvessem na pesquisa pura, mas trabalhassem com a indústria (e, às vezes, começassem seus próprios negócios paralelos, visando

---

[5] 35 U.S.C. § 200-12.

lucros) para usar a ciência para construir portfólios individuais ou mantidos por universidades, os quais pudessem tornar a pesquisa pura diretamente lucrativa para todas as partes envolvidas. É claro que isso afetou diretamente o modo como várias investigações científicas são percebidas, dado que criou essencialmente um motivo de lucro que antes não estava presente na pesquisa baseada nas universidades. Isso gerou uma pressão sobre as universidades, que ainda são os principais bastiões da pesquisa pura, para pensar em como seus recursos poderiam ser melhor alocados, visando o desenvolvimento de relações e investimentos provenientes da indústria privada. No processo, algumas universidades viram suas dotações crescerem, estimuladas por doações corporativas e por dividendos de patentes. Alguns membros de faculdades lucraram de modo semelhante, através de parcerias corporativas, de dividendos provenientes de suas próprias patentes ou de negócios derivados que eles próprios fundaram ou dos quais vieram a participar, fosse como acionistas ou servindo em quadros de diretores – frequentemente com algumas consequências éticas infelizes.[6]

A revolução da biotecnologia foi parcialmente alimentada pela louca corrida em busca de patentes e da lucratividade inerente das tecnologias médicas. A pesquisa biotecnológica é um nexo natural para os esforços das universidades, visando a "transferência de tecnologias" (termo em

---

[6] Ver, por exemplo, Greeberg, D. 2007. *Science for Sale*, Chicago: University of Chicago Press, Chicago.

voga que designa a passagem da pesquisa básica para tecnologias patenteáveis), e alguns resultados recentes da ciência das universidades e da ciência realizada com financiamento federal se tornaram altos prêmios para universidades e pesquisadores.

O grande negócio da biotecnologia e a cornucópia do PGH

Conforme discutido acima, o PGH começou inicialmente como um projeto de grande ciência em velho estilo, publicamente financiado e envolvendo dúzias de centros de pesquisa em diversos países. Diversas universidades e seus governos ao redor do mundo concordaram em dividir o trabalho, cada qual sequenciando porções administráveis dos três bilhões de pares de bases que compõem a humanidade. Naquela época, o sequenciamento era um projeto lento, consumindo tempo, energia e recursos significativos para decifrar seções relativamente pequenas do genoma. O trabalho esmerado não poderia ter sido completado com a tecnologia disponível na época, especificamente as máquinas de sequenciamento e o poder computacional que eram então bastante deficientes, sem a ampla cooperação de centenas de laboratórios ao redor do mundo. Assim como muitos projetos de grande ciência, contudo, o PGH resultou avanços significativos em tecnologias relacionadas e deu origem ao equivalente *privado* do PGH, que foi originalmente um competidor, mas que se tornou um tipo de colaborador, por parte de J. Craig Venter e sua companhia Celera, Inc., discutidos em maiores detalhes anteriormente.[7]

Diferentemente da maioria dos projetos de grande ciência, o PGH detinha a promessa de um mercado lucrativo em potencial para os produtos de sua pesquisa e, portanto, encorajou um investimento privado anteriormente imprevisto por aqueles que inicialmente fizeram *lobby* para a criação do PGH. Havia sido assumido que, assim como a corrida espacial, muitos dos lucros que poderiam ser colhidos a partir do investimento público viriam de tecnologias derivadas, tais como os dispositivos e procedimentos que permitiriam um sequenciamento mais rápido, bem como de patentes resultantes de invenções patenteáveis possibilitadas pela descoberta científica. Como ocorria com outros projetos semelhantes, a maior parte da recompensa seria proveniente de um aumento geral da riqueza do conhecimento público, boa parte do qual seria útil para prevenir, tratar ou curar doenças. De fato, a Celera desenvolveu e patenteou novas e melhores tecnologias de sequenciamento, mas isso não foi suficiente para eles. O sonho de Venter era uma corrida pelo dinheiro do PGH e um mapa completo do genoma humano financiado de modo privado, patenteando genes conforme estes eram descobertos, a fim de justificar o investimento privado e para aumentar o valor das ações para os acionistas da Celera. Para alguns, esse modelo foi um triunfo do argumento de que o investimento privado pode alcançar resultados melho-

---

[7] Ver também Venter, J. C. 2007. *A Life Decoded*, Viking, Nova Iorque.

res do que os dólares públicos de impostos, de modo mais rápido do que qualquer desperdício burocrático financiado pelo governo poderia. Certamente o envolvimento da Celera acelerou consideravelmente as coisas, dado que, segundo todas as perspectivas, após seu envolvimento a velocidade do sequenciamento aumentou, novas tecnologias emergiram e foram licenciadas para outros para o sequenciamento rápido de genes; e a versão pública do PGH, de olho no espelho retrovisor, observando a Celera se aproximar, aumentou seus esforços para realizar seus objetivos de modo mais eficiente e rápido. Mas diferentemente das relações entre o programa Apolo e empreiteiros da indústria privada, o objeto do PGH estava disponível para reivindicações privadas, alimentadas em parte pelo Decreto Bayh-Dole, que havia possibilitado patentes até mesmo para a ciência realizada com financiamento federal. Ao passo que os Laboratórios Bell nunca tentaram reivindicar porções de terra na Lua, os parceiros da indústria privada, bem como universidades e pesquisadores, começaram a reivindicar aquelas partes do genoma humano que não haviam passado para o domínio público.

O conflito deveria ter sido aparente. O mercado potencial para produtos que poderiam ser criados a partir do mapeamento do genoma humano era significativamente maior do que o mercado para produtos potenciais derivados da física de partículas, da astronomia ou do programa lunar jamais poderia ser. Os consumidores potenciais dos produtos de uma maior compreensão do genoma humano e da localização de genes específicos incluem todos nós. A saúde humana já era uma indústria multibilionária quando o PGH foi lançado, e essa indústria havia sido uma das maiores beneficiárias do Decreto Bayh-Dole, resultando em enormes portfólios de patentes de biotecnologia, tanto em universidades quanto em corporações privadas. Um PGH financiado publicamente seria uma mina de ouro em potencial de aplicações para a biotecnologia, mesmo sem patentes sobre genes. Era virtualmente assegurado que novos compostos farmacêuticos, inspirados ou beneficiando-se diretamente do conhecimento sobre o genoma humano, seriam derivados do projeto. O crescente campo da farmacogenômica (o estudo de como diferentes constituições genéticas afetam o metabolismo de drogas) foi tornado possível pelo completamento do PGH e promete, segundo algumas previsões, uma brilhante nova era de remédios personalizados, produzindo tratamentos mais baratos e mais efetivos baseados nos genes dos indivíduos. Mas o potencial de tecnologias e indústrias derivadas promissoras não era suficiente.

Uma das ressalvas problemáticas do PGH, pelo menos para a indústria privada, era que todo o conhecimento reunido diretamente através de sua versão pública deveria tornar-se parte do domínio público. A Celera e outros que desejavam colher grandes lucros, reivindicando não apenas os direitos sobre as tecnologias derivadas da descoberta de novos genes, mas os direitos sobre os próprios genes, teriam de encontrar aqueles genes por conta própria, e fazê-lo antes do PGH. Uma nova fronteira estava aberta, e uma massiva corrida do ouro foi lançada a fim de estabelecer reivindicações valiosas, antes de o governo encontrar primeiro o tesouro e devolvê-lo às pessoas, colocando-o no domínio público.

O mercado de genes

Será que o gênio poderia ser posto de volta na garrafa? O que significa o mercado atual de genes e que diferença faria se abolíssemos a prática de permitir patentes sobre sequências de genes? Segundo um estudo da revista *Science*, até o ano de 2005 quase 4.000 genes haviam sido patenteados, quase 2.000 destes pertenciam à Incyte, Inc., uma companhia privada de biotecnologia.[8] Conforme discutido detalhadamente acima, a maioria dessas patentes inclui reivindicações sobre a sequência de um gene ou sobre o próprio segmento genético, sendo que frequentemente as declarações de utilidade não passam do uso daquela sequência genética como um meio para encontrar o gene. Embora muitas dessas patentes possam ter sido aplicadas na prática como testes úteis para descobrir ou isolar genes, as patentes sobre esses tipos de invenções não serão invalidadas se reconhecermos que a reivindicação abrange apenas o teste, e não a própria sequência genética, nem o *uso* real da sequência em outras invenções. Se amanhã decidíssemos que os próprios genes não poderiam ser patenteados, ainda haveria uma grande variedade de tecnologias derivadas e usos patenteáveis aos quais os genes poderiam ser aplicados. As reivindicações de patentes são separáveis, portanto a invalidação de toda uma categoria de reivindicações deixaria válidas todas as outras reivindicações em uma patente particular. Não haveria ne-

---

[8] Lovgren, S. 2005. "One-fifth of human genes have been patented, study reveals", *National Geographic News*, 13 de outubro.

nhuma privação completa de direitos de propriedade, e isso provavelmente estimularia o investimento privado e público em tecnologias genômicas, que do contrário podem estar resfriadas hoje devido a reivindicações de patentes excessivamente amplas.

Através da reabertura de grandes porções do genoma que haviam sido restringidas por reivindicações de patentes, uma maior inovação provavelmente poderia ser encorajada.

As primeiras partes do genoma que foram patenteadas foram áreas em torno das quais se escondiam doenças genéticas conhecidas ou áreas suspeitas de estarem associadas a doenças, como o Alzheimeir, que provavelmente têm causas genéticas. Uma consequência foi que aqueles que desejam pesquisar essas doenças podem ser desencorajados a fazê-lo, dado o potencial de litígio ou devido ao custo dos dividendos. A menos que os detentores dessas patentes tenham criado algo útil a partir delas, há uma causa justa para reabrir essas partes do genoma, de modo que os pesquisadores possam desenvolver novas tecnologias. Mesmo que invenções úteis tenham advindo dessas patentes, a revogação das patentes sobre as próprias sequências genéticas não deveria impedir a invenção de quaisquer tecnologias úteis (novamente, assumindo que o uso é mais do que apenas o "uso para localização"). Antes, ela encorajará o desenvolvimento de novas e úteis tecnologias paralelas relacionadas àquelas sequências genéticas, em vez de impedir que os competidores realizem pesquisas básicas que possam levar a invenções úteis.

Agora vamos considerar o problema à luz de um mercado hipotético, não restringido por regulamentações governamentais, e examinar o que poderia ocorrer se não existissem patentes de genes. Supostamente, as patentes são um monopólio patrocinado pelo governo e que não existiria em um mercado não regulado. Então, como os competidores em um mundo sem patentes poderiam assegurar seus lucros sobre tecnologias médicas relacionadas ao genoma humano? Consideremos as teorias de Ronald Coase sobre a eficiência econômica. Ele argumentou que, na ausência de custos de transação, todas as alocações de direitos de propriedade por parte do governo são igualmente eficientes, porque as partes interessadas realizarão acordos para compensar os fatores externos. Discutindo a alocação de frequências de rádio, ele argumentou que, enquanto os direitos de propriedade sobre essas frequências forem bem definidos, não importa realmente se de início os sinais de duas estações interferem um no outro. A estação que for mais capaz de colher um maior ganho econômico teria um incentivo para pagar à outra estação para não interferir.[9] Será que podemos usar o mesmo argumento para as descobertas e invenções derivadas do genoma humano? Será que um mercado não regulado poderia alocar recursos de modo mais eficiente entre os jogadores do mercado, recompensando aqueles que estão melhor posicionados para levar produtos ao mercado, sem inibir a descoberta por parte de outros através da eliminação de um monopólio patrocinado pelo governo?

Podemos enxergar as patentes de uma dentre duas maneiras: ou como um direito privado, baseado em algum tipo

---

[9] *NIE Glossary*, Ronald Coase Institute, www.coase.org/nieglossary (acessado em 12 de março de 2008).

de visão lockeana do trabalho que só recentemente veio a ser protegido pela lei positiva, ou como um mero produto da lei positiva. Mesmo sob a visão lockeana, embora haja uma mistura de trabalho com a criação de qualquer base material ou de qualquer número de bases materiais, a extensão daquela posse ao *tipo* ou a toda instância possível de uma base material daquele tipo é um abuso. Conforme argumentado acima, na ausência de qualquer lei positiva e sem as instituições legais que possam fazer cumprir aquela lei, os tipos são apenas ideias que podem ser copiadas à vontade, e o trabalho que é então misturado com a nova base material é o do copiador, não o do inventor. O mercado para os genes, do modo como existe atualmente, utilizando o monopólio das patentes patrocinado pelo governo, recompensa não os inventores, mas os descobridores. Os descobridores frequentemente não fazem nada além de "isolar" o gene que descobrem, e a mistura de trabalho que poderia conceder algum direito de propriedade sobre as bases materiais está absolutamente ausente. Mesmo que a visão lockeana dos direitos de propriedade intelectual seja logicamente aplicada às reproduções de bases materiais sem nenhuma mistura de trabalho por parte do inventor, ela não pode fornecer nenhum apoio para a noção de que os *descobridores* de genes que já existem obtenham algum tipo de direito de propriedade sobre todas as outras instâncias daqueles genes em qualquer outro lugar do mundo.[10]

---

[10] Moore, A. 2000. "Owning genetic information and gene enhancement techniques: why privacy and property rights may undermine social control of the human genome", *Bioethics*, vol. 14, n. 2, p. 97-119. (Argumenta a favor de uma perspectiva lockeana na posse individual de genes)

O argumento mais forte a favor da lei de propriedade intelectual provém, tanto histórica quanto logicamente, do fato de que ela é uma invenção relativamente recente e que ela tem funcionado amplamente como uma instituição flexível, nova, pragmática e positiva para encorajar a inovação e aumentar a eficiência econômica. Ela foi criada porque simplesmente não havia nenhuma outra maneira de proteger a expressão de ideias ou de impedir outros de expressá-la na ausência de uma instituição legal positiva e de mecanismos de garantia de cumprimento. Até hoje ela teve bastante sucesso. Há boas evidências de que, desde o desenvolvimento da lei de propriedade intelectual, o mundo experienciou uma curva de progresso de aceleração rápida. A maior parte da inovação tecnológica que alimentou esse progresso emergiu do mundo ocidental e foi apoiada por regimes de propriedade intelectual. Mas isso não significa que toda a inovação *deve* provir da propriedade intelectual, nem exclui a possibilidade de que alguns esquemas de propriedade intelectual possam de fato impedir as inovações (por exemplo, como quando os períodos de proteção ficam muito longos). De fato, grandes parcelas do mercado não são protegidas pela propriedade intelectual e alguns produtos altamente lucrativos podem emergir e prosperar sem absolutamente nenhum apoio da lei de propriedade intelectual. Imagine então um mercado totalmente livre, no qual a tecnologia genômica prossiga sem patentes de genes. Como tal mercado funcionaria? E será que ele poderia prosperar?

Código Aberto e mercados livres

As patentes não são dispositivos de mercados livres. Elas são monopólios patrocinados pelo governo. Elas são criadas para controlar o mercado livre das ideias e entregam aos inventores um monopólio único, legalizado, sobre toda base material expressiva de suas ideias. Mas os mercados livres existem e têm prosperado no ápice do avanço científico e do desenvolvimento tecnológico por centenas de anos. Nem todo avanço científico nem toda inovação tecnológica precisam da proteção de patentes para gerar lucros. Algumas pessoas que se preocuparam com o crescimento dos períodos de direitos autorais se agarraram ao crescente movimento do Código Aberto como um meio de combater os monopólios, às vezes asfixiantes, associados a obras de autoria que hoje gozam de proteções que duram mais de um século. O período de direitos autorais atual, após o decreto de extensão dos direitos autorais apoiado por Sonny Bono, dura pelo tempo de vida de um autor mais 75 anos adicionais. Essa extensão foi concedida justamente quando o personagem de desenho animado Mickey Mouse® e seus primeiros filmes estavam prestes a passar para o domínio público. Na esfera das tecnologias de computação, uma forte e extensa proteção de direitos autorais tornou proibitivamente caros o *software* e as outras partes necessárias de máquinas importantes. Assim os usuários foram obrigados pela marca da máquina que eles compraram a usarem o sistema operacional e o *software* associado a este que vinham junto com a máquina. Usuários descontentes com aquilo que eles às vezes percebiam como produtos inferiores a preços ultrajantes iniciaram um novo mercado, um mercado no qual os monopólios patrocinados pelo governo não sufocam a inovação nem permitem a trapaça nos preços.

O movimento do Código Aberto no *software* emergiu quase imediatamente, com seus primeiros programas distribuídos "publicamente", vindos de jovens gênios dos computadores de escolas como o Instituto de Tecnologia de Massachusetts [*Massachusetts Institute of Technology*] (MIT) e Stanford, que distribuíam suas criações de *software* gratuitamente, melhoravam-nas e não consideravam a possibilidade de comercializá-las por dinheiro. De fato, estes eram os "*freeware*", precursores do Código Aberto, resultado lógico de outras formas de investigação científica ou invenção do tipo que a ciência estimula. Esses mesmos gênios seguiram adiante para escrever seus doutorados, produzir um impacto na direção da ciência da computação como uma disciplina acadêmica e obter fama, notoriedade e apoio para suas pesquisas posteriores. Este era o caminho tradicional da ciência, e alguns consideravam grosseiro ou rude tentar obter lucros com sua ciência. Richard Stallman, que foi um membro do Laboratório de Inteligência Artificial do MIT, foi um desses programadores notáveis. Quando as companhias começaram a emergir no mercado de *software* e direitos autorais foram emitidos para proteger seus lucros, Stallman fundou a Fundação do *Software* Livre [*Free Software Foundation*] e escreveu o "Manifesto GNU", que descrevia as razões para desenvolver um sistema operacional livre chamado "GNU", que era livre e desenvolvido para ser compatível com sistema operacional proprietário Unix.[11]

Para apoiar seu projeto de criar alternativas robustas de *software* livre aos caros produtos comerciais protegidos por direitos autorais, Stallman, em 1985, criou o que ele chamou de Licença Pública Geral GNU [*GNU General Public License*] (GPL), também conhecida como "cópia livre" [*copyleft*]. Stallman publicou todo seu novo *software* sob a licença "*copyleft*", e ela foi adotada por outros. Uma das características da licença era que todos eram livres para implementar e melhorar o *software* como achassem adequado. Este é verdadeiramente um dispositivo de mercado livre e não impede a existência de mecanismos de geração de lucros. Em vez disso, ele torna esses mecanismos produtos de acordos realizados livremente entre as partes, em vez de monopólios unilaterais patrocinados pelo governo.

Em 1990, Linus Torvalds modificou um sistema operacional que havia sido parcialmente criado por Andy Tenenbaum, o qual Tenenbaum havia chamado de "Minix". Torvalds completou o sistema operacional, tornando-o um competidor pleno em relação ao sistema operacional Unix, protegido por direitos autorais, e chamou-o de Linux. Ele distribuiu o Linux sob a GPL de Stallman e, hoje, o sistema é amplamente utilizado por indivíduos e corporações como um sistema operacional robusto e, ainda assim, leve. Uma das características da GPL é que ela encoraja a inovação por

---

[11] GNU significa "GNU is Not Unix" ["GNU Não é Unix"]. Esta é uma acrossemia recursiva e só poderia ter saído de um lugar como o MIT.

parte dos usuários. Como resultado, os produtos distribuídos sob essa licença são sujeitos a melhorias constantes, avaliados por um tipo processo de revisão pelos próprios pares, entre outros usuários e desenvolvedores, e sem ameaça de litígio por violação do direito autoral do produto original, devido à produção de obras derivadas não autorizadas. Esse modelo se mostrou competitivo com o direito autoral típico no mercado, e o movimento do Código Aberto está crescendo. Em 1997, Bruce Perens escreveu um manifesto e cunhou o termo "Código Aberto", e Eric S. Raymond popularizou o movimento em um ensaio intitulado "A catedral e o bazar". Comentando sobre o novo movimento rumo ao Código Aberto no *software* e refletindo sobre sua carreira de engenharia de *software*, Richard Stallman observou:

> Eu poderia ter ganhado dinheiro desse jeito [através de direitos autorais sobre *software*] e talvez me divertido escrevendo código. Mas eu sabia que no final de minha carreira eu olharia para trás para anos de construção de muros separando as pessoas e sentiria que eu havia gasto minha vida tornando o mundo um lugar pior.[12]

A abordagem de Stallman tratou o *software* de modo mais semelhante ao empreendimento científico típico, melhorado através da abertura, do teste e da melhoria por uma

---

[12] www.brainyquote.com/quotes/authors/r/richard_stallman.html (acessado em 14 de março de 2008).

comunidade de pares, em vez de como um negócio protegido pela criação de barreiras legais contra as mesmas inovações.

Em 1998, a Iniciativa do Código Aberto [*Open Source Initiative*] (OSI) foi lançada, como uma companhia sem fins lucrativos, em reação ao anúncio da Netscape de que ela estava liberando seu código para o navegador Mosaic para o público. O Mosaic havia sido o primeiro navegador gráfico amplamente utilizado, mas estava sendo expulso do mercado pelo Internet Explorer da Microsoft. A liberação do código-fonte para o domínio público e o relançamento como uma importante iniciativa de Código Aberto deram ao Mosaic uma nova vida e deram aos fundadores da OSI sua primeira oportunidade de levar a ideia para a corrente principal e prová-la como um conceito. Algumas horas após a liberação do código-fonte, consertos e melhorias para o Mosaic começaram a ser postados. O Mozilla Firefox é o resultado e é um dos principais competidores contra os navegadores da Microsoft e da Apple, com quase um quarto do mercado.

Existem diversos exemplos de produtos bem-sucedidos de Código Aberto, incluindo o Linux, o Apache, o Darwin (que é a base para o OS X da Apple), o Sendmail, o Mozilla/Firefox, o OpenSSL e o Perl. Estes produtos foram bem-sucedidos, capturando uma parcela significativa do mercado e provando-se como bases de lucros, através de acordos de licenciamento e renda de publicidade. Eles provam que o Código Aberto pode fazer dinheiro mesmo sem fortes direitos de propriedade intelectual em um mercado em que os inovadores e os clientes interagem através de contratos privados, em vez de influentes monopólios patrocinados pelo governo. De muitas maneiras, eles imitam as diversas centenas de anos de sucesso das instituições da própria ciência, que se poderia argumentar como sendo a primeira grande iniciativa de Código Aberto. De fato, os empreendimentos de Código Aberto são atualmente abundantes na ciência, incluindo em iniciativas biológicas e genômicas.

Código Aberto na Biologia

Conforme argumentado acima, o Código Aberto equivale essencialmente aos métodos ideais das ciências aplicados a produtos no mercado. Ele também é análogo aos meios pelos quais produtos antes patenteados, que já passaram para o domínio público, continuam a ser comercializados, melhorados e lucrativos, apesar da falta de proteção de propriedade intelectual. Há também muitos exemplos de programas de pesquisa ao estilo Código Aberto em Ciências Biológicas, os quais se mostraram bem-sucedidos, permitiram e até mesmo encorajaram lucros derivados através de novas tecnologias. O próprio PGH foi concebido como um programa de domínio público, mas com o potencial para patentes "derivadas" para inovações que pudessem resultar da ciência pública. Assim como ocorrera com outros programas de grande ciência financiados publicamente, esperava-se que a tecnologia beneficiasse, e os lucros provavelmente beneficiariam, os parceiros do setor privado que produziriam inovações no processo de descoberta do mapa do genoma ou a partir do uso da informação acumulada pelo projeto para criar novas drogas ou outras tecnologias. Outros programas de ciências genômicas e biológicas foram explicitamente criados como projetos de Código Aberto, visando manter no domínio público o conhecimento desenvolvido e evitando a patenteabilidade de novas descobertas.

O Consórcio PNU e o Projeto HapMap são dois projetos internacionais de grande escala cujas descobertas não podem ser patenteadas. O Consórcio PNU foi estabelecido para impedir a indústria privada de monopolizar a descoberta de polimorfismos de nucleotídeo único (PNUs), os quais são muito úteis para a descoberta de doenças genéticas. Quanto mais PNUs fossem patenteados, mais custoso seria para os cientistas trabalhar com eles no laboratório e mais difícil seria pesquisar seu papel na diversidade genética, nas doenças e no desenvolvimento farmacêutico. Preocupado com estas barreiras potenciais, um grupo de companhias farmacêuticas concordou em formar o consórcio e criar um mapa de PNUs que estaria no domínio público, justamente como os resultados do PGH deveriam estar. Em abril de 1999, companhias tais como a APBiotech, o Grupo Bayer, a AG, a Bristol-Meyers Squibb Co., bem como sete outras companhias farmacêuticas e o Fundo Wellcome do Reino Unido, confiaram quase $30 milhões de dólares americanos ao estabelecimento do projeto, visando identificar e tornar pública uma estimativa de 300.000 PNUs. Finalmente, eles descobriram 1,8 milhão de PNUs. Essa informação se tornou parte do domínio público, mas os membros do Consórcio concordaram que eles poderiam reter direitos de patentes derivadas sobre as inovações desenvolvidas, usando a informação revelada pelo projeto, ou sobre outras inovações desenvolvidas no decurso da descoberta (você pode saber mais em snp.cshl.org).

O Consórcio PNU explica da seguinte maneira sua disposição de financiar privadamente o trabalho científico que entrou para o domínio público em vez de adquirir direitos de patentes sobre as descobertas:

> O consórcio PNU enxerga seu mapa como uma forma de tornar disponível uma importante ferramenta de pesquisa pré-competitiva de alta qualidade que estimulará trabalhos inovadores nas comunidades industrial e de pesquisa. O mapa será uma poderosa ferramenta de pesquisa para melhorar a compreensão de processos de doenças e facilitar a descoberta e o desenvolvimento de medicamentos mais seguros e mais efetivos.[13]

Este é essencialmente o mesmo tipo de metodologia utilizado no Projeto Internacional HapMap, que inclui como membros institutos, universidades e organizações do Japão, dos Estados Unidos, do Reino Unido, do Canadá, da China e da Nigéria. O projeto cita seus objetivos como se segue:

---

[13] Human Genome Project Information, SNP Fact Sheet, www.ornl.gov/sci/techresources/Human_Genome/faq/snps.shtml (acessado em 21 de fevereiro de 2008).

O Projeto Internacional HapMap é um esforço de muitos países para identificar e catalogar semelhanças e diferenças genéticas em seres humanos. Utilizando a informação do HapMap, os pesquisadores serão capazes de encontrar genes que afetam a saúde, a doença, e respostas individuais a medicamentos e fatores ambientais. O Projeto é uma colaboração entre cientistas e agências financiadoras [dos países listados acima]. Toda a informação gerada pelo Projeto será liberada para o domínio público.[14]

A ameaça das patentes sobre os domínios de pesquisa abarcados por estes e outros esforços semelhantes de fato estimulou tanto a pesquisa pública quanto a privada a desenvolverem rapidamente mapas, revelarem seu conteúdo para o domínio público e impedirem tentativas de registro de patentes contra a corrente, as quais provavelmente atrapalhariam a pesquisa. Uma outra aventura semelhante é a iniciativa BiOS, que visa criar uma "caixa de ferramentas" no domínio público para a inovação biológica e genômica.[15] Estas são respostas do mercado à percebida natureza deletéria e comercialmente anticompetitiva das patentes de genes. Embora estas sejam essencialmente respostas do mercado livre,

---

[14] "About the HapMap", www.hapmap.org/thehapmap.html.en (acessado em 21 de fevereiro de 2008).
[15] A Iniciativa BiOS explica: "Estamos adaptando aspectos de licenciamento e colaboração distributiva do movimento do código aberto para aumentar a transparência, a acessibilidade e a capacidade de uso de tecnologia patenteada, conhecimentos científicos e materiais de domínio público. O Código Biológico Aberto [Biological Open Source] (BiOS) se concentra na capacitação de pessoas criativas em todos os lugares". Ver www.bios.net.

em vez de respostas governamentais, algumas nações escolheram erigir barreiras legais contra as patentes de genes, em vez de trabalharem através de instituições existentes ou deixarem a situação a cargo dos contratos privados.

Regulação nacional de mercados de genes

Conforme discutido nos capítulos anteriores, certas populações servem como objetos ideais de estudos de genômica, devido a sua homogeneidade. Esse fato levou à "bioprospecção" de tais populações, frequentemente por parte de corporações internacionais bem financiadas, em meio a populações nativas em situação de desvantagem econômica. Pode-se presumir que o poder de barganha e a sofisticação das partes envolvidas nem sempre são iguais. Em alguns casos e com frequência cada vez maior, os governos estão intervindo para regular a negociação em favor de suas populações, desenvolvendo mercados governamentalmente regulados e tentando equilibrar o poder de barganha das populações.

A nação da Islândia é um dos primeiros exemplos de como um governo nacional cooperou com companhias privadas e com a ciência pública e regulou o mercado da descoberta genômica em uma tentativa de beneficiar sua população. A Islândia é um importante exemplo de uma população homogênea rica com relevância genômica para a descoberta científica. Em 2000, o governo da Islândia entrou em um acordo com a companhia deCODE para construir um banco de dados genético nacional – o maior já concebido. O banco de dados deveria aproveitar e trabalhar em conjunto com o já grande banco de dados nacional genealógico e de saúde construído ao longo de 85 anos de medicina nacionalizada. A parceria com a deCODE foi possibilitada pelo Decreto do Banco de Dados de Saúde da Islândia, que torna publicamente disponíveis os dados reunidos, mas exige que eles sejam desidentificados, de modo que nenhum indivíduo possa ser ligado a sua informação genômica. O decreto permitiu o licenciamento do banco de dados de material genético da nação para uma companhia, nesse caso a deCODE, por um período fixo de tempo. Em troca, a companhia deveria criar a infraestrutura do banco de dados com seus próprios fundos e seria-lhe permitido o uso do recurso para lucros comerciais privados. Esse uso foi adicionalmente limitado por certas condições, incluindo a de a deCODE arcar com os custos de desenvolvimento e manutenção do banco de dados, bem como com taxas anuais de $700.000 dólares americanos pagas à Islândia para "promover o cuidado com a saúde e para pesquisa e desenvolvimento".[16] A taxa é ajustável dependendo do sucesso da companhia, e os lucros gerados após certo tempo são tributados a uma taxa de 6% pré-impostos, com um teto de $1,4 milhão de dólares.[17]

---

[16] Agreement Relating to the Issue of an Operating License for the Creation and Operation of a Health Sector Database, 21 de janeiro de 2000, www.raduneyti.is/interpro/htr.nsf/Files/Aggreement/Sfile/AGREEMENT-english.pdf (acessado em 15 de dezembro de 2007).
[17] Potts, J. 2002. "At least give the natives glass beads: an examination of the bargain made between Iceland and decode genetics with implications for global bioprospecting", *Virginia Journal of Law and Technology*, vol. 7, n. 8.

O acordo islandês com a deCODE é exclusivo e prescreve após doze anos. A exclusividade visa assegurar um maior monitoramento e controle sobre a informação reunida e sobre as atividades da deCODE por parte do governo. A deCODE mantém uma presença de negócios na Islândia com uma força de trabalho de quase seiscentas pessoas, todas as quais pagam impostos na Islândia e beneficiam a economia. Um outro benefício da parceria se transmite para o mundo em geral, porque os dados coletados, mesmo embora possam ser usados para lucro da deCODE, se tornam publicamente acessíveis para uso de pesquisadores ao redor do mundo. Mesmo assim, a deCODE tem pateado as descobertas conforme elas emergem, mas os lucros que podem derivar dessas patentes resultarão em um compartilhamento de lucros com a população como um todo através do sistema de taxas estabelecido pelas partes. Há evidências de que a parceria, apesar de algumas disputas e preocupações com questões de privacidade, resultou em algumas descobertas científicas rápidas e significativas. Diversas publicações foram produzidas pela parceria, em periódicos de renome revisados pela comunidade científica. Genes associados à osteoporose de Alzheimer, à artrite reumatoide, à diabete de Tipo 2, à esquizofrenia, à doença de Parkinson, à obesidade e à ansiedade foram descobertos através do experimento islandês.[18]

---

[18] Ver também Palsson, G. & Rabinow, P. 2001, "The Icelandic genome debate", *Trends in Biotechnology*, vol. 19, n. 5, p. 166-171; Barker, J. H. 2003. "Common-pool resources and population genomics in Iceland, Estonia, and Tonga", *Medicine, Health Care and Philosophy*, vol. 6, p. 133-144.

A deCODE também formou parcerias com outras companhias, incluindo a Roche, uma grande companhia farmacêutica suíça. As parcerias da deCODE incluíram investimentos de parceiros na casa de centenas de milhões de dólares americanos. A parceria com a Roche incluiu o fornecimento de remédios que possam ser desenvolvidos a partir da pesquisa ao povo da Islândia, um gesto de boa vontade destinado a diluir a aparência da bioprospecção como exploração.

O exemplo da deCODE oferece um vislumbre de como podemos traçar um meio-termo entre os fortes monopólios patrocinados pelo governo (patentes) e um livre mercado de genes totalmente irrestrito. O modelo islandês envolve um mercado nacionalmente regulado, invocando a cooperação da população, moderado pela lei e permitindo a exploração científica de um recurso nacional. O resultado visa a beneficiar os empreendimentos público e privado, encorajando a ciência, a inovação, e distribuindo lucros entre todas as partes envolvidas. Desde então, muitos criticaram o acordo com a deCODE, apontando falhas no procedimento de optar pela não participação (modificado desde então) e na exclusividade de licenças e lucros. Como uma tentativa inicial, o modelo islandês de fato continha alguns defeitos, parecendo ter dado pouca importância a preocupações de privacidade, e um emaranhado potencialmente problemático de interesses corporativos com exclusividade monopolista.[19]

---

[19] Koay, P. P. 2004. "An Icelandic (ad)venture: new research? New subjects? New ethics?", em Roelcke, V. & Maio, G. 2004. *Twentieth Century Ethics of Human Subjects Research: Historical Perspectives*, Franz Steiner Verlag, Stuttgart.

Para outras nações preocupadas com a exploração de populações nativas através da prospecção de genes, uma versão modificada do modelo islandês serve como um exemplo de como as forças de mercado e os contratos podem ser supervisionados de modo que todos possam se beneficiar. A bioprospecção está ocorrendo em locais tão diversos quanto a Sardenha e o Pacífico Ocidental, bem como entre populações como os *amish* ou tribos isoladas nas florestas pluviais da América do Sul. O governo da China recentemente aprovou uma lei impedindo a bioprospecção dentro de suas fronteiras sem o auxílio e o envolvimento de um grupo de pesquisa chinês.[20] Outros países como a Estônia, a Mongólia e Tonga adentraram relações com corporações individuais para parcerias de bioprospecção modeladas segundo o exemplo islandês. Uma grande inscrição nesse negócio é a companhia sueca UmanGenomics, que entrou em um acordo com o Conselho Britânico de Pesquisa Médica para desenvolver seu banco de dados genético de 500.000 pessoas.[21]

De muitas maneiras, essas novas parcerias e interações recém-concebidas entre Estados, universidades e corporações (incluindo o exemplo da PXE citado nas

---

[20] Ver usembassy-china.org.cn/sandt/generesourcesreg10-98.html (acessado em 21 de fevereiro de 2008).
[21] Ver Godard, B. et al. 2004."Strategies for Consulting with the Community", *Science and Engineering Ethics*, vol. 10, p. 457-477; Sutrop, M. e Simm, K. "The Estonian healthcare system and the genetic database project, from limited resources to big hopes", *Cambridge Quarterly of Healthcare Ethics*, vol. 13, p. 254-263.

notas 4 e 10 da Introdução) seguem a pista da evolução de novas concepções das instituições da ciência. À luz da improbabilidade de se voltar a um modelo idealizado de ciência (que pode nunca ter existido completamente), envolvendo o apoio ilimitado do governo, a investigação científica totalmente livre e irrestrita e a ciência "aberta" totalmente cooperativa, alguns desenvolveram um novo modelo que reconcilia os grupos envolvidos e as influências necessárias dos capitalistas, da academia e dos governos. O assim chamado modelo da "tripla hélice" estabelece um fundamento para o crescimento econômico baseado na ciência, envolvendo parcerias necessárias, comunicação e interação entre a indústria, os governos e a academia, naquilo que alguns consideram ser um modelo pragmático, baseado no crescimento, para a ciência e a tecnologia.[22] Os experimentos estoniano, islandês e britânico em programas nacionais de genômica podem todos ser vistos como abordagens de tripla hélice, tentativas defeituosas, controversas, mas ainda assim honestas de criar sinergias entre os grupos, visando a preservação dos benefícios e direitos das populações.

---

[22] Leydesdorff, L. e Etzkowitz, H. 1998. "The triple helix as a model for innovation studies (Conference Report)", *Science & Public Policy*, vol. 25, n. 3, p. 195-203.

O DNA quer ser livre

No mundo do *software*, diversos modelos existem hoje simultaneamente. Embora a Microsfot não dê seu sistema operacional de graça, os preços tiveram de cair para competir com produtos de Código Aberto ou *freeware*. Além disso, a qualidade melhorou em geral, dado que produtos patenteados e protegidos por direitos autorais agora competem com produtos leves de Código Aberto em melhoria constante. No entanto, uma das principais diferenças entre o *software* e o DNA é que o primeiro é inventivo e não estaria normalmente no domínio da descoberta científica. Os objetos de *software* não existem livremente na natureza. O DNA em seu estado natural é um objeto de descoberta e pertence, portanto, ao domínio da ciência. A própria ciência, como uma instituição que existe há centenas de anos, é o movimento de Código Aberto original.

Quando uma nova partícula é descoberta em um acelerador de partículas, ninguém pensa em patenteá-la. Ela se torna objeto de artigos revisados pela comunidade em periódicos científicos de ponta. Ela nos ajuda a compreender a natureza da matéria, a desenvolver uma melhor estimativa científica do universo, e inspira um senso de maravilha e beleza sobre a construção da realidade, tanto no nível subatômico quanto no nível cósmico. É assim que a ciência passa de uma descoberta a outra, usualmente com investimento público, embora às vezes em parceria com fundações e corporações privadas. Ela é parte do esforço humano e, tipicamente, o lucro não é o fator motivante. O lucro pode muito bem advir do progresso científico, e isso tem ocorrido por algum tempo, estimulado em parte pelas leis de propriedade intelectual, mas não dependendo inteiramente delas.

Os últimos duzentos anos de progresso foram marcados por um "toma lá, dá cá" entre a descoberta científica e as respostas do mercado. Tomemos, por exemplo, a corrida espacial. Diversas tecnologias derivadas foram comercializadas a partir da corrida para pousar na Lua, alimentada por grandes investimentos públicos naquilo que era originalmente uma mistura da política da Guerra Fria com a pura curiosidade científica. Essas tecnologias não pagaram pela corrida à Lua, os pagadores de impostos é que o fizeram. Mas os parceiros corporativos da ciência pública lucraram com a criação das ferramentas e da tecnologia necessárias para se fazer a ciência e com o patenteamento e comercialização de coisas como o Velcro® e outras invenções notáveis derivadas do programa espacial público.

Para aqueles que desconfiam dos programas científicos nacionalizados, uma alternativa é um mercado de genes totalmente livre – significando um mercado que é livre do patrocínio governamental de monopólios através das patentes. Para aqueles que não estão dispostos a experimentar com mercados totalmente livres e se interessam pela criação de maiores incentivos para a inovação, uma versão modificada do modelo nacionalizado da Islândia pode fazer grande sentido. O que é claro é que o sistema atual de patentes de genes está onerando as companhias menores e as instituições públicas de pesquisa, ao criar novos níveis de burocracia e despesas que interferem com a descoberta básica.

Essa descoberta é tipicamente realizada por vários grupos com acesso desigual ao dinheiro e outros recursos. O DNA é um domínio científico em primeiro lugar, assim como o espaço sideral ou as partículas subatômicas, e se não quisermos sufocar a ciência podemos ainda encorajar a inovação e os lucros, mediante a adoção de uma abordagem mais sensível e da rejeição do *status quo*. As recompensas a longo prazo superarão quaisquer perdas a curto prazo e devem incluir uma maior inovação e uma maior compreensão pública dos blocos de construção de toda a vida.

9. Então, quem é seu dono? Algumas conclusões sobre genes, propriedade e personalidade

Responder à questão colocada pelo título deste livro é claramente muito mais complexo do que nossos instintos nos levariam a acreditar. Queremos acreditar que somos livres e que nossos corpos e toda parte de nós são inteiramente nossos. Queremos ser donos de nós mesmos, não impedidos pelos direitos de outros, por obrigações ou por reivindicações rivais de posse sobre nossas partes constituintes. Mas nós não somos. Como vimos, há muitas reivindicações conflitantes sobre nós mesmos, e nossa autonomia corporal é um mito. Não apenas somos restritos em relação ao que podemos fazer com nossas vidas (não podemos legalmente nos suicidar) e com nossas partes (não podemos vender órgãos), mas também somos limitados quanto ao uso da *informação* que se encontra em nosso DNA pessoal. Há reivindicações que pesam sobre nossos genes, registradas na forma de patentes, as quais restringem o uso ao qual podemos desejar submeter as moléculas essenciais que nos compõem. Somos parcialmente patenteados, e essas patentes proíbem no mundo real certos usos dos componentes de nossos corpos. A lei permitiu que corporações, universidades e indivíduos reivindicassem partes de você. Seus tecidos podem ser usados para gerar produtos lucrativos, e você pode abrir mão de seus direitos sobre esses produtos através de uma assinatura. Muitos o fazem inadvertidamente. Isto é feito rotineiramente quando as pessoas se tornam sujeitos humanos em estudos. Inseridas nos formulários de consentimento desses estudos, existem cláusulas que permitem aos pesquisadores utilizarem os tecidos para extrair o DNA e utilizarem os genes desses sujeitos para quaisquer propósitos, a qualquer momento. Será que esses sujeitos são apropriadamente informados? Será que eles percebem que partes deles podem se tornar patenteáveis?

Supostamente, poucas pessoas conhecem inteiramente a medida dos direitos dos quais elas abrem mão ao assinar uma permissão de uso de seus materiais genéticos como parte de biobancos existentes e permitirem que seus genes sejam potencialmente patenteados e utilizados para obter lucro. Ainda menos pessoas percebem que, mesmo que elas nunca participem de um estudo de pesquisa e que nenhum tecido seja retirado delas, os genes que elas compartilham com outros podem ainda ser reivindicados através de patentes, as quais afetam então seus direitos sobre o material que ajuda a torná-las quem elas são.[1]

---

[1] Levine, R. J. 1981. *Ethics and Regulation of Clinical Research* (2ª ed.), Yale University Press, New Haven, CT, p. 95-98 (para uma descrição básica das exigências para o consentimento informado).

Nós frequentemente possuímos as coisas apenas de maneiras limitadas. Algumas pessoas alugam carros e, mesmo embora elas possam estar de posse do documento, seu uso do carro é restrito de diversas maneiras. O mesmo vale para propriedades hipotecadas. Os livros em suas bibliotecas lhes pertencem inteiramente, assim como os DVDs e CDs que elas possuem, mas seus direitos sobre estas coisas também são limitados. Elas não podem copiá-los ou reproduzi-los e não podem tocá-los ou exibi-los para obter lucro sem permissão do autor. Elas possuem as bases materiais, não os tipos. O mesmo vale para um quinto de nossos genes. Nós possuímos as bases materiais, mas não os tipos. Contudo, há diferenças claras entre obras de autoria e as complexas cadeias de polipeptídeos que existem em cada um de nós e em quase todas as células de nossos corpos.

Há diversas maneiras de criticarmos a prática atual de patenteamento de genes. O *status quo* contradiz precedentes legais anteriores e mina distinções legais que antes eram universalmente aceitas, bem como úteis e não controversas. Pode não ser ético permitir a posse de algo que é detido em comum por uma comunidade que nunca abriu mão de seus direitos sobre esse algo. E isso pode não ser eficiente para o mercado e pode atrapalhar a pesquisa científica e a inovação tecnológica. Isso pode ser imoral e semelhante à escravidão, objetificando um componente essencial de cada indivíduo e usurpando nossos direitos à autonomia corporal enquanto pessoas. Pode ser algumas dessas coisas ou todas, ou nenhuma delas pode ser verdadeira. Penso ter demonstrado algumas delas e aberto o caminho para a investigação posterior de outras questões mais complexas e mais profundamente filosóficas relacionadas à posse de partes de pessoas. Vamos considerar se e quais dessas possibilidades estão bem estabelecidas e quais podem ainda necessitar de apoio adicional.

Erros na lei

Como às vezes ocorre, a lei tentou lidar com um objeto com o qual ela estava científica ou filosoficamente mal preparada para lidar e, em última instância, tentou enfiar estacas quadradas em buracos redondos. Ela aplicou o modelo da lei de propriedade intelectual aos genes, com resultados péssimos e confusos. Por causa disso e do fato de que os advogados e juízes falharam em considerar os efeitos de longo prazo do patenteamento de genes, bem como devido à ausência de orientação por parte das legislaturas, os cientistas agora enfrentam a incerteza, e os direitos individuais sobre genomas individuais foram minados. Além disso, os direitos e reivindicações de pessoas ao redor do mundo são diretamente alterados pelas ações do Escritório de Patentes e Marcas Registradas dos EUA, ao nos colocar no caminho do patenteamento de genes. Essa negligência, combinada com aplicações questionáveis de decisões sobre o uso de tecidos humanos no comércio, criou a presente situação insustentável. Pode não haver volta se não mudarmos o curso agora.

A lei é uma instituição que visa prover previsibilidade, estabilidade e, idealmente, justiça. Supostamente devemos nos reconfortar com o fato de que as leis fornecem orientação para os comportamentos e sistemas de retribuição e correção que equilibram iniquidades, bem como asseguram que aqueles que prejudicam outros sejam punidos quando pegos. A lei estabelece meios para remunerar violações de autonomia, incursões contra a propriedade privada, alienação de valores, quebras de acordos privados e atos criminais. O objetivo da lei é equilibrar as equidades gerais e ajudar a assegurar a lei civil. Quando a lei falha em alcançar seus propósitos, pode haver uma de duas causas e uma de duas curas. A causa pode pode ser ou que a lei identifica incorretamente as equidades, ou que ela falha sem ser apropriadamente posta em prática. A cura pode ser a reescrita da lei de acordo com as equidades atuais ou uma melhor aplicação prática. Nem toda iniquidade pode ser solucionada pela lei, mas, quando a lei cria instituições que ela depois falha em aplicar de modo apropriado ou que são aplicadas de modo não apropriado a objetos impróprios, então a justiça exige uma cura. Em alguns casos, a cura é a alteração da lei e, em outros, sua aplicação mais justa através de uma reinterpretação.[2]

Argumentei no passado em favor de duas possibilidades: alterar a lei de propriedade intelectual, para abolir a instituição da propriedade intelectual como desnecessária e ineficiente para promover novas tecnologias, ou reformar a lei de propriedade intelectual, para reconhecer que seus objetos são todos expressões, apenas *primariamente* utili-

---

[2] Berry, R. M. 2003. "Genetic information and research: emerging legal issues", *Healthcare Ethics Forum*, vol. 15, n. 1, p. 70-99. (Examina um leque de questões legais, incluindo aquelas que discutimos neste livro.)

tárias ou *primariamente* estéticas, e que não há nenhuma nítida dicotomia entre as duas ao longo do espectro. Meu argumento foi o de que as expressões mediadas por computadores revelaram a falsa dicotomia na lei de propriedade intelectual, e que, à medida que novas tecnologias emergirem, elas continuarão a apresentar problemas para os tribunais e para os inovadores. Isso ocorre porque o alcance e a natureza de nossas expressões aumentam com as novas tecnologias, como os computadores, a nanotecnologia e a biotecnologia. Coisas que antes pareciam inventivas ou claramente pareciam ser composições de matéria são hoje resultados da programação, que faz esses tipos de coisas parecerem obras de autoria. O *software* de computador parece ser, ao mesmo tempo, máquina e obra de autoria, e novas coisas programáveis ofuscarão ainda mais essa distinção, à medida que a matéria e as formas de vida se tornarem programáveis no nível molecular. A engenharia genética e a nanotecnologia minarão, finalmente, a distinção entre invenções "claramente" patenteáveis e obras de autoria sujeitas a direitos autorais. As formas de vida e a própria matéria serão rotineiramente alteradas, modificadas e criadas a partir do zero através da programação de seus blocos de construção fundamentais, e a distinção entre invenção e outras formas de expressão finalmente se revelarão como sendo insustentáveis. A lei terá de se adaptar.

Devemos reconhecer que as distinções legais entre tipos de expressão deixaram de ser funcionais. Elas falham em fornecer categorias apropriadas, quando categorias antes exclusivas subitamente deixam de ser exclusivas. Quem é o autor dos genes em seu estado natural? Quem é o inventor do DNA? Esse código *é* parte de uma máquina maior, dirigindo cada um de nossos corpos e nosso metabolismo contínuo sem qualquer intenção por trás de si e, ainda assim, criando o mecanismo para nossa própria intenção. A não ser que sejamos modificados por engenharia genética, como podemos ser em algum momento, o autor e inventor é a evolução – a própria natureza. Cristóvão Colombo não inventou a América, ele a descobriu, e Craig Venter não inventou os genes humanos que a Celera descobriu, embora ele tenha criado novas formas de vida dignas do título de "invenções".

Se a lei não corrigir o erro de conceder patentes para as descobertas dos blocos de construção da vida e não vier a tratá-los adequadamente como parte do domínio científico público, complicações adicionais estão à espera. A ciência será atrapalhada e pode ser que nossos direitos humanos e a justiça sofram. Além disso, o futuro apresenta possibilidades que talvez devessem nos fazer refrear o patenteamento de formas de vida em geral, até que tenhamos desenvolvido uma boa teoria da personalidade e de sua relação com nossos estados cognitivos e com a genética.

Problemas da personalidade

A categoria legal de "pessoa" é o que mais complica a concessão de quaisquer direitos a uma pessoa sobre várias partes de outra pessoa. As pessoas carregam obrigações, direitos, deveres morais, e são os objetos de quase todas as nossas considerações éticas e legais. Há certos elementos da personalidade sobre os quais há concordância, os quais separam os agentes legais e morais, chamados "pessoas", dos meros seres humanos ou animais. Nem todos os seres humanos são conscientes, nem todo ser humano tem o potencial para a consciência ou as capacidades necessárias para a razão e a intencionalidade. Os seres humanos mortos, por exemplo, são seres humanos que não são pessoas. Estas são distinções relativamente não controversas. As distinções ficam mais difíceis no outro extremo da vida – no princípio –, onde os potenciais e possibilidades são mais difíceis de avaliar e, assim, nossos julgamentos não são tão simples. Mas os genes têm algo a ver com isto, uma vez que eles corporificam os potenciais ou capacidades para se alcançar a condição de pessoa. Embora um ser humano morto e uma pessoa viva possam compartilhar os mesmos genes e, no caso da pessoa viva que morre, eles compartilhem genes idênticos, os papéis daqueles genes particulares na produção da personalidade potencial são diferentes. Os genes de uma pessoa viva são responsáveis, se estiverem funcionando corretamente, pela continuidade da personalidade daquela pessoa. Aqueles mesmos genes podem ser fatalmente danificados, resultando na perda da personalidade atual. Mais comumente, as capacidades associadas à personalidade podem ser diminuídas ou destruídas através de algum acidente ou condição degenerativa, alguns dos quais podem ter vínculos genéticos. Se pudermos localizar não apenas as qualidades da personalidade filosoficamente, mas as fontes da personalidade geneticamente, então poderemos exercer melhores juízos éticos onde decisões complicadas puderem ser realizadas sobre pessoas em potencial.[3] No meio-tempo, enquanto ainda não alcançamos a certeza científica sobre as raízes genéticas de nossa personalidade, será que é sábio permitir reivindicações de propriedade sobre suas fontes potenciais? Além disso, será que isto é ético? Isso deveria ao menos nos fazer refletir.

Diversos exemplos ajudam a esclarecer o poder e a dificuldade de se ligar a personalidade aos genes. O primeiro envolve um cenário de um futuro próximo. Imagine se conhecêssemos os genes responsáveis pela anencefalia fetal. Geralmente concorda-se que as crianças com esse defeito carecem de visão, audição, consciência ou capacidade de sentir dor. Elas carecem do cérebro frontal, geralmente considerado a sede da consciência. Elas podem ainda ter reflexos e funcionamento autônomo, sendo capazes, em alguns casos, de respirar e de responder ao toque. Embora essas crianças tipicamente morram uma semana após o nascimento, a suspensão dos cuidados nesse ínterim não é considerada imoral ou não ética. Colocado de modo simples, elas não são consideradas pessoas em qualquer sentido normal do termo e há evidências de que há uma causa genética para sua condição, envolvendo deficiências com o fator de transcrição TEAD2. Será que podemos dizer que esse erro genético, quando presente na criança com anencefalia, é uma

---

[3] Flowers, E. B. 1998."The ethics and economics of patenting the human genome", *Journal of Business Ethics*, vol. 17, p. 1737-1745. (Discute questões de dignidade humana envolvidas nas patentes de genes.)

causa da falta da personalidade e, portanto, da ausência de certos direitos legais e morais? Os genes supostamente são, de importante maneiras, responsáveis pelas pessoas, mesmo que eles não sejam a *causa* completa de qualquer instância particular da personalidade. Além disso, cada um dos atributos tipicamente aceitos da personalidade, incluindo a consciência, a senciência, as capacidades de razão e intencionalidade e outros atributos materiais, é provavelmente causalmente relacionado ao funcionamento apropriado de certos genes durante o desenvolvimento e durante a manutenção dos estados relevantes ao longo do tempo.[4]

Nem todos os animais são pessoas e, legal e moralmente, nós distinguimos entre pessoas humanas e outros animais. Os casos difíceis estão mais próximos de nosso ramo da árvore evolutiva. Alguns argumentaram que outros primatas merecem tratamento como pessoas e de fato há exigências éticas diferentes daquelas relacionadas aos outros animais quando se lida com primatas em pesquisas. Será que os genes que são responsáveis por nossa aceitação de seres humanos conscientes, racionais e autônomos como pessoas são os mesmos genes responsáveis por dotar outros primatas proximamente relacionados com as mesmas qualidades? A lei trata as pessoas e outros seres humanos (como os humanos mortos ou os bebês anencéfalos) de modo diferente. Assim, será que ela deveria tratar como uma classe aqueles

---

[4] Wilson, E. O. 1998. *Consilience*, Alfred P. Knopf, Inc., Nova Iorque, p. 140-141. (Acerca da interação entre os genes, o ambiente e as características individuais.)

que compartilham quaisquer genes responsáveis pela personalidade, mesmo que descubramos que outras criaturas, e não apenas os seres humanos, compartilham esses genes?

É claro que o que *causa* a personalidade não é apenas os genes, mas uma combinação de fatores, incluindo a cultura e o ambiente, mas ainda assim podemos argumentar que certos genes são causas necessárias, mas insuficientes, da personalidade. Se é assim, podemos também desejar considerar se aquela constituição genética, aqueles genes que são causalmente essenciais para a personalidade, pode merecer um tratamento especial. Será que as causas materiais de nossa condição moral deveriam ser isentas de *quaisquer* reivindicações de posse? O exemplo da anencefalia mostra como problemas atuais podem ser resolvidos, enxergando-se os genes como uma causa material da personalidade e, portanto, dos direitos, mas outros cenários permitem argumentar que o exame dos genes nunca pode ser suficiente e pode ser apenas uma pista falsa.

Outras pessoas em potencial e questões de propriedade

Embora certos genes possam ser responsáveis por possuirmos os atributos associados à personalidade, eles podem ser apenas suficientes e não necessários, quando buscados fora da espécie humana, dado o potencial futuro para a criação de outras condições para a presença daqueles atributos. Uma coisa que aprendemos com a evolução é que genes em espécies diferentes às vezes parecem encontrar maneiras únicas de resolver o mesmo problema. Os olhos são um exemplo. Há algumas formas de olhos que parecem resultar de fontes evolutivas diferentes, algumas aparentemente não relacionadas. Um exemplo famoso é o olho do polvo, que funciona de modo completamente diferente do olho humano, embora os dois pareçam exteriormente semelhantes. Se a evolução pode criar rotas genéticas separadas para a mesma função da visão, será que ela também poderia chegar por dois caminhos diferentes ao problema do raciocínio ou pensamento de ordem superior? Se sim, então a mera ausência de um gene particular, ou conjunto de genes, ou polimorfismos de nucleotídeo único (PNUs) etc., que são responsáveis pelo raciocínio de ordem superior em uma espécie, não é necessariamente suficiente para afirmar a completa ausência daquela capacidade. A personalidade pode ser ligada à presença de certos genes, mas são as *capacidades* que importam na lei e na ética. A mera ausência de genes não pode nos fazer concluir necessariamente, sem mais conhecimento sobre o funcionamento particular de um *indivíduo*, qualquer coisa sobre a *condição de pessoa* daquele indivíduo. A personalidade é importante e os genes se relacionam a ela, mas a estrutura dessas relações e o universo de possíveis formas genéticas responsáveis pela personalidade podem ser grandes demais para formarmos uma teoria completa de sua inter-relação em um futuro próximo.

As pessoas não podem ser eticamente consideradas propriedades e, portanto, as decisões que tomamos sobre quem se qualifica como uma pessoa ainda não deveriam ser necessariamente ligadas a fontes tão incertas de personalidade em potencial quanto os genes. Nosso conhecimento sobre os genes ainda é muito superficial para fornecer qualquer boa orientação para quaisquer exemplos, a não ser os mais fáceis (como a anencefalia). Antes, devemos nos concentrar em decidir quais atributos da personalidade são mais importantes e descobrir quais seres possuem esses atributos. Os estudos genéticos podem ajudar, mas eles são insuficientes. Não podemos possuir pessoas humanas, mas e se descobrirmos que outros tipos de coisas possuem esses mesmos atributos e, ainda assim, carecem dos genes humanos responsáveis? Nós as trataremos como "possíveis de serem possuídas"? Além disso, e se criarmos outras criaturas (com *software*, por exemplo) que sejam capazes de possuir os mesmos atributos necessários para a personalidade? Será que elas serão possíveis de serem possuídas?

Essa não é uma mera pergunta retórica. Craig Venter afirma ter criado um organismo funcional gene por gene. Essa criatura foi patenteada. Os métodos que ele utilizou para criá-la são tecnologias de engenharia genética disponíveis no mercado. Ele simplesmente tentou descobrir quais genes são essenciais para um organismo funcional, combinou-os usando métodos comuns de técnicas recombinantes e encerrou-os em um núcleo. O resultado foi uma criatura que metaboliza e funciona em seu ambiente, absorvendo nutrientes e *vivendo*.[5] Argumentei que criaturas criadas por engenharia genética são adequadamente patenteáveis, sendo resultados da invenção humana, em vez de mera descoberta.

---

[5] Venter, J. C. 2007. *A Life Decoded*, Viking, Nova Iorque, p. 350-357.

A natureza está revelando sua caixa de ferramentas para as formas de vida em toda sua diversidade. Essa é a genialidade da ciência genética. Estamos aprendendo as relações entre genes e fenótipos. Com a caixa de ferramentas da natureza, podemos claramente criar coisas novas e, agora, podemos criar formas de vida completamente novas. Tudo isso levanta a questão ética: sob quais condições podemos *possuir* tais novas formas de vida?

Se descobrirmos os genes responsáveis por coisas como a consciência e o raciocínio de ordem superior e começarmos a emendá-los em outras criaturas, será que resultarão *pessoas*? Esse é um cenário de ficção científica proposto por Michael Crichton em seu livro *Next* [*Próximo*][6] e por cientistas e ativistas que estão considerando a "melhoria" de outras espécies, modificando-as com genes extras responsáveis por capacidades superiores. Se fizermos isso e (por exemplo) produzirmos cães que podem raciocinar, pensar, realizar intenções e, talvez, até mesmo conversar, então será que eles serão pessoas? Enquanto eles serão patenteáveis segundo a análise que forneci até agora, será que há barreiras morais para o patenteamento de tais pessoas produzidas por engenharia? Será que essas barreiras são resultado da presença daqueles genes ou dos genes mais as capacidades reais? Os animais melhorados que podem se qualificar como pessoas estão muito próximos, tecnicamente falando. Começando com os chimpanzés, podemos procurar pelas distinções genéticas entre nossas espécies, acrescentar genes um de cada

---

[6] Crichton, M. 2006. *Next*, HarperCollins, Nova Iorque.

vez até criarmos um chimpanzé falante e pensante e interagir com ele como faríamos com outras pessoas. Alguns talvez nunca aceitem pessoas não humanas, sejam elas inscritas no código do DNA ou com *software* em uma máquina. Mas devemos lembrar que o preconceito provocou enganos morais históricos significativos quando negamos a condição de pessoa de uma só vez a milhões de seres humanos por causa da cor de sua pele ou por causa de sua religião. Arriscamos o mesmo tipo de engano moral se negarmos que a personalidade pode existir em outros meios ou que possamos criá-la por engenharia em outras criaturas, conforme aprendemos mais sobre suas fontes genéticas.[7]

Embora em algum momento a lei de propriedade intelectual tenha proibido ou tenha sido interpretada como proibindo o patenteamento da vida, com o fim dessa proibição surgem motivos para considerarmos as implicações de permitir patentes sobre formas de vida em cenários de ficção científica ou mesmo de futuros próximos. A ficção de hoje é a possibilidade de amanhã, e as únicas barreiras para aquilo que propus são técnicas. Elas serão solucionadas e teremos de repensar nossas relações com nossas criações patenteadas, quando elas também puderem pensar e questionar nossos experimentos. Será que devemos

---

[7] Heller, J. C. 1998. "Human genome research and the challenge of contingent future persons: toward and impersonal theocentric approach to value", *Bioethics*, vol. 12, n. 2, p. 173-176. (Descreve as preocupações discutidas acima, considerando-as a partir de uma perspectiva teísta.)

possuir a vida em qualquer forma? Que vida nós não devemos ser capazes de possuir? Quando será que a engenharia genética possibilitará a escravidão legalizada? Logo pode ser o momento de revisitar a noção generalizada de que até mesmo as formas de vida criadas por engenharia são patenteáveis e considerar a imposição de algumas limitações sobre seu patenteamento (ou de outras criações) se elas exibirem indícios de personalidade.

Nossa herança genética comum: o que ela significa?

Toda vida na Terra tem um parentesco de nascimento. Alguns de nós têm um parentesco genético mais próximo do que outros. Até mesmo o humilde fungo tem em sua base o DNA, dirigindo seu desenvolvimento e metabolismo. As formas de vida mais simples, os vírus, são às vezes compostos de RNA em vez de DNA, mas os vírus não têm vida livre. Eles são sempre parasitas de alguma outra célula. A origem dos vírus ainda é um mistério, mas ainda assim é provável que os vírus baseados em RNA e os organismo baseados em DNA tenham algum ancestral comum. Será uma verdadeira reviravolta científica se e quando descobrirmos, seja na Terra ou em algum outro planeta (talvez Europa, a lua gelada de Júpiter), organismos não baseados no DNA. Por ora, toda vida conhecida é aparentada. Neste sentido, o DNA é a herança comum de toda vida. Embora seja verdade que, como declarou o Projeto Genoma Humano e como reconheceu a ONU, o Genoma Humano é a herança comum de toda a humanidade, por que parar aí?[8]

O DNA é a herança comum de *toda vida conhecida*. Somos primos distantes dos outros primatas, e todos os primatas sãos primos distantes do rato, e assim por diante. As forças que nos fizeram divergir e fizeram a vida escolher diferentes caminhos para sobreviver estiveram além de nosso controle até agora. Acidentes e casualidades fizeram algumas escolhas evolutivas sobreviverem e outras serem extintas, algumas se tornarem dominantes e outras serem subjugadas. O caso permitiu que algumas se tornassem inteligentes, enquanto permaneceram alegremente ignorantes. Agora podemos direcionar essas forças, em certa medida. A ciência está cumprindo sua tendência geral de nos dar uma maior compreensão, previsão e, agora, controle. À medida que aprendemos mais sobre os mecanismos da evolução e sobre as relações entre genes e fenótipos, estamos obtendo poder sobre a própria vida. Esse é um poder bastante impressionante, um poder que precisaremos dirigir com um julgamento extremamente bom. Seremos capazes de curar doenças, prover recursos abundantes, salvar espécies da extinção (talvez até mesmo a nossa própria espécie) e alterar os efeitos do acaso e das casualidades da natureza. Esse novo

---

[8] Byk, C. 1998. "A map to a new treasure island: the human genome and the concept of commom heritage", *Journal of Medicine and Philosophy*, vol. 23, n. 3, p. 234-236. (Discute a declaração da UNESCO sobre o genoma humano, a integridade das "pessoas" e a natureza de uma herança comum.)

conhecimento nos dá uma responsabilidade igualmente impressionante. Nosso horizonte de previsão e controle ainda é muito pequeno. A natureza dos genomas é que eles são complexos, tendo evoluído ao longo de bilhões de anos, e aprendemos diariamente coisas imprevistas sobre o DNA e suas relações com os organismos e seus ambientes. Nossas escolhas de alterar formas de vida podem afetar a vida na Terra para sempre, então é melhor caminharmos com cuidado para evitar desastres.

Uma coisa sobre a vida é que ela é teimosa. Ela continua apesar dos desastres. Ela sobreviveu a eras glaciais e impactos de meteoros. Ela provavelmente sobreviverá a nós enquanto espécie. Nesse meio tempo, devemos respeitar o poder do DNA e das forças da evolução, e usá-lo com sabedoria. Os benefícios que podemos obter são enormes. Podemos eliminar as doenças e beneficiar tanto a humanidade quanto o planeta, eliminando a escassez, desenvolvendo combustíveis mais limpos e produzindo alimentos em abundância. Devemos essas possibilidades àquela dupla hélice que compõe e dirige toda coisa de vida livre. Podemos nos perguntar, dados esses benefícios potenciais, dada toda a promessa que as novas tecnologias genéticas detêm, será que devemos permitir que a cobiça e o comércio interfiram com a realização dos potenciais científicos e técnicos que vislumbramos? Aprendemos no passado que os recursos podem ser desperdiçados e arruinados ou eliminados por forças de mercado não restringidas por considerações legais, morais ou éticas. É hora de pensarmos sobre se e como podemos regular apropriadamente esse recurso comum, a fim de evitar desastres em potencial e de melhor promover alguma noção de justiça coletiva e individual. Até aprendermos mais sobre o DNA e podermos tomar decisões melhores e mais bem informadas sobre o horizonte distante quanto a seu uso e alteração, devemos, tanto por razões práticas quanto éticas, tratar o DNA como parte de uma herança comum, não apenas da humanidade, mas de toda a vida neste planeta. Se pretendemos ser bons administradores desse conhecimento e utilizá-lo sabiamente para promover a saúde humana e planetária, devemos esperar que a pesquisa sobre o DNA seja feita de modo aberto, através dos canais tradicionais da ciência aberta e liberada para o domínio público.

O seu genoma e o nosso genoma

Mesmo embora sejamos, inextricavelmente, através do DNA, ligados uns aos outros e a toda a vida conhecida, nós também somos inegavelmente indivíduos com genomas pessoais únicos. Estamos adentrando uma era de "genômica pessoal", na qual a informação a que teremos acesso em relação a nossos genomas individuais se expandirá enormemente. Essa informação pode nos libertar ou pode ajudar a nos escravizar. Ela pode nos libertar ao permitir que tomemos decisões muito melhores sobre nossas dietas, sobre nossas escolhas de tratamentos de saúde, sobre nossas escolhas reprodutivas e sobre como escolhemos agir em nossas vidas cotidianas. Ela pode nos dar informações que nos permitirão assumir a responsabilidade por nossos futuros pessoais e remover uma grande quantidade de dúvida e acaso de nossos planos de vida. É claro que equilibrar a liberdade e um conhecimento que carrega o potencial de remover muita dúvida é um desafio, mas não é um desafio que não seja familiar. Os tratamentos de saúde em geral melhoraram a ponto de nos permitir realizar previsões mais cuidadosas sobre riscos e fazer escolhas com mais informações. Em nossas mãos individuais, o conhecimento sobre nossos genomas pessoais pode ser libertador, mas nas mãos de outros ele pode nos ajudar a perder nossas liberdades.

Companhias como a 23andMe, Inc., que prometem nos fornecer informações detalhadas sobre nossos genomas individuais, surgirão por todo os lados nas próximas décadas. Essa companhia se oferece para examinar seu genoma por meros $1.000 dólares. Ela procura pela presença de PNUs associados a várias desordens de saúde e enfermidades e provê informações que ajudam os clientes a avaliar suas chances de sofrer várias doenças que sabemos serem vinculadas à genética. Esse tipo de informação pode ser uma bênção para os clientes se eles forem informados de modo apropriado, mas isso depende de muitas coisas. Depende do estado atual da arte e do nível de certeza científica sobre características de saúde e doenças ligadas à genética. Depende também do nível de sofisticação dos clientes e de suas habilidades de compreender as escolhas que são implicadas pelas chances estatísticas de contrair doenças. Depende também de privacidade. Esse é um caso no qual conhecimento demais pode ser perigoso de maneiras que o conhecimento de menos não é... ainda.

Dados científicos úteis emergiram dos vários projetos de "mapeamento" que buscam revelar as complexidades dos genomas e dos fenótipos. Estamos aprendendo como somos construídos desde o nível molecular. Os doadores para esses projetos auxiliaram imensamente nosso avanço científico coletivo e nos deram ferramentas importantes para ajudar a desenvolver tratamentos e possíveis curas para doenças. Mas esses doadores geralmente são anônimos. Embora alguns tenham revelado seus genomas em grande detalhe (por exemplo, Jim Watson e Craig Venter), outros não o fizeram, provavelmente com boas razões. Em um futuro que promete a transparência genômica completa, teremos de considerar o grau em que desejamos manter o controle sobre nossos dados genômicos individuais e se e como poderemos ser capazes de exercer esse controle. Agora mesmo, os meios de fazê-lo são bastante limitados, tanto de um ponto de vista legal quanto prático. Assim como você não é dono do tecido extraído de você para fins médicos ou de pesquisa, você não é o possuidor legal de qualquer parte de você que não esteja presa a seu corpo. A situação legal de seus tecidos, uma vez removidos, só é definida atualmente por contrato, e isso só se aplica a tecidos dos quais você concorda em se separar. Até aqui, sua posse de seus tecidos removidos durante procedimentos médicos ou de pesquisa depende da noção clínica e ética de que os pacientes humanos devem fornecer um "consentimento informado" para que seus tecidos sejam usados. Mas a maioria dos pacientes humanos em contextos médicos clínicos provavelmente não pode avaliar completamente as consequências de permitir que seus genes sejam armazenados e utilizados. Isto foi o que ocorreu no caso *Moore*, o caso envolvendo o patenteamento de produtos derivados de células do baço do Sr. Moore. Poucas pessoas leigas compreendem a relação entre seus genes e seus corpos e, muito menos, os potenciais usos comerciais e científicos de seu DNA no futuro.[9]

Não acontece apenas que as pessoas leigas simplesmente careçam do conhecimento científico sobre genes que as impeça de dar um consentimento verdadeiramente informado, mas há também o fato de que os potenciais usos futuros dos genes são frequentemente desconhecidos até mesmo para os cientistas que extraem esses tecidos. Quando os tecidos chegam aos biobancos, o "doador" perde todos os direitos legais, a menos que estes sejam especificamente retidos por contrato, e poucos cientistas escreveriam voluntariamente um formulário de consentimento que limitasse seus usos futuros dos tecidos extraídos. A cobiça pode não ser o fator motivador; este pode ser apenas um bom-senso científico. Os tecidos em biobancos podem ter usos científicos futuros desconhecidos. De fato, as amostras existentes em biobancos, sobre as quais foram assinados formulários de consentimento amplo no passado, antes que qualquer uso genético ou genômico em potencial para os tecidos fosse concebido, estão hoje prontas para uso para estudos genômicos.

---

[9] Witek, R. 2005. "Ethics and patentability in biotechnology", *Science and Engineering Ethics*, vol. 11, p. 105-111. (Descreve proteções em funcionamento na lei europeia acerca da privacidade e da proibição de patentes de genes humanos – em oposição à lei dos EUA.)

Se criarmos um mercado no qual as amostras de tecidos sejam doadas com mais frequência, mas sem nenhuma educação maior dos doadores ou escolhas quanto ao uso dessas amostras, então os indivíduos estarão abrindo mão de direitos futuros sobre seus tecidos, sem avaliar inteiramente as consequências. No caso de companhias privadas como a 23andMe, devemos ter cuidado para que os clientes não estejam concedendo a licença futura para utilizar seus genes visando lucros sem o conhecimento adequado das consequências, nem devido a sua habilidade limitada de barganhar por maiores recompensas. Sua taxa de $1.000 dólares pode devolver aquele investimento para aquela companhia de exame de genes multiplicado por cem, se aquela companhia se tornar capaz de patentear alguma descoberta baseada na amostra que você forneceu. Como consumidor, você deveria ser capaz de assegurar um maior poder de barganha em tal transação. Precisamos de mais consumidores, pacientes e doadores educados e de algum reconhecimento ético por parte dos potenciais geradores de lucros no mercado, de modo que eles reflitam sobre devolver aos indivíduos, bem como à humanidade como um todo, nossa parcela justa.

Mas há mais coisas em jogo. Além de meras parcelas justas de lucros futuros em potencial e além de alguma nivelação do campo de jogo através de uma maior consciência e educação, precisamos adentrar alguma discussão pública real sobre preocupações de privacidade e propriedade em relação aos genes. À medida que mais de nossos genomas individuais se tornam possíveis de serem obtidos, seja através do comércio privado, de biobancos públicos, da prática clínica ou da pesquisa, estamos disseminando informações sobre nós mesmos que geralmente consideraríamos serem privadas. Sua propensão à diabetes, sua probabilidade de se tornar alcoólatra, seu risco de desenvolver a doença de Alzheimer, e assim por diante, são coisas que você provavelmente desejaria saber antes de qualquer outra pessoa e sobre as quais você preferiria ter o poder de decidir manter em segredo ou divulgar, conforme achar adequado. Como qualquer pessoa que tenha visto o filme *Gattaca* sabe, esse tipo de informação será extremamente valiosa para outros, incluindo companhias de seguros, governos, empregadores e cônjuges em potencial. Ainda assim, nós tipicamente nos submetemos a exames de tecidos, através de retirada de sangue e outros procedimentos médicos, sem qualquer consideração sobre para onde essas amostras podem acabar indo. Rotineiramente, pacientes participam de testes clínicos, tendo pouca ou nenhuma consciência quanto aos usos potenciais aos quais seus tecidos podem ser submetidos e, com a mesma frequência rotineira, os formulários de consentimento incluem uma cláusula indicando que as amostras podem ser mantidas para futuros estudos genéticos. Dada a falta de conhecimento geral do público sobre o DNA e seu funcionamento, e muito menos sobre seus potenciais usos lucrativos, precisamos pensar sobre equilibrar um pouco os pratos da balança e criar maiores proteções positivas para a privacidade genética.[10]

---

[10] Wiesenthal, D. L. e Weiner, N. I. 1996. "Privacy and the human genome project", *Ethics and Behavior*, vol. 6, n. 3, p. 189-201.

O Reino Unido e a Estônia nos oferecem dois cenários diferentes para o futuro dos bancos de dados genéticos. A Estônia recentemente promulgou um padrão nacional de banco de dados que exige que os cidadãos "optem pela participação", citando as reações dos cidadãos islandeses ao acordo daquele governo com a deCODE, Inc., que exigia uma explícita e complicada opção pela não participação. O Reino Unido tem hoje de fato o maior banco de dados genético do mundo, dado que ele já compila e armazena amostras genéticas colhidas em todas as cenas de crimes. As amostras são tanto de vítimas quanto de criminosos, e o banco de dados inclui mais de três milhões de amostras individuais, incluindo meio milhão de amostras de crianças de menos de dezesseis anos. É desnecessário dizer que essas amostras foram em sua maioria obtidas sem consentimento e há preocupações significativas quanto à privacidade. Como elas serão utilizadas? Será que o governo, que é o proprietário desses bancos de dados, pode usá-las para traçar o perfil de populações ou indivíduos? Será que essa informação pode ser usada para negar a cobertura médica do sistema socializado de medicina do Reino Unido a alguém, por exemplo, com propensão genética ao câncer de pulmão, mas que escolhe continuar fumando? Se descobrirmos um vínculo genético para certas propensões criminosas, será que a informação genética pode ser usada para traçar o perfil e sequestrar pessoas que possam ser criminosos *futuros* (como no filme *Minority Report*, mas usando genes em vez de "precognição")?[11]

---

[11] Tavani, H. T. 2004. "Genomic research and data-mining technology: implications for personal privacy and informed consent", *Ethics and Information Technology*, vol. 6, p. 15-28.

Se desejarmos evitar cenários de pesadelos de ficção científica, precisamos refletir sobre a criação de um maior controle pessoal, não apenas sobre nossas amostras de tecidos, mas talvez também sobre nossos genomas individuais... seus tipos, e não apenas as bases materiais. Claramente, não há nenhum direito natural ou de fato bruto sobre estas coisas, dado que nosso material genético rotineiramente se desprende de nosso corpo e não temos nenhuma habilidade de controlar isto, que nunca foi um problema para a privacidade em um mundo anterior ao exame genético. Mas hoje este é um problema significativo, com consideráveis implicações de privacidade. Qualquer pessoa poderia tecnicamente encontrar seus genes e ligá-los a você e, logo, isso daria a outros grande poder sobre você. Para controlar isto, se desejássemos, precisaríamos promulgar leis positivas que *criassem novos direitos* sobre nossos genes individuais. Assim como criamos legalmente novas zonas de privacidade sobre dados médicos e financeiros, poderíamos desenvolver esquemas legais que protegessem os direitos individuais das pessoas sobre seus genomas individuais. É provável que um tal esquema tenha amplo apoio público. Enquanto os potenciais aproveitadores do lucro sobre o genoma humano poderiam objetar, os cientistas e pesquisadores poderiam adotar essa opção e, ainda assim, realizar suas pesquisas.

Como partes interessadas no uso futuro de seu DNA individual, os sujeitos humanos, pacientes e outros que doam tecidos poderiam de fato ser encorajados a cooperarem com as pesquisas. Eles poderiam ter maior confiança no uso científico potencial de seus genes e maiores capacidades legais de barganharem sobre esses usos, enquanto ainda preservassem alguns direitos individuais e controle no futuro. Os cientistas poderiam se beneficiar por terem sujeitos melhor informados e mais dispostos e pela diminuição da incerteza associada ao atual regime de patentes. Os riscos futuros da pesquisa atual poderiam ser diminuídos. Haveria menos casos como o de *Moore* e maior espaçamento entre eles se fosse concedido aos indivíduos maior conhecimento e controle sobre os usos de seus genes, e as preocupações futuras com a privacidade e a intrusão seriam eliminadas se fossem antecipadas em contratos privados entre partes que barganham livremente. A criação de um direito individual legalmente reconhecido sobre o genoma individual também não precisa impedir o uso público de nosso genoma comum para propósitos científicos. A maior parte de nosso genoma é compartilhada e aquela parte não pode ser reivindicada por qualquer pessoa em particular se reconhecermos o domínio como uma propriedade comum. Como um recurso detido em comum, ele pode ser usado para o bem público, contanto que não seja "gasto" ou destruído. Mas as porções que são *únicas* a nós enquanto indivíduos poderiam ser excluídas do uso público, embora havendo ainda a possibilidade de que o "possuidor" barganhasse livremente acerca delas com a comunidade científica, com os governos ou com o público em geral. Tal sistema acomodaria futuras preocupações de privacidade e criaria um mercado com mais igualdade para as partes negociantes. Ele poderia até mesmo ser mais justo se decidíssemos que as pessoas deveriam ter maior controle sobre os produtos de seus corpos, mesmo que não houvesse nenhum direito *natural* sobre eles. Nós criamos direitos antes, incluindo (geralmente falando) noções modernas de privacidade legal que nunca existiram até recentemente e que hoje assumimos como dadas. A privacidade, como uma questão de fato bruto, não existe em qualquer sentido natural, a não ser na manutenção de segredos, embora zonas de privacidade tenham sido legalmente criadas e expandidas ao longo do tempo. Pode ser o momento de estender essas garantias legais, dadas as novas tecnologias genéticas.[12]

Questões futuras: para onde vamos a partir daqui?

Expus alguns dos cenários possíveis que enfrentamos, dadas as práticas atuais e as tendências tecnológicas futuras. Estamos rumando para uma eventual compreensão completa do genoma humano e de seu papel e suas relações, evolutivamente falando, para com os genomas de outras espécies. Essa compreensão revelará a vasta caixa de ferramentas da natureza, composta de genes, PNUs, variações de números de cópias e outros modos de transmissão de características, tanto bem-sucedidas quanto debilitantes. Esse conhecimento potencialmente nos libertará dos cruéis caprichos da evolução e do acaso e nos permitirá superar nossas limita-

---

[12] Sass, H. M. 1998."Introduction: why protect the human genome?", *Journal of Medicine and Philosophy*, vol. 23, n. 3, p. 227-233.

ções e doenças. Esse futuro está atualmente no extremo de um gargalo. Quando o genoma humano foi completamente mapeado, alguns indivíduos estabeleceram suas reivindicações privadas, e a próxima década ou mais será confundida por litígios e por uma investigação mais lenta, enquanto essas reivindicações são organizadas.

Fiz diversas sugestões sobre como devemos proceder, abordando algumas questões filosóficas e legais que podem e devem ser resolvidas agora, mas deixando em aberto algumas outras que exigirão um escrutínio futuro. Podemos e devemos abortar o processo presente de conceder patentes de genes sobre genes não modificados por engenharia. Isto se deve não apenas ao fato de que esses genes não são legalmente patenteáveis sob qualquer interpretação racional da lei de propriedade intelectual, mas também ao fato de que os genes são eticamente *impossíveis de serem possuídos* por qualquer grupo único, pois são "propriedades comuns", indelimitáveis, cuja manutenção e cuidado cabem a todos. Muitos genes humanos podem também se relacionar de maneiras necessárias, embora ainda pouco compreendidas, com nossa situação moral enquanto pessoas. Além disso, nossas preocupações com a privacidade deveriam nos levar a criar novas proteções positivas para os indivíduos sobre seus genomas individuais. Deveríamos reconhecer um direito e um dever individuais de sermos os proprietários de nossas próprias identidades genéticas, mesmo enquanto reconhecemos os direitos e deveres comuns que partilhamos acerca de nossa identidade genética coletiva como membros da mesma espécie.

A ciência também exige essas reformas, dado que o investimento público em pesquisas sobre a base de nossa herança comum está sendo utilizado para delimitar recursos que não deveriam ser delimitados. Este não é apenas um problema ético, mas também um problema prático que resfria a pesquisa futura. Com a tremenda despesa e ônus dos litígios de patentes, os pesquisadores básicos devem caminhar com cuidado e avaliar a probabilidade de trespassar inadvertidamente sobre reivindicações de patentes, antes de realizar pesquisas sobre partes do genoma. Essa despesa e ônus podem ser grandes demais em alguns casos para se arriscar iniciar a pesquisa. O primeiro a registrar uma reivindicação obtém a patente independentemente de quem possa ter descoberto ou trabalhado com o gene antes, e alguém pode ter gasto recursos limitados estudando um gene ou um PNU, que depois se torna inacessível quando outro grupo o patenteia. Nossa individualidade e nossos genes, bem como essas outras preocupações legais, práticas e filosóficas, podem ser razões suficientes para manter os genes fora do alcance de posse. Nossas preocupações de privacidade também deveriam nos levar a desenvolver novas concepções de propriedade individual sobre as bases genéticas de nossa individualidade.

Há muitas outras questões abordadas apenas superficialmente, mas inquestionavelmente importantes e dignas de investigações mais profundas. Nossa lei e nossa ética há algum tempo se concentraram em noções de *personalidade* ao conceder direitos, deveres e situações legais. Há algum vínculo genético entre as capacidades que associamos à personalidade e a situação legal ou moral. Nossas decisões sobre como tratar pessoas novas e emergentes em potencial dependem muito de nossas definições de o que a personalidade inclui e de quais genes são responsáveis pela presença dela em um ser humano vivo. Essa é uma investigação filosófica que vai muito além do escopo deste livro e teria de abranger a teoria legal, a ética, a ciência cognitiva e muitas outras disciplinas. Embora reconheçamos que essa importante questão influencia nosso tratamento ulterior dos genes na lei, ela não é determinante para a questão de se os genes devem ser possuídos e em que medida.

Por ora, respondemos o suficiente para dizer com clareza que algo está errado. Nós ultrapassamos os limites não apenas da lei de patentes, mas também de alguns fatos éticos básicos. Estes fatos são fundamentados e reconhecidos em instituições que tratam certos recursos como estando além da posse individual e pertencendo ao público em geral – utilizáveis apenas para o bem público. Até agora, tanto as instituições da ciência quanto a lei reconheceram nossa posse comum desses tipos de recursos, e todos nós fomos beneficiados de modo legal, ético e prático pela manutenção deles no domínio público. As patentes de genes são uma anomalia. Seu patenteamento é agora uma ameaça real tanto para a ciência quanto para as normas éticas que guiaram nossas leis e dirigiram nossas ações acerca das propriedades comuns por séculos. É hora de parar. Devemos apelar para nossos líderes para reconhecer que nossa herança humana comum não pode ser retalhada, delimitada e dividida com vistas ao lucro, mas deve ser submetida ao uso público, científico e técnico, sem o obstáculo da cobiça. Ela é nossa, não deles, e devemos recuperar o controle dela. Tanto a ciência quanto a ética o exigem.

Índice Remissivo

23andMe, Inc., 326

A
analogia do "código", 57
anencefalia e questões de personalidade, 315-7
animais
    e patentes, 175-8
    experimentação, 144-5
Apache, 293
APBiotech, 295
argumentos de "excepcionalismo genético", 58-62, 64-7, 77-9
argumentos de "falácia naturalista", 98
Aristóteles, 103
"Ato de Pesquisa e Acessibilidade Genômica" (Becerra e Weldon, H.R. 977), 51
autonomia
    e posse, 72-4
    e propriedade, 169-71
    perspectivas legais, 169-71
Avery, O. *et al.,* 110-2

B
Beadle, George e Tatum, Edward, 114-5
Bergy, Michael, 173-5

bens fungíveis, 155
bens móveis
 descritos, 92-4
 fundamentação de posse, 95-7
bens não fungíveis, 156-7
biobancos, 103
Boveri, Theodor, 108
Bristol-Meyers Squibb Co., 295
Bush, Vannavar, 274

C
Cairnes, John, 113
capacidade e personalidade, 318
capacidade mental e personalidade, 318
características, 101-3, 104-7, 108-10
 dominância e recessividade, 117
características ligadas ao sexo, 109
Carothers, Elinor, 109
caso Catalona, ver *Washington University v. Catalona* (E.D. Missouri 2006)
caso Chakrabarty, ver *Diamond v. Chakrabarty* (447 U.S. 303 [1980])

Celera Corp, 49, 59, 182-3, 198-9, 281-3
CERN, 277
Chargaff, Erwin, 112
China, regulamentação de bioprospecção, 302
Coase, Ronald, 286
Códons, 56-7, 120
conceitos de posse, 69-72, 256-8
 de ideias, 211-2
 e a propriedade comum, 64-6, 256-8
 e reprodução, 136
 ver também teoria ética e ontologia, posse do genoma, propriedade intelectual, direitos de propriedade
considerações de mercado, 284-8
 códigos abertos e livres, 289-98

– 340 –

consórcio PNU, 296
criação de novas formas de vida, 318-22
Crichton, Michael, 320

D

Darwin, Charles, 104, 140
Dawkins, Richard, 148
deCODE, 298-301
Declaração Universal sobre o Genoma Humano e os Direitos Humanos (UNESCO, 1997), 200
Decreto Bayh-Dole, 278-9, 282-3
Decreto Lanham (de Marcas Registradas), 241
descoberta científica e patentes, 218-9, 227, 240
descoberta e patentes, 216-9, 226-8, 240-2
determinação de sexo, 109
determinismo genético, 73-4
Diamond v. Chakrabarty (447 U.S. 303 [1980]), 59, 172-3, 227, 240
Diferenciação, 121-3
"diferenças" de sexo, 162
"diferenças" étnicas, 162-3
"diferenças" raciais, 162-3
dimensões legais, 167-202
    autonomia e propriedade, 169-71
    conceitos de personalidade e justiça, 163-5
    papéis básicos, 167-9
    patenteamento de amostras de doadores, 189-93
    patenteamento de animais, 175-8
    patenteamento de doenças, 187-9
    posse de partes corporais, 178-81
    primeiros casos de patentes, 171-5
    perspectivas internacionais *vs.* EUA, 199-200
    questões e preocupações, 193-202
        erros, 310-3
        lei de identidade pessoal, 195-8
        limitações das patentes, 224-9, 229-33
    ver também posse do genoma, propriedade intelectual, direitos de propriedade, direitos autorais

cf. patente, 219-24
extensões, 289
direitos de privacidade, 195-8
direitos de propriedade
    cenários de má apropriação, 181
    e a justiça, 69-72
    e a propriedade comum, 256-62
    e possessão, 220-3, 235-6, 243-7, 248-55
    formas de proteção existentes, 243-7
    tipos e bases materiais, 133-6
    ver também propriedade intelectual
"direitos" e posse, 69-71, 92-4, 287-8
direitos naturais, 167-8, 222
Diretrizes de Exame de Utilidade (2001), 182-3
DNA (ácido desoxirribonucleico), 47-8, 55-8
    estrutura bioquímica, 101, 112-3
        descoberta, 110-4
    funções metabólicas, 118-20
    posse e situação de proteção, 71-2, 252-5, 263-70
        como um recurso compartilhado, 255, 263-70
        e direitos autorais, 255
        fundamentação ontológica, 92-4, 269
    relação com os indivíduos, 71, 72-4
    ver também patentes de genes, posse do genoma
"DNA inútil", 146-7
doações de amostras, *ver* doações de tecidos
doações de presentes, 190-1
    ver também doadores de tecidos
doações de tecidos, 327-32
    práticas de patenteamento, 189-93
    preocupações e argumentos legais, 193-201
doença da célula de foice, 117
doença de Canavan, 187-9
Double Helix [*A dupla hélice*] (Watson), *The*, 112

E
economia da posse do genoma, 75-6, 271-2
    códigos abertos e mercados livres, 289-94

interesses do "grande negócio", 280-3
mercado dos genes, 284-8
epigenética, 74, 131-2
Escritório de Patentes e Marcas Registradas [*Patent and Trade Office* (PTO)] (EUA), 50, 209
espaço sideral, 261
espécies, 136-41
    humana *vs.* outras, 143-5
    indivíduos, 146-9
    semelhanças, 141-5
espécie humana, como casos especiais, 143-5
Estônia, 331
estrutura e função dos genes, 47-8, 55-8, 114-8
    locais de codificação de informação, 73
expressões, 123-5, 224-9
    e genes, 241-2, 248-9
    e posse, 51-2, 63-4, 215-6, 216
expressões de genes, 121-3, 224-6, 226-9
    e "expressão", 121-3, 224-6, 241-2, 248-9

F
fatores geográficos, 137-41
fundamentação, 87-91
    definida, 89-90
    e posse de bens móveis, 92-4, 95-7
    e posse de ideias, 222-3
Fundamentos a priori da lei civil (Reinach), 88
Fundo Wellcome (Reino Unido), 295
furto, perspectivas ontológicas, 89-90, 95-7

G
gêmeos, 127-8, 150-3
genética
    descobertas modernas, 108-14
    estudos clássicos, 103-7
genética clássica, 103-7

genes "novos" e combinações de genes, 230-1, 319-20
Governing the Commons [*Governando a propriedade comum*] (Ostrom), 260
Greenberg v. Miami Children's Hospital Research Institute, Inc. (S.D. Fl. 2003), 187-9
Griffith, Frederick, 110
Grupo Bayer, AG., 295

H
Hardin, Garret, 257
herança genética, 322-5
Hershey, Alfred e Chase, Martha, 111-2

I
"ideias" e posse, 90, 206-7, 219-24
    ver também propriedade intelectual
identidade *ver* identidade pessoal
identidade pessoal
    e genes, 248
    reconhecimento legal, 195-8
implicações para tratamentos de saúde, 325-34
Incyte, Inc., 284
individualidade
    e transformação intencional, 156-8
    mecanismos genéticos, 147-50
indivíduos
    cf. espécie, 136-41
    dentro da espécie, 146-9
    e informação do DNA, 125-9
    relação com as pessoas, 150
    relação com o genoma, 150-3
    situação social e legal, 153-8
        e mudança, 156-8
indivíduos humanos, 159-63
indústria de seguros, 330
influências ambientais, 72-4, 124-5, 131-2

Ingram, Vernom, 116
iniciativa BiOS, 297
iniciativas de Código Aberto, 289-98
    aplicações biológicas, 294-8
inciativas regulatórias internacionais, 298-303
instituições científicas, desenvolvimento e evolução, 273-80
Islândia, acordos com a deCODE, 298-301

J
justiça
    e a lei de propriedade intelectual, 233-6
    e direitos de propriedade, 69-72
    e teoria ética, 77-8
    implicações das patentes sobre a personalidade, 163-5

K
Kastenmeier, Robert, 177

L
Laboratórios Bell, 282
Lee, Charles, 148
leis da natureza e patentes, 216-8, 227-8
lei de patentes dos EUA, 175-201
    antecedentes históricos, 209-10
    casos-chave
        Diamond v. Chakrabarty (447 U.S. 303 [1980]), 59, 172-3, 227, 240
        Greenberg v. Miami Children's Hospital Research Institute, Inc. (S.D. Fl. 2003), 187-9, 241
        Moore v. Regents of the University of California (51 Cal. 3d. 120 [1990]), 59, 178-83, 328
        Washington University v. Catalona (E.D. Missouri, 2006), 189-93
Licença Pública Geral [*General Public License* (GPL)], 291
Linux, 291-3

M
mapeamento do genoma humano, 48-50, 147-8, 276-7, 280-3
Massachusetts Institute of Technology [Instituto de Tecnologia de Massachusetts] (MIT), 289-294
mecanismos de herança
    descobertas modernas, 108-14
    mendelianos, 101-3, 104-7
mecanismos de regulação, 294-303
meiose, 108-110
Mendel, Gregor, 104-7
mercados livres, 289-94
Meselson, Mathew, 113
micro-organismos e patentes, 171-5
mitose, 108-10
Moore, G. E., 98
Moore v. Regents of the University of California (51 Cal. 3d. 120 [1990]), 59, 178-83, 328
Morgan, Thomas Hunt, 109-10
Mozilla Firefox, 293
mutações, 116-7

N
navegador Mosaic, 293
Netscape, 293
"novas formas de vida", 320-2
núcleo da célula, 57

O
OncoMouse, 176, 230
ondas de rádio, 261, 267-9
ontologia
    e teoria ética, 85-100
        abordagens, 85-7
        fundamentação como medida empírica, 87-91
        o DNA humano como um caso excepcional, 92-4, 269-70
        posse de bens móveis e fundamentação, 95-7

e propriedade intelectual, 51-2, 63-4, 91
Ontolgy of Cyberspace [A ontologia do ciberespaço], The, 90
Ostrom, Elinor, 260

P
paradigma da propriedade comum, 64-6, 250-2, 256-66
    antecedentes e origem legal, 256-8
    e DNA, 263-6
    por escolha, 258
    por necessidade, 261-2
paradigmas de propriedade, 62-4
    e justiça, 69-72
    e reivindicações de genes, 233-6
    e roubo, 88-91, 95-7
    "fundamentação" da posse, 92-4, 95-7
partes do corpo
    e autonomia, 169-71
    e posse, 178-81, 252
    direitos de propriedade, 70-2
    ver também doações de tecidos
Pasteur, Louis, 182-3
patentes
    antecedentes históricos, 205-11
    critérios para aceitação, 182-6, 229-33
        como produtos da intenção humana, 248
    direitos de posse, 134-6, 209-11, 286-8
        consequências de infração, 184-6
        tipos e bases materiais, 133-6
    mecanismos de proteção, 134-6
    patenteamento de genes humanos, 182-6, 203-5
        limitações, 224-9
        precedentes na lei de casos, 59-60, 172-3, 179-81, 183-4
        usos e aplicações, 182-6
    primeiros casos de micro-organismos e animais, 171-5
    valor comercial, 210-1
patentes de doenças, 187-9
patentes de genes

direções futuras, 334-7
evolução e desenvolvimento, 182-6
   critérios para aceitação, 182-6
   medida da posse, 284-8
   perspectivas da lei de propriedade intelectual, 224-9
   precedentes na lei de casos, 59-60, 172-3, 179-81, 183-4
oposição e preocupações, 58-62, 204-5
   críticas, 58-62, 204-5, 226-9
   impacto sobre a inovação, 188-90, 199-201
revertendo o *status quo* atual, 284-8
mecanismos nacionais de regulação, 294-303
uso de dispositivos de código aberto, 289-94
tratamentos legais, 58-9, 172-3, 179-81, 182-4, 203-5
   na lei de propriedade intelectual, 224-9
   possíveis caminhos à frente, 229-33
usos e aplicações, 182-6, 281-3
ver também posse do genoma
patentes de plantas, 68-9
Pauling, Linus, 112
Perens, Bruce, 292
Perl, 293
Personalidade, 56-8, 129-32, 159-63, 313-7, 317-20
   e posse de genes, 72-4, 313-317, 317-20
   e situação moral, 159-62
   e tecnologias de genes, 317-22
   histórias e trajetórias de vida, 151-3
   relação com a individualidade, 126-9, 150
PGH *ver* Projeto Genoma Humano
plantas e patentes, 172-5
polimorfismos de nucleotídeo único (PNUs), 73
posse do espaço aéreo, 260-3
posse do genoma
   antecedentes e justificativas, 49-50
   desafios sociais e legais, 67-9
      conceitos de propriedade e posse de partes, 69-72, 235-6, 252-5
      individualidade e personalidade, 72-4
      mecanismo único de proteção, 252-5

motivações econômicas e de mercado, 75-6
descobertas-chave, 307-38
erros na lei, 310-3
direções futuras, 334-8
implicações para tratamentos de saúde, 325-34
infrações da herança comum, 322-5
problemas de personalidade, 313-7
questões de propriedade, 317-22
dimensões morais, 265
impacto potencial sobre a inovação, 188-9
implicações econômicas, 75-6, 271-2
códigos abertos e mercados livres, 289-94
interesses do "grande negócio", 280-3
mercado de genes, 283-8
preocupações e objeções, 58-62, 205
preocupações e questões-chave, 125-32, 193-5
discrepâncias na lei de propriedade intelectual, 233-6
e critérios de intenção humana, 250-1
indivíduos e informação, 125-9
necessidade de um mecanismo de proteção única, 252-5
principais questões e preocupações,
genes "novos" e combinações de genes, 229-31, 318-9
questões de personalidade, 72-4, 129-32, 159-63, 313-7
questões éticas e assunções ontológicas, 51-4
paradigmas de propriedade e o bem comum, 62-5
ver também patentes de genes
possessão, 220-4,
de bens móveis, 95-7, 243-5
de genes, 235-6, 244-7, 248-52
de objetos indelimitáveis, 258-60, 261-2
práticas de "estocamento de patentes", 51
práticas de exame de DNA, 103
processos de indução, 121
processos de replicação, 118
processos de tradução, 118

processos de transcrição, 118
Projeto Genoma Humano (PGH), 47-8, 147, 276-7, 280-3
   preocupações atuais, 49-54
Projeto HapMap, 147, 295-7
Projeto Manhattan, 274
promotores, 119
propriedade intelectual, 203-36
   como modelo para a posse do genoma, 58-66, 195, 224-36
   conceitos e questões chave, 219-24, 310-3
   conceitos e teoria, 211-9
   áreas problemáticas, 219-24
   e inovação, 211-9
   e justiça, 233-6
   considerações ontológicas atuais, 52-4
   conceitos de fundamentação, 90-1, 221-223
   paradigmas, 63-4
   desenvolvimento histórico, 205-11
   esquemas atuais de proteção, 239-42
   referenciais legais, 58-66
perspectivas legais internacionais, cf. lei de patentes dos EUA, 200
proteínas
   estruturas, 115-7
   síntese, 118-20
pseudogenes, 147-8
PTO *ver* Escritório de Patentes e Marcas Registradas [*Patent and Trade Office* (PTO)] (EUA)

Q
questões de consentimento, 329-34

R
rato de Harvard, 176, 230
Raymond, Eric S., 292
regulação nacional de mercados de genes, 298-303
Reinach, Adolf, 88
replicação "semiconservativa", 113

reprodução sexuada, 101
"revolução biotecnológica", 277-80
    papel do PGH, 280-3
ribossomos, 119-20
RNA, 118-20
Roche, 301
roubo, 96-8

S
Science – The Endless Frontier [*Ciência – a fronteira sem fim*] (Bush), 275
seguro médico, 331
software,
    e o movimento Código Aberto, 289-94
    e a lei de propriedade, 219
Stahl, Franklin, 113
Stallman, Richard, 290-2
Stanford University, 290-4
Sutton, Walter, 108

T
Tenenbaum, Andy, 291
teoria ética e ontologia, 77-9, 85-100
    abordagens, 85-7
    a fundamentação como uma medida empírica, 87-91
    o DNA humano como um caso excepcional, 92-4
    posse de bens móveis e fundamentação, 95-7
teoria evolutiva, 136-41
testes clínicos,
    doações de tecidos, 189-93, 193-201, 327-34
    proteção aos doadores, 328-9
tipos e bases materiais, 133-6, 181
    nos genes, 246
Torvalds, Linus, 291
trajetórias e histórias de vida, 152-3
trocas e doações, 96

U
UmanGenomics, 302
UNESCO, 200

V
variações de número de cópias (VNCs), 73, 148
Venter, Craig, 49, 182, 281, 319
VNCs, *ver* variações de número de cópias (VNCs)
Volkin, Elliot e Astrachan, Lawrence, 118

W
Washington University v. Catalona (E.D. Missouri 2006), 189-93
Watson, Jim e Crick, Francis, 111-3
Wilkins, Maurice e Franklin, Rosalind, 111-3
World Intellectual Property Organization [Organização Mundial de Propriedade Intelectual] (WIPO), 200, 262

Y
Yanofsy, Charles, 117

Impressão e acabamento
Gráfica e Editora Santuário
Em Sistema CTcP
Capa: Supremo 250g – Miolo: Chamois 80g
Rua Pe. Claro Monteiro, 342
Fone 012 3104-2000 / Fax 012 3104-2036
12570-000 Aparecida-SP